FÜHRUNG BEGINNT BEI DIR
领导力起点

领导力起点

从你开始，认识自我，探求卓越领导力的旅程

[德] 惠特尼·布瑞尔 / 著
张秀旭 / 译

金城出版社
GOLD WALL PRESS
·北京·

图书在版编目（CIP）数据

领导力起点 / (德) 惠特尼 · 布瑞尔著 ; 张秀旭译. – 北京 :
金城出版社有限公司, 2022.4
ISBN 978-7-5155-2332-3

Ⅰ. ①领… Ⅱ. ①惠… ②张… Ⅲ. ① 领导学 Ⅳ. ①C933

中国版本图书馆CIP数据核字（2022）第 008840 号

领导力起点

著　　者	[德] 惠特尼 · 布瑞尔
译　　者	张秀旭
责任编辑	雷燕青
责任校对	郝俊伟
开　　本	710 毫米 × 1000 毫米　1/16
印　　张	17
字　　数	220 千字
版　　次	2022 年 4 月第 1 版
印　　次	2022 年 4 月第 1 次印刷
印　　刷	三河市祥达印刷包装有限公司
书　　号	ISBN 978-7-5155-2332-3
定　　价	58.00 元

出版发行	**金城出版社有限公司** 北京市朝阳区利泽东二路3号　邮编：100102
发 行 部	（010）84254364
编 辑 部	（010）64210080
总 编 室	（010）64228516
网　　址	http: //www.jccb.com.cn
电子邮箱	jinchengchuban@163.com
法律顾问	北京市安理律师事务所　（电话）18911105819

谨以此书献给我的父母。

父母养育我，关爱我，是的，还对我极富耐心。

在此过程中，他们在我身上种下了“金种子”。

这些种子赋予了我内在的力量、坚定的价值观、自主能力、自信以及快乐。

因此，我满怀感激。

目　录

推荐序

非常荣幸接到惠特尼的邀请，为她新书的中文译本写一个推荐序。几年前在公司的一个高管培训上认识惠特尼导师，她在世界各地举行高管研讨会及讲座，具有 20 多年丰富的经验。当时的变革培训相当新颖并极具启发性。我发现自己不仅学到了变革的知识，还将应对企业变革的方法深深地植入了我的脑细胞，在之后的工作中得以运用。

20 多年来，我在奥地利的一家隐形冠军企业从事管理工作，有机会探访世界各地的分支，了解不同地域的业务挑战。来自全球各地的管理者见面的时候经常会讨论一个问题：不同地域和文化对领导力的标准一样吗？

我的书架上有不少关于领导力的书籍，它们都是政商领袖的个人传记以及各种理论教材。但是这本书很特别！惠特尼的这本书以商业小说的形式给领导力的智慧提供了一个全新的视角。惠特尼给大家讲了一个个生动、有趣，兼具启发性和娱乐性的故事，通过主人公凯瑟琳从美国开始，游历印度、瑞典、巴西、新西兰的脚步，观察到凯瑟琳逐步从睿智高效的职业经理人转变成真正的领导者的过程。在书中每一个成功的故事都可以帮助读者更好地掌握关于领导力的宝贵知识。最后，惠特尼呈现出了她的棱镜（PRISM）模型。

我跟随着凯瑟琳的足迹，一口气的读完了这本令人兴奋的书。

我发现激情和重视自己的工作对人们是多么的重要。他们知道自己在为团队使命和愿景做出宝贵贡献的时候，整个团队的绩效就会随着这种内驱力而提高。领导者在紧盯效率的时候绝对不能忘记同理心和爱。真正成功的团队都是一个温暖的大家庭。

惠特尼用商业小说包装领导力的智慧，把一座图书馆变成了电影院。我作为一个观众乐在其中并感同身受。

张彦明

攀时（上海）高性能材料有限公司总经理

前 言

在过去的25年时间里，我有幸参与对来自世界各地的数千名领导者的培训。他们中的一些人当时虽然只管理着一个小团队，但是很有潜力，刚刚走上人生的赛道；一些人已经晋升到中层，领导一个部门或者一个企业；还有一些人是公司总裁——正准备退休并把公司管理权交给下一代。

这一时期，我也很荣幸辅导过世界各地的很多团队。其中一些团队工作很出色，像一台加满油的机器一样高效运转。很可惜这样的团队少之又少。我接触的大多数团队一开始都是问题多多，比如员工之间矛盾多，病假率高，创新不足，解决问题效率低，不愿意承认错误，员工有“不在乎”的态度，等等。如果想列举还能列出很多问题，这对公司员工和盈亏底线来说是毁灭性的。正是由于我制定了针对性的辅导，这些团队找到了适合他们的方式来解决矛盾，治愈伤口，重建对每个员工都有吸引力的工作环境。

来自五大洲超过30个国家和地区的公司委托我分析数百份员工敬业度调查、满意度调查、360度反馈和情商测试的结果。研究这些调查结果并找出深层次的原因意味着与公司不同层级的员工一对一的交流，以及组织面向公司领导者的培训辅导会。

我本人具备的优点之一是，解决复杂的问题，把很多人认为无从下手的难题简单化。我还认为用故事的形式讲道理最容易让人接受。

人们很难记住长篇大论的忠告（谁愿意花时间把它们背下来呢？），但是每个人都能记住那些感兴趣的故事。当两种元素结合在一起——用故事包装道理，神奇的事情发生了，可持续的变化也发生了。

感谢芭芭拉·弗雷德里克森、马丁·塞利格曼、吉姆·卡梅隆、肖恩·安可儿、安吉拉·达克沃斯、米歇尔·基兰、西加尔·巴赛德、罗伯特·埃蒙斯，他们在积极心理学和正向领导力领域做出了开创性的工作和深入的研究。我在本书中借鉴了他们的研究成果，向读者介绍有充分事实和证据支持的领导力学说。

在《领导力起点》这本书中，我把科学的证据和研究，近 30 年领导力培训经验和数百次采访融入一个故事和模型中，向被问题困扰的领导者提供易知易学的领导力知识。书中的人物是虚构的，感谢给我的生活带来好运和灵感的人。如果说这些年我悟出了一个道理，那就是——领导力的确是一种特殊权利，而不是天生被赋予的权利。

第一章

印第安纳州拉斐特市——硬着陆

文件夹

凯瑟琳能感觉到苏珊·威尔逊的双眼紧紧盯着她的后背。当按下电梯下行的按键时，她的双手出了很多汗，手指都差点从按键上滑下来。她又按了一次，这次按得更稳了些，希望这样可以使电梯更快地到来。她清楚这很可笑。貌似一切都在以慢动作移动，凯瑟琳感到头晕目眩。她能听到自己的心脏怦怦跳动的声音，担心苏珊也能听到。

接着，她听到了苏珊清嗓子的声音。凯瑟琳内心发出一声叹息，并决定假装自己什么都没听到。如果这讨厌的电梯能够马上到达，她就能逃离笼罩在全身的屈辱了。

继而，苏珊再次清了清嗓子，并低声叫住她的名字："打扰了，拜特欧菲尔德女士。"凯瑟琳以一个脚跟着地慢慢转身面对苏珊，她能感觉到一片绯红爬上了自己的脖子，又蔓延到了脸上。"有什么事吗？"她从牙缝挤出了这几个字。苏珊同情地笑了笑，并向她挥了挥一个马尼拉纸做的文件夹。"你爸爸让我在你离开的时候把这些东西给你。""这是什么文件夹？"凯瑟琳怒视着苏珊嘲弄道。"这里边有你的旅行计划，女士。"她近乎认错般小声答道。

凯瑟琳慢慢地走到苏珊的办公桌，一把从她手中夺过文件夹塞进了自己的手提袋里。就在那时，她听到身后的电梯门开了，随即又轻柔地关上了。她的内心再次发出一声叹息。“今天着实不走运。”她一边发牢骚一边按下电梯下行键，感觉苏珊的眼睛还在死死地盯着她的后背。“令人讨厌的女人，”她心想，“或许她正在对发生的事情欣喜若狂呢。”

家族公司

当天上午，凯瑟琳的闹钟像往常一样在凌晨五点半响起，凯瑟琳已经在床上坐起，开心得笑个不停。这一天来了。今天我终于可以收获回报了，这是我多年来的努力以及我对父亲公司的奉献所得到的。

凯瑟琳的晨间例行事务是雷打不动的：晨跑半小时，边浏览邮件边喝咖啡（“当今世界谁还有时间吃早餐呀？”她坐在车里舒适地等待的时候常常这么想），然后冲向公司，早上 7 点前就能出现在办公室并登上互联网。她坚信日程安排的作用，并坚持遵循它们。

她也坚信努力的意义，每天都奋力做到第一个到办公室，最后一个离开办公室。“权当支付我的学费贷款了。”她自我安慰道。

凌晨 5 点 40 分，凯瑟琳系好了跑鞋鞋带，走出房门，这时，她看到远处乌云滚滚。空气中出现了雨的味道，且吹起了一阵狂风。“没有什么不合适的天气，只有不合适的衣服。”她自己嘀咕道。同时，她把房门紧紧拉上，然后检查以确保自己的跑步帽舒适地戴在了耳朵上。

凯瑟琳有一个弟弟，两人都任职于家族企业——拜特欧菲尔德收割机公司。弟弟内森比她小两岁，是一位大有前途的 IT 界巨星。他以优异成绩毕业于麻省理工学院计算机科学专业，随后又获得哈佛大学 MBA 学位。凯瑟琳和内森相处得还可以，但他们不是最好的朋友。坦白说，凯瑟琳觉得除了他们的姓氏、高昂的高等教育账单以及在公司业务中的共同利益之外，他们没什么共同点。并且，在凯瑟琳看来，这并没什么不妥。她的座右铭一直都是："我们不一定要喜欢对方才能把工作完成。"把这个处事原则分享给工作中的每一个人时，她也从来没觉得有啥不好意思的。凯瑟琳的弟弟内森目前是 IT 部门的副部长及首席信息官职位的接班人。凯瑟琳是研发部的副部长，要是哪天他的父亲斯宾塞·拜特欧菲尔德决定退休了，公司首席执行官的职位就是她的了。

内部危机

现任首席信息官弗兰克·惠泽尔顿在公司是位广受欢迎的领导者。其实，凯瑟琳还在上大学的时候，弗兰克和她父亲斯宾塞就相识了。那时他俩都在佛罗里达州做志愿者，一起参与了一场飓风后的清理工作。斯宾塞赞赏弗兰克在他们面临十足的混乱时表现出来的与生俱来的镇定和令人瞩目的积极乐观。弗兰克投入到了志愿者工作中，他不仅协调志愿者，还在一间临时凑合的办公室通过自己的手提电脑捐赠物资。在佛罗里达州一起共事之后他们一直保持联系，最终斯宾塞说服他带着行李从北卡罗来纳州搬到了印第安纳州，负责公司 IT 部门。那时候，公司正在迅速扩张，斯宾塞正在留意寻找一位自己能够信任的业界专家。斯宾塞清楚，如果拜特欧菲尔德收割机公司不能掌控自己的 IT 事务，公司终将走向倒闭，这是逃不过去的一道坎。公司是国际知名的跨国集团公司，但其 IT 领域的发展还原始得就像处于恐龙时代，斯宾塞为此经常彻夜难眠，直到弗兰克加入公司。

弗兰克有一种神奇的本领，就是减少员工对新技术、IT 工具，或者简单来说，对任何带有插口或者插头的东西产生的恐惧。拜特欧菲尔德收割机公司的员工忠实且勤奋，其中很多人都是第二代或者第三代员工了。对于这些员工中的很多人而言，弗兰克虽然在公司已经任职 11 年多了，但是很多人还把他当作公司新人。这种情况的弊端是：很多员工不是特别喜欢 IT（如，为什么要改变运行系统？老的运行系统一直用的没问题呀），也有其他员工只是非常害怕 IT。拜特欧菲尔德收割机现在已经发展成了中型跨国企业，对于像它这样的公司而言，IT 技术是不可或缺的。所以斯宾塞发自心底地感谢弗兰克。

凯瑟琳从来都不能理解员工为什么害怕新技术。并且，对于那些抵制尝试新事物的员工，她也从来没表露出太多的同情。她常常建议弗兰克只管负责安装或者按照他的计划进行置换。最好在晚上没有人在线的时候做这些。这有什么大不了的呢？如果弗兰克把旧的系统移除，终端用户就别无选择了。所有这些无休止的讨论和宣讲会只是浪费时间而已。她的原则就是要么淘汰后离开，要么适应后留下。如果员工不喜欢，他们可以另谋高就。其实，在印第安纳州农业地区的中心位置，没有太多可供选择的工作机会。事实上她常常赌的就是极低的员工离职率。

在上周一的董事会议上，凯瑟琳发表了类似的看法，弗兰克听后温和地向她微笑，碧蓝的眼睛中闪烁着亮光，对她说：“凯瑟琳，要么淘汰后离开，要么适应后留下——这可不是我带领员工进行变革的方法。我想说的是——想象一个骑手稳稳地坐在他的大象上。”凯瑟琳翻了翻白眼，长叹一口气，准备听下去——弗兰克又要用他那浓重的拖腔拉调的南方口音讲一个不知所云的长篇故事了，弗兰克忽略了凯瑟琳的表情，继续说道：“那位骑手——坐在大象上的那个人——就是项目主管。而那头骑手努力想要坐稳的巨象，则象征着受到你的改革影响的股东。大象应该被引导着朝向你渴望的……”

凯瑟琳不清楚这个故事要说明什么，弗兰克才讲到一半，她直接打断，干脆利落地问道："一头大象到底和收割机有什么关系呢？"

"这是个比喻，凯瑟琳。"

她语带讽刺地回应说："弗兰克，我们是在印第安纳州，不是在什么巴厘岛！"随后，她打开投影仪，连上自己的手提电脑，这样她就可以播放前一天晚上才做好的PPT了。"讲故事时间结束了，弗兰克。让我们开始干正事吧。"凯瑟琳注意到了房间里冷冰冰的沉默，以及围坐在会议桌前的人们偷偷往这边看。随着她专注于介绍18轮大货车的平板拖车，她把沉默和注视看作一种集体让步——和往常一样，她是对的。展示内容是她正在努力争取的新业务，迄今为止，这项业务遭受了来自各方面的强烈抵制。然而，她已经全身心投入这项业务，不准备后退。她遭遇的抵制越多，就变得越坚定。

从学业来看，凯瑟琳无疑是满怀抱负的天之骄子。她在加州大学伯克利分校学了两个专业：企业经济学和电气工程。随后又在哈佛大学学习了专利法和知识产权保护专业。在法学院，她最大的快乐就是赢得一个案子，证明自己的观点是正确的。即使现在，在公司的会议中，她也喜欢有益的辩论。对她而言，把事情做正确很重要，这不仅仅是因为她喜欢正确。针对一切，她都是有备而来，对于有同样行事风格的人，她更为尊重。她最厌恶的就是工作马虎，准备不足。她会做好自己的功课，甚至坐在会议桌之前她就常常已经形成了自己对某事确切的看法。当有迹象表明她的解决方案切实可行，为公司提供了很高的价值时，她就很坚定。如果在做事过程中惹怒了一些人，她自己也不会感到不安。毕竟，就像她常常安慰自己的，这不是一场关于受欢迎程度的竞赛，并且我来公司也不是为了结交朋友。我来公司是为了完成两件事情：第一，在接下来的一到两个季度确保股东获得更高权益；第二，打败竞争对手。并且，她坚信，平板拖车能够实现一石二鸟的计划。当然，这是一种比喻的说法。

当电梯门终于滑动打开的时候，凯瑟琳瞥了一眼自己的腕表。现在是早上 9 点 10 分，但当站在电梯里时，她突然不确定要按哪个按键。是去底层的主出口还是四楼的办公室呢？

斯宾塞——一切是如何开始的

早上 7 点 45 分，斯宾塞 · 拜特欧菲尔德把车慢慢停在了员工停车场，看到女儿的车已经停在前排时，他一点都不吃惊。他关上车门，转身走向总部大楼时，才注意到今天早上他的脚步有多么沉重。“那种感觉就像鞋底部粘了口香糖一样。”他叹了口气说。今天他就是走不出平日里那种脚下生风的感觉。

像往常一样，斯宾塞把车停在了两英亩大的员工停车场的最后一排，情绪低落地走向总部大楼。30 多年前，他拒绝了前排的预留停车位。那时，他的父亲，克莱夫刚退休并把公司的掌管权移交给了他。选择最后一排停车位，一方面，10 分钟走路给了他思考和理清头绪的时间；另一方面，他可以经常碰到员工，利用这个时间和他们寒暄并和他们建立私人联系。

60 年前，斯宾塞的父亲，克莱夫 · 拜特欧菲尔德创办了这个家族企业。尽管公司成立的时候，联合收割机已经存在差不多 100 多年，他的父亲决心要解决那时的收割机存在的一些技术问题，一个让他父亲晚上辗转反侧难以入眠的问题：收割机的链条和底盘会被灰尘和谷粒堵塞，当气流不流通的时候就会因为过热而引发火灾。在严重的印第安纳热浪中，成片的庄稼被焚烧，这些火灾毁了人们所有的收成和生计。除此之外，这些火灾每年单单在美国就会夺去好几十个人的生命。他父亲坚定不移的使命感直到今天依然清晰可见。“斯宾塞，”他过去常说，“让收割变得尽可能安全是我生命中唯一的目标。为了把食物放到世界人民的饭桌上，没有人必须丢掉自己的生计，更不用说生命，驱动我的力量就在于此。”因此，克莱夫挽起袖子，开始工作。他日夜做修改，想了无数个解决方法，直到火灾隐患被处理。随后他继续提升收割机收割速度和燃油效率。那时油价增幅很大，确实耗费了农民利润中的很大一部分。

斯宾塞继承了他父亲对辛勤劳作的热爱和顶级的技艺，当想起和父亲之间的美好回忆时，他怅然一笑。他很想念父亲。30 年前他父亲去世后，他就常常觉得自己失去的不仅仅是位父亲，还是一位人生导师，一位可以切磋问题的对手。斯宾塞加入公司一年后，他的父亲被诊断得了一种不能动手术的脑瘤，在那段短暂的时间里，父亲竭尽全力把自己所知道的都传给了儿子。那年，他和儿子进行了很多次的交流。“儿子，我想跟你分享的并不是技术上的东西。现在，在技术领域，你是个比我还优秀的专家。我想跟你谈的是用人问题。我们的员工代表的不仅仅是数字、统计数据、资金，他们是公司的核心资产。”在父亲人生的最后一年里，斯宾塞花了无数个小时和他待在一起，甚至是在 30 年后的现在，斯宾塞依然非常珍惜和父亲一起度过的每一分每一秒。

克莱夫不仅没有看到公司向全球扩张，也没有看到内特和凯瑟琳长大成为两个有天赋的成年人，每个人都被赋予了独一无二的才能和巨大的潜力。

斯宾塞的母亲，贝蒂，住在家庭农场里，他们自己搭建的小屋，有她在附近令人感到很欣慰。她为孙子孙女们感到骄傲，对儿子斯宾塞能继承克莱夫的事业感到很欣慰。凯瑟琳和内特分别在六年、八年前加入公司。虽然对他们取得的成就很欢喜，很自豪，贝蒂还是担心孩子们常常把生活搁置一边——尤其是凯瑟琳。“这孩子就知道卖力工作。工作！工作！工作！难道她的生活中没有其他事情吗？”她常常同自己的儿媳琳达交流这个问题。

斯宾塞在农业工程学专业取得学士学位和 MBA 之后返回家乡，

投身家族企业，把所学知识用到工作中。在与父亲相处的最后一年里，他尽可能地学习父亲身上的所有智慧，然而在他 26 岁那年，父亲去世了，他开始担任公司首席执行官。

在斯宾塞的父亲创办公司后的 60 年里，拜特欧菲尔德收割机公司已经发展成为在全球拥有 16000 名员工的企业，营业额达到 80 亿美元。在印第安纳州的公司总部有 5000 多名员工。在过去的 20 年里，公司在 4 个大陆的 7 个国家里都增设了生产线。

克莱夫现在要是还在世，一定会为他的孙子感到非常骄傲的，这是毋庸置疑的。内森，或者叫内特（他更喜欢被称为后者），立志从事 IT 行业，在短短 6 年时间里，从一名实习生一直升到了 IT 部门的副部长。内特在公司里深受欢迎。他对别人的事情能够感同身受，这种天性能使周围的人很放松。当需要做出艰难的决定时，这种天性总能打破激烈辩论中的紧张气氛。内特直接向弗兰克 · 惠泽尔顿汇报工作，两个人从共事的第一天开始就很合得来。他们积极乐观的态度，对工作的激情感染了每一个和他们一起工作的人。这种关系使斯宾塞想起自己和父亲之间的关系，斯宾塞认为父亲身上具备同样的感染力。

和姐姐凯瑟琳不同，内特非常相信直觉，常常依赖自己的第六感。一想到这里，斯宾塞都哭笑不得。每次内特开始讲“哦，我的第六感告诉我……”他就看到凯瑟琳脖子上的汗毛都竖起来了。他想到自己的妻子琳达，也就是凯瑟琳的母亲，总会暗自说道：“正如老话说的，苹果不会掉在离苹果树太远的地方，真是有其母必有其女。”凯瑟琳和琳达一样，近乎神奇般地对数字很感兴趣，在做决定的时候，极其依赖理性分析。

完成学业之后，凯瑟琳先是在芝加哥的一家法律事务所工作了两年，然后才决定回到家族企业，挽起袖子，埋头苦干。并且，从加入公司那天起，她就没停止过工作。没有人能否认，她很勤奋，然而，在过去的10年里，她在不知不觉中得罪了公司不少人。当她离开工作了3年的法律部门，临时担任首席财务官时，斯宾塞觉得他清楚地听到员工舒了一口气。公司人缘特好的首席财务官辛西娅宣布说她怀孕了，大家都为她感到高兴。几周之后，在一次产前检查回来后，她走进斯宾塞的办公室，脸色苍白，满脸震惊地说她怀上了三胞胎。斯宾塞给她批了一年的全薪产假。最起码他能为辛西娅做到这些，当然他也不想辛西娅被竞争对手挖去。在辛西娅离开的一年时间，凯瑟琳代替她成了临时的首席财务官。在辛西娅回来的那天，斯宾塞确定他听到了公司楼下发出的欢呼声和掌声。在过去的5年里，他的女儿任职研发部门的副部长，近期开始推进在公司产品系列中增加平板拖车的想法。令人想不到的是，这项新业务最大的反对者竟然是凯瑟琳的弟弟内特。内特提倡数字化农作，他喜欢称之为农作4.0并对此满怀激情。他还预言说拜特欧菲尔德收割机公司的未来得依赖数字化农作。

在家庭农场里举办的好几次传统周日午餐上，凯瑟琳和内特围绕这个问题进行了激烈的辩论。有一次，斯宾塞的妻子琳达，以及他的母亲贝蒂都认为在午餐期间应该禁止谈论“公司事务”，这又导致了他们只是礼貌且敷衍地谈论棒球比赛得分，天气或者当地的志愿者工作。这种清醒让人感觉在家里也如履薄冰，让围坐在餐桌前的人每个人都不满意。

斯宾塞一边沉思，一边走过员工停车场，到达了办公室。他的私人助理苏珊热情地跟他打招呼。在他的记忆里，苏珊一直都在拜特欧菲尔德收割机公司工作。她有一颗金子般的心，每个人都很喜欢她。进入办公室后，斯宾塞对苏珊说接下来的半个小时他不想被打扰。坐在办公桌前，望着窗外那一排排一望无际的各种各样的试验农作物，他深深地叹了一口气。

斯宾塞坐在旋转椅上绕着办公室转了一圈，墙上挂的照片尽收眼底，然后，他把目光停留在了其中一些照片上：小时候内特和凯瑟琳从一捆干草上跳下来；内特从麻省理工学院毕业戴着学士帽，穿着学士服；两个孩子坐在斯宾塞父亲驾驶的拖拉机后座上；凯瑟琳中学时期赢得全国未来工程师大赛。他面带喜悦地望向柜子上方一艘装在玻璃瓶里的小船，然后把目光停在了墙上的一张世界地图上，地图上用五颜六色的钉针标示着各个公司地址和生产站点。在世界地图的边上贴的是员工照片和来自全球的感谢信和卡片。

斯宾塞把身体靠向椅背，闭上双眼。他曾经因为忘记第一个结婚纪念日而不得不跪下向妻子道歉，祈求她的原谅，除此之外，接下来他将进行有生以来最艰难的一次谈话。但是，谁又说过养育子女就像逛公园一样容易呢？

单翅飞翔

早上八点半整，凯瑟琳信步走进她父亲办公区的接待室，冷冷地向苏珊点头致意，说道："早上好，可以给我一杯咖啡吗？"然后一言不发直接走进他父亲的办公室，随即关上了身后的门。斯宾塞起身，紧紧拥抱了一下自己的女儿。"嗨，凯瑟琳，很高兴见到你，请坐吧。"他一边说，一边轻轻拍了拍小会议桌前的一把黑色皮椅。

斯宾塞也在会议桌前坐下，指向墙上的一张照片说："那是我曾经帮忙清理过的最令人心痛的杂乱之地。"凯瑟琳望着那张照片，对于父亲为什么突然说这些有点摸不着头脑。这张照片拍摄于 2004 年 9 月，当时，飓风"伊凡"袭击了佛罗里达海湾海岸的一座美丽的城市彭萨科拉。市中心被夷为平地，连续几周停水停电。那时凯瑟琳还在上大学，但是她确实记得她的父亲和他们教会以及当地社区的成员都前往了灾区。他们在自己的小型货车上装了发电机和其他设备，一起清理倒下的树木，帮助人们重建家园。

斯宾塞手指的照片展示了海滩上一只孤独的海鸥，它周围充满了正在吞没海岸线的、被冲上岸的各种碎片。凯瑟琳想要让父亲往下讲，但是她咬住嘴唇忍住没说话。“你知道吗？当我们偶然发现这只可怜的鸟儿时，它试图想要飞走。”斯宾塞说道。“爸爸，鸟儿的天性就是飞呀。”她回应道。斯宾塞微笑着点了点头：“确实如此。但问题是——这只鸟儿飞不起来。它飞到空中大概一英尺的高度时就重重地摔到了地面。然后我们看到它就在原地绕圈圈。这只不幸的小东西已经筋疲力尽了。”

“为什么呢？”凯瑟琳催问道。虽然不是她的本来意思，但是她的语气听起来很不耐烦，而且还做出了皱眉蹙额的动作。

“嗯，我问了当地兽医杰夫 · 布里奇斯同样的问题，他当时被派到了我们的搜救队。杰夫说，这只海鸥的一只翅膀已经折断了，因此它飞不起来了。并且，如果不进行医疗救助，这只鸟就会一直在原地绕圈圈。”

“如果是只海鸥的话，它的未来听起来可不太妙。”凯瑟琳不得不承认，“接下来发生了什么呢？”

斯宾塞笑着看向她：“杰夫让我把这只海鸥抓住。我觉得他一定是疯了，不过我真的沿着海滩跑着追赶它，并且希望它能比我先筋疲力尽。”

听说父亲在海滩上追赶一只受伤的海鸥，凯瑟琳咧嘴笑了起来，还捏了捏桌子对面父亲的手：“好了，继续讲吧。”

“最后，我抓到了那只海鸥，小心翼翼地把它带回货车，这样就可以把它送回动物收容所了。杰夫医治了它，一直把它收留到能够展翅飞翔。”

凯瑟琳还是不知道父亲讲这个故事的用意。

斯宾塞也握了一下她的手，和蔼地说：“或许你在琢磨你的老父亲在瞎扯些什么呀。”

“好吧，如果你非要这样说，我承认是这样的。”她不好意思地承认。

“观看那只海鸥在原地绕圈圈，然后起飞，再脸朝下摔下来，这在某种程度上让我想起了你。”

两人都沉默了，办公室里静得可怕。就在这时，苏珊一阵风似的飘然而进，带了一托盘的咖啡和甜甜圈。凯瑟琳突然转过身，对她怒目而视。“出去！你不知道进来之前敲门吗？”她生气地低声说。

苏珊尖叫着停了下来，咖啡杯滑向托盘的边缘，摇摇欲坠。

斯宾塞扫了一眼自己的女儿，然后心怀歉意地对苏珊说：“就把托盘放在我办公桌上吧，我们一会儿自己拿。”

苏珊小心翼翼地把托盘放在了斯宾塞巨大的橡木办公桌上，踮着脚尖走出办公室，轻柔地关上身后的门时，小声地说：“对不起。”

凯瑟琳痛苦地望着自己的父亲，脸上满是疑问。她能感觉到身体里涌动的愤怒，努力保持声音平静，问道：“你把我比作一只鸟？你在暗示我已经脸朝下摔下来了吗？自从10年前加入公司开始，我一直兢兢业业。在推出针对家庭和草坪护理新的产品套系方面，我也做出了重要贡献。这些产品上市还不到一年，销售数据就表明……”

斯宾塞抬手打断了她，然后试图拉住女儿的手，但是她却摇晃着往后退了。“听着，亲爱的，当涉及智商、头脑以及辛勤工作时——你是一位名副其实的胸怀抱负的人，每个人都会这样想的。”他因为自己刚才讲的俏皮话而笑起来，然而凯瑟琳还保持着冷冷的沉默，坐在原位，她的眼神越过父亲的肩膀，定格在有海鸥的那幅照片上。

斯宾塞继续说道：“让我不放心的是你的情商。”

凯瑟琳继续盯着照片看，并把双臂交叉在胸前。这时，斯宾塞在一张纸上画了一个圆圈，继而说道：“请看这里。或许比起一只鸟，饼状图能使你更容易理解我的意思。”接下来，他把圆圈分成了80%和20%两部分，在20%的部分草草写下“智商”两个字，在 80% 的部分写下“情商”两个字。

“我知道你是个很注重精确度的人，凯瑟琳。关于情商和智商占比的问题存在很多争论。有些研究者认为情商占比 90%，而其他研究者认为情商占比更像是 50%。我不想跟你过分纠缠这些细节，因此，咱们把数字放在一边，去看看情商和智商有什么不一样的地方。”斯宾塞提议说。

凯瑟琳点了点头，发出了一声清晰的叹息，她的双臂依然交叉抱在胸前。

“卓越领导力是由智商和情商两部分组成的。毫无疑问，当涉及事实和数字时，你就是个天才；当涉及学习和积累新知识时，你从不松懈。你学习新技术，获得更多的资格，在大部分人还没有理解问题出在哪里的时候，你就能解决技术问题了。无论如何，我并不是怀疑你的这些优点，它们都是智商的组成部分。”

斯宾塞迟疑了一会儿，因为他在找合适的字眼。“说实话，正是情商——我以前提过的情绪智力方面——感受身边人的感受……”

“你想让我同情每一个人？”凯瑟琳插嘴说。

“不，不是同情，我讲的是感同身受。它指的是能够深刻意识到他人和自己的情绪。它包括认真倾听——真正能够听到并理解他人的言外之意；包括能够设身处地从他人的角度来观察和感受事物；包括真正欣赏而不仅仅是容忍不同的观点，这意味着要利用和欣赏不同，而不仅仅是忍受不同；包括能够以不伤害或不攻击他人的方式给出反馈意见；也包括和你的员工之间建立信任关系的能力。”斯宾塞暂停下来，以便于凯瑟琳领会自己的话。

“切入正题吧，爸爸。你是不想提拔我做首席执行官了吧？让我做首席执行官，这难道不是你、我和内特都已经达成一致意见的吗？我原以为你都在为自己的退休做计划了，咱们这可是家族企业！如果接班掌舵的不是我，那又是谁呢？你要违背承诺吗？！”凯瑟琳十分恼怒，一股脑说了这么多。

“你只是还没有准备好，我要对公司在世界各地的16000名员工负责，他们把心血都倾注在了拜特欧菲尔德收割机公司的工作上。现在说接班还为时尚早，你还没有做好领导者的准备。”斯宾塞伤心地说。

“这不公平，爸爸！在公司我已经履行了自己的职责！你知道我把多少时间花在了公司吗？每一天我都是第一个到达，最后一个离开公司的人。我已经推出了新的产品系列，增加了我们的营业额，极大地减少了运营成本——要想举例子还能举很多！”凯瑟琳尖声说道。

“领导力是后天被赋予的权利，而不是与生俱来的权利，亲爱的。在我看来，做领导跟履行你的职责，或者在公司工作时间最长并没有什么关系。我能问你一个问题吗？我希望你能够如实回答。”

“开始问吧。你知道的，我向来诚实。”

“你为什么想成为一名领导者？”

“这是哪门子问题呀？！”她尖叫着，声音高了八度。

“你为什么想成为一名领导者？”斯宾塞直视凯瑟琳的眼睛，平静地重复道。

当凯瑟琳勉强拼凑答案的时候，她的脑子一片空白。她的大脑像是一个真空，她能感觉到自己的脸变红了。她结结巴巴地说：“因为人们愿意追随在公司业务上精明强干、有远见卓识的人。”最终，凯瑟琳直接站了起来，然后自信地补充说：“我两者兼备。”

斯宾塞慈爱地看着自己的女儿。他得给女儿自信——缺乏自信可不是她需要担心的事情。他继续说道：“在过去的30年里，我见过很多领导者——一些是在公司见的，一些是通过顾客和供应商见的，还有一些是通过人脉网见的。他们中各种各样的领导者都有。有趣的是，其中有些领导者貌似从来没有飞起来过。他们大部分人都智力超群，但飞起来后却常常貌似要坠落。又或者他们只是原地绕圈圈，从来没有真正地取得任何进展。”“就像海滩上的那只鸟。”凯瑟琳嘀咕道。

“是的。就像海滩上的那只鸟。我觉得他们在进行单翅飞翔。当这么做的时候，他们的未来将是极其黯淡的。我见到的有些领导者貌似仅仅依赖他们的智商和商业战略来经营公司。也有一些领导者试图讨好每一个人，他们同情他人，却不是与他人产生共鸣。作为一个领导者，如果你想要飞得高，飞得远，上述这两种极端的做法均不可取。”

凯瑟琳发出一声响亮的叹息，挑战斯宾塞道：“你认为我正在进行单翅飞翔？你是认为我在公司没有前途吗？”

发人深省的数据

对这个问题，斯宾塞是有所准备的。他走向办公室角落的衣帽架，在自己的西装外套的内口袋里摸索着，拽出来一些索引卡，在空中挥舞了一下。他把6张卡片都正面朝下放在了会议桌上，说：“选一张卡片吧，哪张都行。”

凯瑟琳一把抓起离自己最近的那张卡片，把它翻过来，上面写着“15%”。她看起来迷惑不解。

斯宾塞解释说：“这是你当领导者时要求调到新的团队的员工占比。”

凯瑟琳抓起另外一张，翻开，上面写着：“20%”。

斯宾塞抓住时机，说道：“你所领导的团队员工请假的天数跟公司其他团队相比平均高出了20%。”

凯瑟琳翻开下一张，一句话都没说。她注意到了卡片上的数字“28”。

斯宾塞抬起头说：“这是你平均每周加班的小时数，不包括你周末网上工作小时数。”在凯瑟琳为自己辩解前，他继续说道：“可是亲爱的，这没什么值得骄傲的。勤奋地工作不等同于聪明地工作。”

会议桌上还剩下两张卡片，凯瑟琳不确定自己要不要把它们翻开。然而，她从来都不是会放弃的人，因此她慢慢地翻开了倒数第二张卡片，上面显示：1.7。凯瑟琳疑惑地抬起了头。

斯宾塞抓起桌子上的一个文件夹，叹了一口气，说道：“这个嘛，是几天前刚出来的员工敬业度调查的结果。我还没有跟任何公司内部的人讨论这个结果，只跟为我们做调查的公司外部机构探讨过。”

“如果你记得的话，”斯宾塞继续说道，“调查内容的其中一个问题是‘当你表现良好的时候，你的主管意识到你的努力了吗？’和其他问题一样，这道问题的选项范围为 1 到 5。”他提醒凯瑟琳。

办公室里一阵沉寂，连根针掉地上都能听见。

最后，凯瑟琳鼓起勇气问了某种程度上她已经知道答案的问题：“我得了 1.7 分？”“是的。”斯宾塞轻声说道。

“公司其他领导者的平均得分是多少呢？”她想知道。

斯宾塞查看了文件夹，回答说：“3.8”。

凯瑟琳沮丧地看着会议桌上最后一张卡片，并把它翻了过来：2。

“这个得分是针对哪个问题的？公司的平均得分是多少呢？”她开门见山地问道。她只是想快点结束。

斯宾塞查看了下笔记然后读道：“你的主管善于接受你的建议吗？公司平均得分为 4。”

突然，凯瑟琳坐直了身体，几乎惊慌失措地问道：“爸爸，你是从哪里或者谁那里得到这所有的数据的呢？调查数据来自咨询顾问，但是关于我的其他统计数字来自哪里呢？”

“IT 部门。”他答道，同时眼睛往下看，以避开凯瑟琳的怒视。

“你让内特，我的亲弟弟，来暗中监视我？这些数据他都知道？！”凯瑟琳尖叫道。

“内特没有监视你。这些数据是我要求他去查的。如果不是从他这里得到数据，那又能从谁那里得到呢？你想让我从谁那里要数据呢？”斯宾塞直视凯瑟琳的眼睛，问道。

斯宾塞探身向前，微笑着说：“听着，亲爱的，我不是说你永远成为不了咱们公司的首席执行官，我的意思是现在不行。”

凯瑟琳也探身向前，把头埋进了双手里。

斯宾塞提议道：“我们换个角度来思考这些问题吧。去年你参加了人生第一场马拉松比赛，对吧？”

凯瑟琳挺起肩膀，微笑着说：“是的。我们为一个癌症研究项目募集了一万多美金的赞助费。”

“我们指的是谁呢？”斯宾塞问道。

“我们……是拜特欧菲尔德收割机公司的一组员工。”

“确切地说，你们是怎么做的呢？”他鼓动凯瑟琳继续说下去。

“我组织了一个为期 6 个月的培训项目，名字叫‘从 0 到 26’。6 个月内，所有的马拉松赛跑选手都可以从 0 英里跑到 26 英里。”凯瑟琳解释说。

“如果那些选手未经任何培训就参加了比赛，会发生什么呢？”斯宾塞故作天真地问道。

“爸爸，这个问题很外行！他们会失败的。或许会伤到自己，或许会中途放弃，遭遇挫败感，丧失动力。肌肉群要随着时间的流逝一点点地建立，它们可不会一夜之间就出现！”凯瑟琳带着怒火说道。

“你说得太对了。这些选手必须建立肌肉群。这个类比太棒了，凯瑟琳。”斯宾塞说道。

“爸爸，你要说明什么呢？”凯瑟琳问道。

“现在，你听着，”斯宾塞继续说道，“我有一个建议。我想给你一个机会——通过进行一场某种旅行来建立和训练自己的领导力肌肉。当你归来肌肉变得强健后，我们再聊。”

凯瑟琳觉得无所谓。尽管这些数字在她心底都不是什么大的意外，但还是如同晴天霹雳般打击了她。在过去的不同时间里，她和父亲都讨论过这些数字。然而，每次她都设法找到一个合理的解释来脱身。如果当时能够坦诚以对的话，她就不用考虑员工敬业度调查所显示的骇人结果了。凯瑟琳的头依旧埋在双手里，她咕哝道："你想让我休个假？"

“不完全是。虽然你和咱们公司保持一定的距离确实对你有好处。就一段时间。”斯宾塞鼓励凯瑟琳。

“这场旅程去往哪里呢？和什么相关呢？”凯瑟琳极为困惑地问道。

“你什么都不必担心，一切都安排好了。”斯宾塞伸手去拿桌子上放在一张全家福照片旁边的玻璃棱镜，把它放在了自己的手掌心。

“嘿，这是爷爷的棱镜，不是吗？”凯瑟琳对爷爷的记忆很模糊。她和弟弟还是刚学会走路的孩子时，爷爷就去世了。她关于爷爷的大部分记忆，都来自爷爷的照片或者是奶奶给她讲的故事。凯瑟琳深情地回忆起当时的情景：她的父亲把棱镜对着灯光举起，他们绕着房间赛跑，努力成为第一个抓到墙上五彩缤纷颜色的人。

“对，是爷爷的棱镜！”斯宾塞面带鼓励地微笑道，“30 年前，当你爷爷把公司的管理权交给我的时候，就把这个玻璃棱镜交给我保管。”

斯宾塞扫了一眼墙上的一张和父亲的合影，继续说道：“你爷爷当时对我说：‘斯宾塞，卓越领导力包含 5 个要素。每个要素分别对应这个棱镜的一个面，要想真正领导好员工，你真的需要精通棱镜的每一面。’”

斯宾塞暂停了一下，在早晨的阳光中把玩了一下棱镜，然后继续说道：“棱镜之美在于白色的光线穿过棱镜时产生的折射。亲爱的，在物理学方面你可是一颗巨星。折射是什么意思呢？你会如何跟一个像我一样的门外汉讲清楚这个问题呢？”

凯瑟琳从斯宾塞手中拿过棱镜，起身站了起来。她伸展双腿，然后走到斯宾塞办公桌后的大窗户前。她把棱镜拿起来，放在太阳光下，说道：“折射不过意味着光线从一个角度进来，再从另一个角度出去。白色的光线实际上是7种不同的颜色严丝合缝地混合在一起组成的。这7种颜色分别是：赤橙黄绿青蓝紫。当发生折射时，每一种颜色都能在自己的波长范围，以自身的美妙和优点被看到。”

斯宾塞也走到窗边，看着凯瑟琳把棱镜放入阳光中，并把它朝向一个角度倾斜，这样，颜色的光谱几乎在含有员工敬业度调查结果的文件夹上跳舞。

“关于你为什么想成为一个领导者的问题，我希望你能认真地思考下。我觉得，如果你真正理解和领会了棱镜每一面的意思，就能更好地回答这个问题。棱镜的每一面都代表着一个特性或特点——我认为它们对于卓越领导力而言是不可或缺的。”

凯瑟琳突然警觉起来，问道：“那么，你计划把我送到哪里呢？这场旅行中会发生什么呢？我读一本相关的书籍不行吗？”

斯宾塞微笑着摇了摇头：“亲爱的，这次可不是让你读书的。个人探索和内省需要的是亲身实践。你需要体验‘棱镜的每一面’并想出自己的答案。另外，如我所说的，离开办公室对你有好处。”

“爸爸，我确实需要知道我将去往何方。”凯瑟琳近乎绝望地说道。

“计划如下：你将有机会去拜访一些人，这些人在我的职业生涯中对我的生活和领导方式具有重要的影响。每个人都会教你一些不同的东西，并且有望让你跳出自己的舒适圈。每次拜访结束后，你都会得到下一个目的地的旅行日程。”

凯瑟琳和斯宾塞对视，不知道该说些什么。“我将离开公司多久呢，爸爸？一切都听起来好神秘。”

“需要多久就得多久，亲爱的。要相信过程。对了，打包好应对各种各样天气（暖和、寒冷、潮湿……）的衣服，到时候你得有可供选择的衣服穿。在你回来之前，我要没收你的公司电话、笔记本电脑、平板电脑和智能手表。你离开的时候进行的可是‘媒体脱瘾’活动。请把这些小装置全部上交。”

凯瑟琳看起来惊呆了，她俯身把笔记本电脑、手机和平板电脑从包里拿了出来。接着，她取下智能手表，和其他物件堆放在一起。然后，她把所有的东西快速推向桌子的中间位置，就像一个扑克牌玩家推出一套贵重的游戏筹码以开启下一轮游戏一样。

“你可以保留自己的私人电话，但是非紧急情况不要开机，可以吗？”斯宾塞提议。

凯瑟琳同意了，并紧紧拥抱了自己的父亲。虽然他们偶尔意见不合，凯瑟琳对父亲以及父亲在过去的 30 年里打造的公司怀有很深的敬意。

凯瑟琳离开父亲的办公室，径直朝电梯走去。一进入电梯，她就选择了“G”键——一楼。她确实需要一些新鲜的空气。在外头，坐在公司停车场自己的车里，凯瑟琳从手提袋里找出了苏珊给她的马尼拉文件夹，凝视着第一个飞行目的地：印度的班加罗尔。除了她的行程单，文件夹里还塞了一个小笔记本。在笔记本的封面上是一张便利贴，上面是父亲的留言：这本笔记本在你的旅途中会派上用场。

第二章

印度班加罗尔市——起飞

飞机在班加罗尔的跑道上降落并停在指定的登机门，凯瑟琳伸展着僵硬的双腿，望向窗外。其他乘客争先恐后地拿舱顶储物箱里的行李，凯瑟琳动都没动，似乎粘在了座位上。她根本没意识到周围发生的事情，直到有人在她背上轻轻拍了一下才把她拉回现实。她听到有人带着印度口音，温和地对她说："打扰了，女士。你没事吧？需要我拨打残障人士服务电话来帮助你下飞机吗？"

凯瑟琳的白日梦突然结束了，她转过身来，看着在这段行程中为她提供服务的空乘人员。她扫视了一下周围，意识到其他乘客都已经离开了飞机。机组工作人员正在走道徘徊，好奇地盯着她看，不确定发生了什么。

凯瑟琳显得很局促不安，猛然从座位上起身，头一下撞到了飞机舱顶。"哎哟！"她一边轻声叫着，一边开始拿自己的行李和包，"实在对不起。我想事情想得出神了，我这就下飞机。"

凯瑟琳看长长的缓慢移动的队伍像蛇一样蜿蜒穿过移民局检查站的走廊，她才意识到为什么其他乘客那么想要第一个走下飞机了。"真是好呀——他们现在已经排到队首了。这是在迈向一个很棒的开端呢！"她心怀讽刺地想道。三个小时后，她走出行李提取大厅，仔细查看众多司机手里举着的各式各样的指示牌。它们看起来好像都一样。她眯着眼睛，努力去找自己的名字。差不多十个小时的时差，再加上 30 多个小时的旅程已经使她疲惫不堪了。她好想喝一杯浓咖啡，洗个热水澡，然而她没有时间做这些。四个小时的车程还在等着她，这段车程将带她穿过无数的村庄，跨过坑坑洼洼的路面。

几分钟后，当司机从她手中接过行李，带她上车的时候，她花了一点时间来感受周围的事物。这里空气湿度大，植物中发出一种香味，与印第安纳完全不同。她很好奇父亲认识这里的哪个人，同时，一种兴奋感从胸腔中散开，如同一种刺痛感，进入自己的手指和脚趾。或者说她感受到的更像是惊恐之情？当其他的行李被放入后备厢，司机发动汽车引擎时，她把从父亲那里得到的棱镜从手提包里拿出来，紧紧地握在手里。

若琪

若琪终于在家中安顿好斯宾塞的女儿凯瑟琳，她看着厨房水槽上方窗台上的棱镜，沉浸在回忆里，满怀深情地想起与斯宾塞一起度过的学生时代。那时，他们两人都是印第安纳州西拉斐特市普渡大学农业工程学专业的大学生。若琪回想起，在第一个学期，学校安排她和斯宾塞在化学课上共用一张试验桌。当时，她的情绪极其失落，内心很孤单——她对当地的文化、餐饮、着装、人们的生活方式以及他们的价值体系都很不适应。并且，最重要的是，当年她是班里唯一的女性。她常常觉得自己的世界完全颠倒了。

那时候斯宾塞对她很照顾，在一年中的重要节假日，比如感恩节、圣诞节、复活节，还邀请她到家里去做客。斯宾塞中学时期的恋人琳达也在普渡大学读本科，她俩刚好住在女生宿舍的同一楼层。她对斯宾塞和琳达的友善和热情深怀感激。读本科期间，斯宾塞的父亲克莱夫让她三个暑期都在拜特欧菲尔德收割机公司实习。这不仅使她能够亲自进行实践，更重要的是，还使她体验了工作中的目标、激情和坚持：P^3——purpose（目标），passion（激情），perseverance（坚持），即“P 的三次方”。过去，他们走过生产车间的时候，斯宾塞的父亲克莱夫常常教给她这些知识。克莱夫明确的目标感在公司里随处可见。每天早上步行去检查工作时——他每天都会走过每一个车间——都要确保每一个员工清楚他们所做的工作确确实实为他们奋斗的目标做出了积极贡献。这个目标就是在本地乃至全球都尽可能实现安全收割。

几个星期之前，斯宾塞跟她联系并解释了女儿的状况，她毫不犹豫地答应了，这是回报 30 多年前斯宾塞一家对自己的关照的机会。本科毕业后，他们在学业上走上了不同的道路：斯宾塞前往德州理工大学攻读 MBA，她去了英国的布里斯托尔攻读生物学博士学位。从那之后，他们就见过两次：一次是在斯宾塞和琳达的婚礼上，令人伤心的是，第二次是在几年后克莱夫的葬礼上。多亏了脸书网，他们能够维持 30 多年友谊。“开心的时光总是过得飞快！”若琪暗自笑道。

擦拭厨房柜台的时候，若琪想起 35 年前，在拜特欧菲尔德收割机公司进行暑期实习时，她和斯宾塞的父亲克莱夫的那场重要谈话。谈话发生在他们外出试驾一辆新的拖拉机时，虽然这次谈话很偶然，但对她整个人生都产生了重大而深远的影响。

她用压过拖拉机引擎轰鸣声的声音问道：“克莱夫，你如此重视目标这件事，是有具体原因吗？”他哈哈大笑，看着她说道：“目标是我的驱动力。在我的 P 的三次方公式里，目标是第一个 P（purpose）所指。”斯宾塞一边说一边笑，无法掩饰对这个话题的热爱。“1959 年创建这家公司的时候，我就开始重视目标了，”接着，他伤心地说道，“因为我弟弟在收割机着火时丢了性命，他没能足够快地逃生。”

若琪情绪一阵低落，并努力地不去想象那场悲剧中可怕的画面。

"太恐怖了，克莱夫，我为你失去弟弟感到遗憾。"她小声说道。

克莱夫继续说道："我弟弟的丧命是个悲剧，我为此很生气。生产商不承认这是他们的技术故障导致的，我们当时既没有钱也没有能力去打官司。因此，我决定按照自己的意愿来打这场官司。那时，我根本就不知道目标为何物。现在我懂了。"

克莱夫停下来整理了一下思绪，说道："我记得 1961 年的时候在电视上看到了肯尼迪总统。那时我们用的还是黑白电视机，然而，当肯尼迪宣布所谓的'太空竞赛'时，他对未来的愿景一定是彩色的。"

"太空竞赛？"若琪一脸茫然地问道。

"他主要的目标就是以十年为期，期满前成为第一个把人类送上太空的国家。据说，一年后他参观了佛罗里达州的太空中心，他走进大厅时看到一个人在扫地。很有可能是为了他的到来而要把所有地方都收拾得整齐漂亮。"

"然后呢？"若琪追问。

"嗯，传说是这样的：肯尼迪走向那个人，跟他握手，并问他在太空中心做什么工作。总统可能只是想和他寒暄几句。听到这个故事的每一个人几乎都会说他是'后勤经理''清洁工'，或者比这更低的身份。一个拖地的人还能做什么别的工作呢？"

若琪点头表示同意，因为她也是那么想的。

克莱夫笑着说道："在故事中，当那个人和肯尼迪握手的时候，他回答说'先生，我的工作是帮助把人类送往月球。'听到这样的回答，肯尼迪吃惊极了，要求先跟他的上司谈谈，然后跟他上司的上司谈谈，再跟他上司的上司的上司谈谈。以此类推，直到他见到行政管理系统的一把手——航天中心负责人。"

他们乘坐拖拉机在田野上行驶，若琪坐在克莱夫旁边，陷入了沉思。克莱夫继续讲道："那位主管似乎告诉肯尼迪，每一位在太空中心工作的人——无论是后勤经理，还是火箭科学家，都为人类登上月球的愿景做出了重要贡献。他想让每一个在太空中心报到上班的员工都能找到自己的工作意义所在。当然，航天中心也有清晰的等级制度和职称，但这跟工作意义没有关系，他坚定地告诉肯尼迪。他甚至拿拖地的那位员工作为例子来说明自己的观点。他对肯尼迪说，如果那位员工不认真工作的话，就会发生意外事故。人们可能会摔跤，滑倒，伤到自己——也可能遭遇所有这一切。同时，灰尘和污垢可能进入研究设施，从而影响实验室的研究结果。如果有员工受伤，或者实验室的研究结果不准确，他们就不可能第一个把人类送上月球。他告诉肯尼迪说，他希望所有的员工都能理解总统先生清晰的愿景，对于自己在太空中心工作的价值要大声地问问自己‘为什么’——为什么他们要做自己的工作呢？他非常热衷培养员工的这种意识。当员工发现工作的意义时，他们的工作就有成就感，同时，他们就会知道自己正在为团队目标或者公司愿景做出重要贡献。这能够激发员工的内在动力，提高团队业绩。”

克莱夫把拖拉机停到田地的边上。“你带速记本了吗，若琪？我想告诉你一个诀窍，我就是用它来帮助他人找到人生目标的。这有助于你更好地理解意义和目标的不同。”他说道。若琪从背包里拿出了速记本，快速翻到新的一页。

“好，简单写下这三个问题，留一些空间来写它们的答案。第一，写下你具有的两个特殊品质或者性格上的优点。可以是你和其他人不一样的地方。不要太谦虚了。”他停下来让若琪简单写下第一个问题以及她关于这个问题的最初想法。

若琪写完后把头抬了起来。“第二个问题，”克莱夫继续说道，“指出你跟他人交往时，能展示你第一个问题中的两个优点，或者一到两个能够让他人看到你的优点的方法。”他再次等待，这样若琪就可以记笔记了。记好之后，若琪对克莱夫微笑并点头，他就继续提问。

“好，现在所有问题的根源来了。第三个问题，把眼睛闭上一会儿，想象一个完美的世界。你会如何描述这个世界呢？在你的完美世界中，人与人之间如何友好相处呢？生活在这样的世界中会有什么样的感觉呢？若琪，请用一个或者两个一般现在时态的句子尽可能形象地描述一下你的完美世界需要的条件。”

若琪闭上眼睛，在内心想象完美世界的样子。她一边想一边微笑，把想到的东西也快速记了下来。

“现在需要做什么呢？”若琪好奇地问道。

“现在你只需要把这三个问题的答案连成一句美妙的话语。请选择对于你的目标陈述最有意义的那些碎片信息。”克莱夫一边说一边从衣服后兜拿出了钱包，并从钱包中抽出了一张正方形的小纸片，像打了胜仗一样在空中挥舞这张纸片。“想听听我的答案吗？”他笑着问道。

“荣幸至极。”若琪也笑着回答。

“我性格上的两个优点是：勇气和激情。”

“激情？”若琪问道。这点她不太明白。

“说干什么就干什么，活力，生命力。”他换了其他词来解释。

“那第二个问题的答案呢？”她问道，“和他人交流时，你是如何表现你的这两个优点的呢？”

“我会利用勇气来直面他人因为害羞或信心不足而回避的问题。我把每一个挫折都看作是未来的基石。第二个优点，激情，我认为它是有感染力的。它会感染我身边的人。我的热情，加上积极的心态，能带领人们走出让他们丧失活力的困境，拥有以解决问题为导向的思维。”

若琪坐在拖拉机的座位上，暂停提问和记录，去体会克莱夫说的每一个字。

然后，她好奇地问道：“那么所有问题的根源呢？你的完美世界是什么样子的呢，克莱夫？”

“在我的完美世界中，人们不分性别，不分种族，不分个人信仰，不分他们之间还有什么其他的不同，他们都用公平和尊重对待彼此。他们把彼此当作个人来尊重，同时，他们也尊重身处的环境。”

“你生活的目标是什么呢，克莱夫？你自己是如何把这三个问题连起来的呢？”她一边思考自己的答案，一边问道。

“我的目标包括：作为拜特欧菲尔德收割机公司的首席执行官，利用自己的勇气和激情来解决在当地以及全球范围内给我们带来影响的农业生产问题。我已经把肯尼迪的‘太空竞赛’转变成了我的公司的‘安全竞赛’。”

克莱夫看了若琪一眼，补充说：“亲爱的，我们在这个世界上，只有一次把事情做对的机会。如果我们不用公平和尊重来对待彼此和我们的环境，大自然会不高兴的。并且众所周知，当大自然愤怒的时候，那滋味可不好受。我们应该为后代着想。”

克莱夫向后靠向拖拉机的座位，拿起水壶里喝了一大口水，然后说道：“关于目的、意义和目标，我思考了很多。它们是不同的，然而每一个对卓越领导力而言都至关重要。”

若琪在空中挥了挥自己的笔和纸，说道：“开始讲吧，克莱夫！”

“当年肯尼迪对他的‘太空竞赛’所拥有的就是一个明确的目标。他想让美国成为第一个把人类送上月球的国家。那个目标被称为‘SMART’：

“Specific（**明确的**）——他用积极的言语陈述自己想做的事情，而不是不愿意做的事情。

“Measurable（**可衡量的**）——他能够清晰地看到或者衡量结果：我们登上了月球，或者没有登上。

“Achievable（**可实现的**）——基于当时的技术和专门知识，这个目标是有可能达到的。

“Relevant（**相关的**）——很确定这个计划跟他以及美国的很

多人相关——他不仅想成为第一个，还想比苏联早。

“Time-Bound（**有时限的**）——他有一个很明确的最后期限，最迟不能晚于 1969 年 12 月 31 日——当时的那个十年期结束时。

“航天中心的负责人从肯尼迪那里接受这个目标，并帮助为每一位员工明确创造工作的意义。公司里的有些工作可能听起来比其他的工作更有价值，但是，他确信公司里的每一位员工都在为同一个宏伟目标贡献自己的价值。我认为，那位负责人展示出来的就是卓越的领导力，因为他使每一个员工都找到了所从事工作的意义，并且每一位员工都对自己做出的贡献引以为傲。这种做法激发了每一位员工为共同的目标努力奋斗的积极性。”

“意义和目标有什么不同呢，克莱夫？你对此有何高见？”若琪问他。

“嗯！好问题！目标指的是当一个人做出重要贡献时——无论是对他们的公司，家人，社会，还是一般意义上的这个世界——他们觉得这些贡献是有意义的，且不伤害或者损害其他任何人。”

若琪停下记笔记去理解克莱夫所说的话，然后接着问道：“目标就是‘我能给予他人什么东西？’这个问题吗？”

“是的，你说对了。你为什么每天早上起床并去工作呢？听着，若琪，我真的相信每个人都能找到人生中的一个明确目标，这是可能的。并且这个目标不是必须和拜特欧菲尔德收割机公司连在一起。想一下生产部门的汤姆 · 威尔逊吧。”

若琪在头脑中想起汤姆的形象，一位深受团队喜爱的、对公司忠心耿耿的年轻的轮班经理。

“有一天，我们从停车场走向生产车间，汤姆和我进行了一场类似的谈话。你知道他和我分享了什么吗？他生活中的目标是什么吗？他在城镇的一个低收入区的少年棒球联盟会做教练。一部分的城市居民如果不是非去不可，一般会避免去这些地方的，你懂我的意思吧。当他和我分享目标时，他像被点亮了的圣诞树一样面露喜色。他说他的目标是利用自己的棒球技能和对上帝的信仰，去接触这些孩子，帮助他们建立信心，帮助他们成长为负责任、有自信的年轻人。”

克莱夫留出时间让若琪在头脑中消化他的话，然后说道：“汤姆也找到了他工作的意义，因为他知道自己正在为一个公司的愿景（让收割和农活对每一个人来说都变得安全）做出贡献。他的工作和自己的价值体系是一致的，并且他清楚自己的贡献对公司而言有多么重要。我经常告诉他这点，”克莱夫轻声笑道，“因此，他找到了在公司工作的意义。”

“如果你问我，”克莱夫继续说道，“卓越领导者和其他领导者的区别就在于：卓越领导者拥有清晰的目标感。他们知道自己的优点所在，也知道如何利用这些优点来实现自己的理想世界，在这个世界中，他们的工作、他们的产品线、他们公司所提供的服务都为社会做出了重要贡献，且没有伤及他人。他们有能力让员工明白这一点，并帮助员工找到工作的意义。”

克莱夫停下来让若琪思考，然后补充说道：“别误解我，若琪。肯尼迪的目标和帮助员工寻找工作意义的太空中心负责人都没问题。我只是觉得领导者应该为了他们自己和员工而更向前一步去寻找更深层次的东西：一个明确的目标。回报社会，同时不对他人造成伤害。”

克莱夫把手中的纸折起来放回钱包，继续说道：“我一直把这张纸放在这里。有时候很难做决定时，这个目标就会为我指引方向。当事情变得模糊不清时，它会给我清晰的思路。我认为它让我稳步前进。”

“你方程式中的另外两个P又怎么解释呢？”若琪好奇地问道。

“咱们把这个问题留到下次再说吧。我觉得你已经想吃东西了吧。说到吃东西，我肚子有些饿了。咱们回去吃午饭怎么样？”克莱夫建议。

若琪听到车子停下来时压得石子路嘎吱嘎吱响的声音，她一下子回到了现实中。凯瑟琳到了。

凯瑟琳

当凯瑟琳从车里下来的时候，若琪走出房门，热情地欢迎她的到来。她带凯瑟琳在她家四处看看，还把她介绍给了正在厨房的餐桌前全神贯注玩手机的十岁的孙子。

“我很开心在暑假每周有两天的时间照顾我的孙子，这两天我儿媳妇要做兼职工作。”若琪解释说。

洗了个热水澡并小睡了一会儿后，凯瑟琳感觉又活了过来，她走进厨房，看到若琪正在切蔬菜。若琪向她挥了挥另外一块切菜板和另外一把刀子，问她想不想参与进来。

若琪又礼貌地询问凯瑟琳几个关于旅途的问题，然后察觉到凯瑟琳开始有些不耐烦了。“跟她母亲琳达一样的，”若琪微笑着暗自想到，“母女两人都喜欢开门见山、直奔主题。”

“听着，凯瑟琳，”若琪小心翼翼地步入正题，“我想明天带你到我的公司转转，感兴趣吗？”

“你拥有一家公司？”凯瑟琳满是怀疑地问道。

“是的，我确实有一家公司，”她回答道，“而且，你要知道，我创建这家公司的灵感就来自你爷爷克莱夫的启发。”

凯瑟琳吃惊地抬起头来，结果撞到了台子上方低悬的橱柜上。“哎哟！”她惊叫道，一边抚摸着早上在飞机上撞到的头顶那块痛处，一边疼得龇牙咧嘴地说道，“为什么这种事一直发生在我身上？”

那天晚上吃晚餐的时候，若琪解释了她是如何认识凯瑟琳的父母的，也讲了一点点当年她在拜特欧菲尔德收割机公司实习的事情。“明天又是新的一天，凯瑟琳。好好睡一觉，明天早上就能焕然一新地开始了。我已经在你卧室的衣柜里为你挂了一些工作服，你一定会需要它们的。”若琪说道。凯瑟琳记得打开行李箱时，看到衣柜里挂着一件养蜂人的防护服和一顶网状的帽子。但是，若琪说的肯定不会是这些服装，是吗？

完美蜜蜂

随着远处公鸡的啼叫声，凯瑟琳醒来了，她慢慢睁开了双眼。环顾了一下房间，她发现一束太阳光透过窗帘照射了进来，刚好照在她留在房间的棱镜上。光是飘进房间的咖啡的香味就足以使她有动力起床，她马上开始行动起来。

凯瑟琳裹着浴袍走进厨房，手里拿着挂在卧室衣柜里的那件养蜂人的防护服。“我应该穿上它吗？”她满脸疑惑地问道。但是，当她注意到若琪也穿着同样的装备时，这样问就显得多余了。这时候她发现在防护服上身右口袋上缝着“完美蜂蜜”的商标。

就在这时，一位和若琪年龄相仿的男士信步走进了厨房，对她粲然一笑。“你好，我是维韦克，若琪的丈夫。不好意思，昨天晚上没能见到你。昨晚和一些新的零售商参加了一场商务晚宴，回来的时候已经很晚了，那时貌似你已经休息了。见到你实在是太高兴了！”他一边说一边和凯瑟琳握手。维韦克就是一束能量之光，用他超凡的个人魅力点亮了整个房间。“你们两个今天要去基地吗？”他问道。

凯瑟琳茫然地盯着若琪，对这个问题的答案同样感到很好奇。

“是的，我们确实要去那里。”若琪点头微笑道。

一个小时后，她俩坐在若琪的车里，出发前往维韦克所说的“基地”。若琪利用在车里的时间给了凯瑟琳一些“完美蜜蜂”公司的背景信息。“在布里斯托尔大学取得生物学的博士学位后，我创建了‘完美蜜蜂’公司。也是在布里斯托尔大学，我遇到了我的丈夫维韦克，他那时正在攻读市场营销专业的硕士学位。我想我和维韦克在英格兰有所交集是命中注定的，就像和你父亲在化学课上成为实验搭档是一样的。”她若有所思地笑着说。

若琪继续解释了她和斯宾塞、琳达的关系有多么特殊，以及凯瑟琳一家的善行给她的生活带来了多么积极的影响。凯瑟琳之前对这些事都一无所知，当她意识到这个住在差不多 9000 英里之外的女性比她更了解她父母年轻时候的事情时，心中有些伤感。

凯瑟琳一句话都没说，若琪也没有打扰她沉思，车内一阵沉默。过了一会儿，她继续说道：“当维韦克和我从英格兰归来后，我们就结婚了。我俩对我们的生活目标非常清晰。”

“那个是什么……”凯瑟琳的问题被打断了，因为车停在了一片野花花海的边缘处，人造蜂箱点缀其中。

“就是这个。”若琪一边把凯瑟琳的问题补充完整，一边朝花海指了指。

若琪和凯瑟琳坐在车里，欣赏窗外面的风景，若琪讲述了在印第安纳那个炎热的夏日克莱夫和她在拖拉机上聊天的故事。凯瑟琳听到这些她从没有听过的故事，开始对自己和爷爷待在一起的时间不够多而感到惋惜。然而，她使自己镇定下来，问道：“你对那三个问题的答案是什么呢？你的答案和那边的蜂巢有关系吗？”

“当然有关系啦！”若琪笑道，“那天晚上我在你爷爷家封闭式的门廊里，坐在秋千上荡来荡去，同时盯着这三个问题看。经过克莱夫的一番启发，我把思维开阔和热爱学习作为我的两个性格优点写了下来。”

“第二个问题呢？”凯瑟琳催促道，“这两个优点在你和他人交往的过程中是如何表现出来的呢？”

“思维开阔体现在我离开家人到国外求学体现出的十足的勇气上。我很乐意接触新的文化、新的价值体系和新的语言。这个优点体现在我有意识地不去评判他人和给他人贴标签——哪怕直到今天也是一样。我真的相信每个人都能为这个世界提供一点正面的东西，虽然我有可能不会很快就能发现它。这也给了我一个深挖这个正面东西的原因。当我发觉自己在评判他人时，我就有意识地去寻找他人行为之下隐藏着什么样的需求。正如亚伯拉罕·林肯所言：‘我不喜欢那个人。我必须进一步了解他。’当遇到貌似要招惹我的人时，我总是记得这句话。”

这些话使凯瑟琳十分尴尬，因为她回想起了上星期和弗兰克·惠泽尔顿的那场谈话。“实际上，”她暗自想到，“那也算不上是一场谈话。我打断了弗兰克，并告诉他讲故事的时间结束了。我的行为跟思维开阔可沾不上边。”她能感觉到一片红晕爬上她的脖子，爬上她的脸颊。

若琪给了她一点时间进行自我反思，然后说道：“我的第二个性格优点——热爱学习，是和我思维开阔的优点连在一起的。我对阅读充满了热情，并把学到的东西运用到了我的职业和个人生活中。”

“那么所有问题的根源呢？”凯瑟琳微笑且放松地问道，对若琪的完美世界充满了好奇。

“在我的完美世界中，”若琪继续说道，“人们用仁爱来对待彼此和他们所处的世界。”

“仁爱？”一想到这个词，凯瑟琳的眉毛都皱到了一起。

“是的，仁爱。”若琪确定地说，“当我把这三个问题的答案连起来的时候，我感到一道电流从头到脚穿过我的身体。”

凯瑟琳把手伸进手提包，拿出了自己的钱包。她小心翼翼地打开了从钱包里拿出的一小张正方形的纸，大声读道："我的人生目标就是利用我的开阔性思维和对学习的热爱，来创建一个能让这个世界变得更美好的公司并促进公司的发展——就在印度南部这片对蜜蜂很友好的花海中启航！"

突破思维界限

若琪继续讲她的故事。

"一回到印度，我丈夫和我就创办了'完美蜜蜂'公司。他的性格优点——超凡的个人魅力和社交能力——加上我的性格优点，我们决定试一试。在他的完美世界中，到处都是具有积极思维的人，所有人都为了一个可持续的未来而努力奋斗。回来后，我们看到了一个到处都是激情满满、思想高尚的人的美丽国度。我们也看到了一个越来越严重的问题：垃圾。目光所及，到处都是垃圾。我们看到国家的基础设施行被不断增加的人口压垮，我们想要为解决这个问题做出可持续的贡献。"

"那么，确切地说，'完美蜜蜂'都做些什么呢？"凯瑟琳问道。

"我们制作 Madhu——'蜂蜜'的印度语表达。"她解释道，"我们和印度的数百个城市和当地社区合作，帮助他们创建田地以及其他一些能让蜜蜂快乐、健康生活的干净、安全的区域。在过去的 30 年里，我们为各个年龄层的成千上万的人提供了教育——不仅关于养蜂，还有关于环境凌乱（我们喜欢这么称呼它）的恶果。我们坚定地认为，这个问题——环境凌乱——是由缺乏意识和有些时候的缺乏选择造成的。面对不断增长的人口以及他们的基本需求，城市的基础设施还没有建好。无论是从健康的角度还是从金融方面而言，人们从这些更干净的生存环境中受益良多。任何一个在我们的监管和指导下建立蜂房的人都成了公司的股东，分享公司的利润。我们收取、储藏蜂蜜，然后把他们运送到地球上每一块大陆。在印度市场，我们排名第一；在东亚市场，我们排名第二。在过去的几年里，我们在欧洲的市场增长率达到3倍。由于食品及药物监管政策的差异，我们目前还未进入北美市场，然而我们仍在继续努力。那里也有很多人要吃蜂蜜呢，相信我。随着每一罐蜂蜜的售出，我们为这个国家每一位参与其中的人的生活，以及本国的子孙后代做出了可持续的贡献。可以说，每一个人都会从积极影响中获益。”

若琪停下来让凯瑟琳理解她所说的话。

“你所谓的仁爱在公司的蓝图中体现在哪里呢？”凯瑟琳迟疑地问道。她实在无法理解仁爱是如何融入一个公司的商业计划的。

“任何对公司项目感兴趣的人都可以成为一个股东。在摆脱贫困方面，文盲依然是一个主要的障碍，而且并不是每一个人都拥有上学的特权，更不用说获得更高等的教育了。曾经有法律规定要在这个国度创造公平，然而，从某种程度而言，具有危害性的种姓制度依然对上百万无辜人们的生活产生可怕的影响。我们无法废除已经存在了3000多年的种姓制度，但是我们可以做些什么来为每个人提供一个机会，不仅可以赚钱养活家人，更重要的是，还可以带着明确的目标感来充实自己的生活。”

“在你的蜜蜂方案中，你是如何为文盲的人提供教育的呢？”凯瑟琳对这个问题很惊讶，很想知道答案。

“我们制造图片卡片，相当于一种养蜂手册。这份材料会搭配亲身实践的培训一起使用。目前，我们把50%的利润投资在创建学校和教育项目上，目的是为了消除文盲，并结束这种万千家庭深陷其中的恶性循环。”若琪解释道。

“你们利润的50%——这太不可思议了！你们是一家商业公司还是一家慈善机构呀？”凯瑟琳暗自揣测。

她注意到若琪好像可以猜透她的心思。

“你觉得把利润的 50% 投进去听起来很疯狂，是吗？”

凯瑟琳不好意思地点点头。

“说实话，”若琪说道，“我的家人和我已经赚得够多了。我们已经很富裕了。我们也为将来留了钱。我们觉得，现在是回报的时候了。你知道，离开这个世界的时候你是不能把钱带走的。”

当她们走进养蜂基地的时候，若琪示意凯瑟琳把网状的养蜂帽戴上，然后继续说道：“你要知道，凯瑟琳，你的爷爷把卓越领导力的这个方面称为 P 的三次方：purpose（目标），passion（激情），perseverance（坚持）。如果你准备好了，我想听听你对于自己的目标有什么想法。同时，让我们检查一下这些加了框架的蜂房，来看看蜜蜂有多么繁忙。”

接下来的 3 天时间，若琪和凯瑟琳一直待在一起：到带有蜂房的各种各样的养蜂基地旅行，参观教学项目和工厂，甚至实地查看了几个销售他们产品的商店和市场。在观察若琪如何解决工作中突发问题的时候，凯瑟琳特别喜欢若琪表现出来的镇定和开创性思维。她的真诚很有感染力，在解决员工之间的矛盾时总能派上用场——凯瑟琳把这点铭记在心。晚上睡觉前她也会花一些时间在父亲给她的笔记本上做记录。

她在笔记本扉页写下“我的目标！”并初步记下了从若琪那里得知的三个问题以及她对这些问题的答案：

1. 我所具备的两个特殊品质或者性格上的优点。什么东西使我与众不同？

勇敢：我敢于直面恐惧，能够战胜逆境，善于应付挑战。

批判性思维：我善于分析，能够全面审视事物。

2. 在跟他人交往时，能展示这两个优点，或者一两个让他人看到优点的方法。

当事情变得棘手时，我不会认输或者放弃。我会坚持自己的主张，客观地看待事情。

3．所有问题的根源。想象一个完美的世界。我会如何描述这个完美世界呢？在我的完美世界中，人们是如何友好相处的呢？在这个世界中生活会有什么样的感觉呢？

在我的完美世界中，人们不会感情用事。他们坚忍不拔，无论做什么，都努力一次性做好。他们信守诺言。在这种环境中，我感到生气勃勃，精力充沛。

凯瑟琳坐在那里仔细思考自己的答案。经过深思熟虑之后，她写道：

“我的目标就是，用勇敢和批判性思维帮助自己和他人坚持……”

她深深地叹了一口气，把铅笔放了下来。她真的不知道该如何结束这个句子，因此就暂时不想它了，关灯睡觉。明天又是新的一天。

儿时记忆

在若琪家的第四天早上，她们待在厨房时，若琪的孙子萨奇突然来了，因为她的儿媳妇临时有个牙科预约诊疗。那天早上若琪计划跟印度北部的蜂蜜供应商进行一个重要的 Skype 网络电话，于是她问凯瑟琳是否介意单独和萨奇待一会儿。凯瑟琳欣然同意，她带萨奇回到了一个空房间，萨奇以前来的时候常常在这个房间写作业。

房间的中部有几个大箱子，全部被小心翼翼地叠放在一起。看起来像是一个火箭或者某种极其新潮的车，凯瑟琳一下子就被吸引了。“那是什么呀？”她指着那个奇妙的装置问道。萨奇的回答让她吃了一惊：“这么显而易见的东西你都看不出来呀？它是一个快乐机！”萨奇翻着白眼取笑她。

“它是一个快乐机？”凯瑟琳诧异地问道，“你是从哪里得到它的？”

“噢，这是我 4 岁或者 5 岁的时候奶奶和我一起搭建的。我喜欢搭建汽车、火箭、卡车——任何你能说出来的事物。她定期直接从仓库为我带回一些大箱子。这真是棒极了！”萨奇停了一会儿，他在脑子中搜寻自己曾经搭建的东西。“我们保留着这个机器，哪怕严格意义上说我已经超过了玩这些东西的年龄。”他解释道。

“它是怎么运转的呢？”凯瑟琳问道。

萨奇变戏法一般打开了侧门，爬了进去。“我给你演示一下它是怎么运转的。”他在头上放了一个金属滤器，在手腕上缠了一些细绳，“我知道这看起来很幼稚，但是依然有点酷。我奶奶告诉我说这个机器可以制造任何你想要的积极情感，并且最奇妙的一点是，无论你选择了哪种情感，它都会一整天伴随你。”他在自己画的汽车仪表盘上按下了一个想象中的按钮，闭上了眼睛。

“你选择了什么？”凯瑟琳问道。

“我选择了乐观——与其说它是一种情感，不如说它是一种心态。”萨奇一边说，一边闭上眼睛，向后靠在了驾驶员的座位上。

“你为什么选择了乐观呢？”凯瑟琳惊讶地问道。

“因为我今天下午有个板球比赛，我们的对手团队很强。奶奶说，心态好就成功了一半，往往都是这样的。她也说，我的现实是由想法所决定的。瞧——这些就写在后视镜旁边的那张卡片上。”萨奇一边说，一边指向卡片。

“这个 10 岁的小孩子真是太聪明了。”凯瑟琳由衷地感叹道。

凯瑟琳仔细地看了这个奇妙的装置，它的设计中很注重细节，凯瑟琳对此报以赞赏的微笑。这把她带回了自己的童年时光，引起她对搭建新事物的热爱。她一边微笑，一边回想她从母亲的厨房里拿回的所有很酷的小装置，以及她和父亲待在车库里摆弄各种材料、一起消磨时间的美好时光。回想童年的时候，她才开始明白，那些往事曾经给她带来了多少欢乐和力量。

萨奇问道："你想试一试吗？"这把她带回了现实世界。"当然想，为什么不呢？"凯瑟琳笑着说道。

"坐下把这个戴上。"萨奇一边说一边从箱子里爬了出来，手里向凯瑟琳挥舞着那个滤器。他一边说一边对她眨眼示意。凯瑟琳按他说的做了，然后萨奇继续说道："我现在要把你连接到这个机器上了。准备好了吗？"

"稍等一下。先让我熟悉一下环境。"她一边回答，一边看了看仪表盘。车里放着一些卡片，上面写着欢乐、感激、真诚、希望、自豪、愉悦、启示、乐观、热爱等词。在由铝箔做成的后视镜上有一句话——"我的现实是由想法所决定的。"汽车门里头还有另外一句话——"信念仅仅是你不断思考的一个想法。"

凯瑟琳指着第二张引语问萨奇："这句话是谁说的呢？"

若琪温柔的嗓音从背后响起："是我说的。"

凯瑟琳扭头向后看，发现若琪已经来到房间了。凯瑟琳感到十分难堪：坐在一个纸箱里，头上戴着一个滤器，手腕上缠着绳子。"我看起来一定很搞笑。"凯瑟琳心想。

若琪好像听到了她的内心独白一样，微笑着说："我必须承认，我自己也经常坐在那里——甚至是在萨奇不在的时候。"

"真的吗？你为什么会坐在一个箱子里呢？"凯瑟琳问道，但话一出口，她又为自己冒昧的问题感到后悔不已。

"我认为，这是一种有趣的方式让我意识到我是自己人生之车的驾驶员。"若琪回应道，没有考虑凯瑟琳会做何反应。

"或者说是你的快乐机的驾驶员！"萨奇脱口而出。

若琪微笑着点头。"这些情感是当激情出现在我的生活中时我的感觉。凯瑟琳，激情是你爷爷提出的方程式中的第二个P。"

若琪坐在凯瑟琳身旁，凯瑟琳刚要从机器里出来，若琪温柔地把手放在凯瑟琳的胳膊上，建议说："为什么不原地待一会儿呢？让我跟你分享一些从你爷爷那里得到的智慧吧。"

这立即吸引了凯瑟琳的注意力，她身体向后，放松地坐在了驾驶员的位置上。

"克莱夫跟我分享了他关于目标的认识后，过了几个星期，他带我来到了他弟弟的墓地。他把一些鲜花放到墓前，非常直率地告诉我：'若琪，我一开始经营公司的时候，一切事情都没做正确。'听到他的话，我大为吃惊，茫然地盯着他。他已经创建了一家很有前途的公司，并且看起来真的很开心。'我误解了激情的含义，'他继续说道，'激情就是做让你精力满满的事情，做让你兴奋的事情，做能够点燃你身体内部热忱的一丝火花的事情。'他解释说，一开始的时候他是缺乏激情的，他那时很生气。为失去弟弟而生气，为制造商不承认他们的技术错误而生气。这种怨气没有给他带来正面的能量。恰恰相反，克莱夫告诉我说，这种怨气耗尽了他所有的喜悦。他感到精疲力竭，能够感受到种到体内的痛苦的种子正在开始扎根。尽管他想让收割变得安全的意图是正面的，他却是带着错误的原因做这件事。"

若琪暂停了下来，温和地看着凯瑟琳。"你的爷爷，"她继续说道，"意识到自己对正在做的事情提不起激情，直到他决定放下。"

"放下什么呢？"凯瑟琳问道。

"放下他的怨气，接受当前的情形。这并不意味着他不想念他的弟弟或者不为自己失去弟弟而痛惜，而意味着他已经做好准备把怨气放在一边，并充分利用当前的情形。他告诉我，面对危机或者损失时，他已经学会问自己一个问题'这样做有什么好处呢？'弟弟的那场悲剧事故带来的好处是为他提供了一个机会——利用自己的技术技能、专业知识以及在农场长大的经历解决一个威胁全世界农民的问题。”

“这是他工作中的热情。”凯瑟琳陷入沉思，回应道。

“的确如此。”若琪说道，“想问你一个问题：你对什么有热情？”若琪停了片刻，让凯瑟琳思考，继而问道：“什么东西能给你内心的满足感？什么能让你兴奋？”

若琪主动提出：“要不我让你单独待一会儿，我带萨奇到公园里去，这样你就有安静的空间思考这些问题了。”

过了一会儿，凯瑟琳打开她的笔记本，翻到了崭新的一页，写下了标题“热情！”当她匆匆写下“建造、实验、创造、解决问题”时，她内心的声音是响亮而明晰的。她清楚，在自己的心灵深处，这些东西能带给她喜悦。她也清楚，自己的目标陈述还没有准备好。因为她不清楚自己能够为他人提供或者贡献什么东西。

当凯瑟琳专心盯着这张纸看的时候，她意识到，在这一页上根本找不到“领导”或者“员工”这些词语。并且，当她忠实于自己的时候，她清楚——至少一直到事业的这个阶段——这些词语都曾经是她生活中耗尽她能量的源头。她重重地叹了一口气，望着窗外，看若琪在秋千组合架上推自己的孙子玩。她想知道，这些词语是否会一直是她能量的吸血鬼，或者说“领导员工”是否会在某一天成为她精力的源头——她人生的激情所在。

访问学校

第二天早上，凯瑟琳在破晓时分就醒来了，她走进厨房喝咖啡。这时，维韦克已经在餐桌前看报纸了，她进来时，维韦克对她粲然一笑。“你好呀，今天感觉怎么样？”维韦克兴高采烈地问道。他充沛的精力和明朗的心情很有感染力，凯瑟琳很快就把昨天晚上对于自己作为领导者的怀疑放到一边了。

“今天感觉很棒。时差反应已经结束了——至少我希望如此。我昨晚一夜酣睡，觉得休息得很好。”凯瑟琳回答道。

“那就太好了！今天的安排可是要耗费精力的。”维韦克调皮地说道，“你吃完早饭后，我们就出发。今天是你和我单独行动。若琪要忙生意。噢，在我忘记之前，我得赶紧跟你说，若琪让我告诉你记得带上笔记本。”

若琪没有叫自己和她一起忙生意，凯瑟琳感到一阵伤心。但是，她对维韦克在公司中所扮演的角色也很好奇。她只知道，维韦克是“完美蜜蜂”公司的市场营销部主管。

半小时后，他们驶出城镇。凯瑟琳还没有来得及问维韦克他们的计划是什么以及他们要去哪里，维韦克抢先一步说：“凯瑟琳，我很荣幸今天要给你解释方程式中第三个 P 的含义。”

“是坚持（Perseverance）。”凯瑟琳插嘴道。

“没错儿！”维韦克确定地说。

一个小时之后，维韦克驶离主干道，把车开上了一条蜿蜒的小路，过了大概 1 英里，他们在一栋大楼前停下了。凯瑟琳能听到里面传出来的歌声，她满脸疑惑地看着维韦克。“我今天要唱歌吗？”她问道，“我有很多优点，但是唱歌可绝对不是其中的一个。”

“别担心，如果你愿意也可以播放录音。”他开玩笑道。至少凯瑟琳希望这是个玩笑。

他们走进大楼后，维韦克被一大群精力旺盛的孩子围住了，所有孩子都试图拥抱他。他开怀大笑，他们继续穿过大厅的时候，维韦克还转了好几次身跟孩子们打招呼。“这就是坚持。这就是若琪和我从事所做工作的原因。她已经和你分享了她的目标了，对吧？”

凯瑟琳点头并说道：“坚持就是沿着促进一个公司发展的方向前进，这个公司将把世界变得更美好。”

维韦克微笑着说道：“这个回答真是一语中的。这里是若琪主要优势之一——她对学习的热爱——派上用场的地方。我俩都满怀激情地想把渴望学习的想法逐渐传给下一代。”

凯瑟琳环顾了一下四周，问道：“一所学校？”

“官方说法是一所学校，实际上远远不止这些。这是一个安全的地方，不仅为学生提供遮风避雨的校舍和果腹的食物，而且促进他们的个人成长。我们相信，他们每个人都具有极大的潜力，并且，我们想让他们茁壮成长。在我看来，从‘坚持’这个术语最宽泛的意义来看，它指的就是可持续性的成长。”

凯瑟琳理解学校的重要性，但是她不理解学校和坚持有什么关联。

维韦克似乎看出了她的心理。“当你爷爷和若琪讲‘坚持’的时候，他把坚持定义为努力工作，以及不要让挫折打击到自己。”维韦克说道，他把最后五个字说得很慢很清晰。

凯瑟琳点了点头，表示理解。

“在过去的30年里，心理学取得了很大进步。在神经生物学领域，科学家们做了很多研究。现在，我们知道如何去训练或者创造坚持，这是我们非常想要传达的一个信息。”

维韦克走向一间空教室的黑板，拿起一支粉笔。“是这样的，凯瑟琳。”他一边说，一边开始在黑板上写字。

凯瑟琳迅速从手提包里掏出笔记本，打开翻到新的一页，把它标记为“坚持！”她的思绪短暂地回到了学生时代。那时，她经常冲向教室，抢占前排的座位，而且永远理解不了为什么大部分学生会走向教室后排的座位。她也酷爱记笔记，并且后来发现，或许在课堂上提问了太多问题，以至于当下课铃响起来的时候老师们可能才会感到松了一口气。而今天早上，她自己拥有整间教室。她坐下来，拿出了笔。

维韦克在黑板上写下“兴趣”两个字。“具有坚持精神的人会对自己所做的事情感兴趣。的确，有可能有些手头的任务是他们真的不喜欢的，但是，他们会从全局出发，当完成没有乐趣而言的事情时，会把全局记在心间。简而言之，他们热爱自己所从事的工作。”

凯瑟琳在笔记本上草草写下“兴趣＋热爱所做的事情”，并问道：“兴趣就是激情吗？”

“在某种程度上是的。但是二者之间是有区别的。对某事有激情的人对这件事具有浓厚的兴趣。但是，仅仅因为我对某事感兴趣，并不意味着这件事是我的激情所在。让我们来拿车举个我的例子。我对车感兴趣吗？是的，尤其是速度比较快的车。但是，我对车拥有激情吗？不见得。我对创造一个能让身处其中的人们健康幸福的环境感兴趣吗？是的，这是我的激情所在。这件事给了我能量和驱动力。车子只是有点酷而已。”维韦克咧嘴笑道。

凯瑟琳思考维韦克的话。他说得很有道理。当涉及开发和发明新的技术或者机械装置时，她的激情和兴趣所在是一致的。当她记笔记的时候想到了这些。

维韦克发觉凯瑟琳已经准备好继续听讲后，在黑板上写下了“实践”两个字，接着给凯瑟琳上课。“研究表明，具有坚持精神的人也会实践，并争取做到精通某事。光有天资或者智商是不够的。有很多聪明、有天资的人却放弃了所做的事情。实践指的是日常的自律和自我反省。这些人经常问自己，‘明天我哪些事情能够做得更好呢？’并且他们从来不满足于自己现有的技术水平。”

凯瑟琳一边微笑着点头，一边记笔记。“在哪些事情上我可以改进或者做得更好”正是她经常问自己的问题。

这会儿，维韦克在黑板上写下了“目标”两个字。“我敢保证，这个词听起来很熟悉，你已经和若琪深入地聊过这个话题了，对吧？”

凯瑟琳以开玩笑的方式给维韦克行了个军礼。“是的，长官。”她详尽地阐述道，“目标是一种内在的确信和一种个人信念：我所从事的事情会产生积极的影响，不会对任何人造成伤害。”

“你说得很对，比我自己说得都要好！”维韦克鼓励她说，“但是，让我再补充最后一点。”他一边说一边转向黑板。这次维韦克围绕着“兴趣、实践和目标”画了一个大圆圈，并在圆圈顶部写上了“希望”这个词。“这是心理学家关于坚持学到的又一个关键点。具有坚持精神的人都拥有希望——希望自己的努力和付出能够改善自己的未来。这些人就像是不倒翁：他们被推倒，然后又站了起来。”

凯瑟琳勾画了一幅不倒翁的图，并把“希望”二字写在图中。然后她环顾了一下教室四周，问道：“坚持是你在这里所讲的核心价值吗？”

“以前我从来没把坚持当成一个核心价值。我猜或许是因为我们一直把它看作一个性格上的特征，并且我们坚定地认为，人们可以随着时间的推移有意识地去训练和培养它。这种心态是我们要努力灌输给每个孩子的。我们希望孩子们对学习感到兴奋，每天都能学习。我们也希望孩子们能够理解，他们每个人都能为这个世界带来积极的影响。如果他们选择把这些事件都看作是未来的基石的话，那么每一次挫折之后，他们都能飞得更高。”

凯瑟琳起身，走到黑板前。“我可以用下粉笔吗？”她指着维韦克手中的粉笔，问道。

“用吧。”维韦克一边说，一边把粉笔递给了凯瑟琳。

她转过身在黑板上写下：“人生中重要的不仅仅是我们曾经活过这个事实。我们对他人的生活带来的影响才决定了我们人生的意义。——纳尔逊·曼德拉。”

维韦克笑容满面地看着她，为她竖起了两个大拇指。“让我猜一下。你在学校极有可能累计成绩为优。”

凯瑟琳大笑起来，反过来为维韦克竖起了两个大拇指。

当天晚上，晚餐后，若琪递给了凯瑟琳一封手写地址的信件。

她认出了父亲的笔迹，随着心跳加快，她开始读信。

亲爱的凯瑟琳：

我请若琪在她认为你准备已经好向前进，继续这场自我探索和寻求卓越领导力（如果你愿意这样称呼它的话）的朝圣之旅的时候，就把这封信给你。你愿意放下自尊，信任爸爸，对此我感到非常骄傲。上次我俩聊过之后，愤然离开是再容易不过的事情了，但是，你没有采取那样的行动，对此我深感慰藉。

正如你现在已经学到的，棱镜（PRISM）模型的第一个面叫作 P^3，这可是你爷爷满怀深情地给它起的名字：目标，激情和坚持。

生活中的目标：通过你在拜特欧菲尔德收割机公司的工作，你想反馈给社会什么东西？你如何帮助员工找到他们工作的意义？员工的工作如何为你的目标做贡献？

生活中的激情：什么东西给了你活力？你真正想要做的事情是什么？

坚持：兴趣（对于我所从事的工作）+ 实践（我努力做到精通并且清楚我总能做得更好）+ 目标（我能给予他人什么）+ 希望（重新振作，因为他们清楚自己的工作能产生重要影响）

我相信你，并确定你正在开始弄清楚这三件事对你的意义，以及作为拜特欧菲尔德收割机公司的领导者，你该如何证明它们。我想让你在领导者的职位上飞得高，飞得远，而 P^3 是实现这点的关键性因素。

今天晚上，你在打包行李为下段旅程做准备的时候，别忘了随身携带一件夹克衫。你的下一个目的地是瑞典的斯德哥尔摩，那里可是冷得很。相信我，我可不是开玩笑的。

在你下一个阶段的职业发展中，尼尔斯正期待着为你提供支持和帮助。

爱你的爸爸

凯瑟琳强忍着不表露自己的感情，仔细思考着父亲所说的话。无数次，父亲让她坐下来，试图跟她探讨这类事情。但她总是不想谈这些，因为它们跟公司经营战略没有关系，它们全是数字和数据。“要是我当时听进去父亲的话，并意识到他的话的重要性就好了。”凯瑟琳伤感地说道。

若琪从窗台上拿下了棱镜，把它放在凯瑟琳面前。“当你通过棱镜的这一面来折射你的光时，”她解释说，“你的员工看到的东西是透明的。他们知道什么对于你来说很重要，这样就不会浪费宝贵的精力来猜测你的心思了。你用确定和清晰的目标来领导员工，过着符合自己价值体系的生活。在艰难时刻，你坚持不懈，清楚如何在抱有激情的事情上找到出路。”

若琪握着凯瑟琳的手补充说道：“生活是一场马拉松，不是一次冲刺跑。在这个行程中，你正在使自己领导力的肌肉变得强健。放松并好好享受你的旅程。你会依照自己的时间到达终点的。”凯瑟琳也握着若琪的手长出了一口气。

个人思考——关于P^3的知识点

生活中的目标关注的是你（和你所在的公司）想要为社会做出什么样的贡献。首先问一问：“社会需要什么以及我（和我所在的公司）如何为此做出贡献？”这对于我们制定生活中的目标很有帮助。

本章一开始探讨了克莱夫在拜特欧菲尔德收割机公司的个人目标，以及起初促使他创办公司的原因："我的目标包括：作为拜特欧菲尔德收割机公司的首席执行官，利用自己的勇气和激情来解决在当地以及全球范围内对我们产生影响的耕种问题。我在进行针对农业的'安全竞赛'。"

对于克莱夫而言，让耕作变得更安全（收割机曾经着火，带走了很多人的生命），以及对环境做出积极贡献是至关重要的。他的儿子，斯宾塞，在他的目标的基础上（解决了火灾隐患问题后），对很多事情进行了进一步改善，包括提升了燃油效率。凯瑟琳正在努力寻找她的目标。比如说，她现在已经意识到，目标和实现财务指标没有关系。她找到了父亲的目标的意义所在，现在需要弄清楚自己的人生目标。

在本章的后半部分，若琪和凯瑟琳分享了她的目标陈述："我的人生目标就是利用我的开阔性思维和对学习的热爱，来创建一个能让这个世界变得更美好的公司并促进公司的发展——就在印度南部这片对蜜蜂很友好的花海中启航！"

在对他人进行培训和指导中，我经常会被问到一个类似的很重要的问题："惠特尼，所有这些听起来都很棒，但是一个清晰的目标和卓越领导力有什么关系呢？"我可以响亮地告诉你：人们有一种内在需求，就是想要知道，他们夜以继日做的事情对自己和他人都具有意义；以及他们所做的事情在本质上对他人具有积极影响。我所遇见的大部分普通的领导者都能背出他们公司的使命内涵，但是却不一定能遵守自己的价值观——能驱使他们朝向更伟大的事业努力的价值观，以及他们面临必须要做的艰难决定时能成为他们灯塔的价值观。卓越领导者按照自己的核心价值观来对待自己的个人生活和职业生涯，这些价值观让他们的下属沉浸在一种稳定、透明以及一致的氛围中。员工不用浪费时间和精力对他们的主管进行猜测，因为他们从一开始就知道对于他或者她而言什么是重要的，同样重要的是，在团队或者公司努力朝向它的目标前进时，员工清楚他们做出了什么贡献。

本章提供了一个三步走的流程来帮助你制定和创建自己的目标。请记住：目标是关于你能够回馈什么的，而不是关于你能从他人那里获得什么的。

请利用下面的空格做一些个人笔记，并花费一点时间自我思考一下你最终的陈述是否能让你产生共鸣。如果没有，就请进行调整，直到能够。

第一步：你所具有的两个特殊品质或者性格上的优点是什么？是什么让你与众不同的？（可以从非常了解你的人那里获得反馈！）

____

____

第二步：指出在你跟他人交往时，能让你第一步中的两个优点显现，或者让他人看到的一到两个方法。

____

____

第三步：把眼睛闭上一会儿，想象一个完美的世界。你会如何描述这个世界呢？在你的完美世界中，人与人之间如何友好相处呢？生活在这样的世界中会有什么样的感觉呢？

____

____

第四步：为了创建目标陈述，把前三步中的问题答案连起来，形成一句有意义的陈述。当读自己的陈述时，它应该能让你产生共鸣：它应该让人感觉没问题，并为你提供积极的力量。

____

____

激情：你对什么富有激情？什么能给予你内在的满足感？什么能让你兴奋？

激情就像是一种燃料，能帮助你走在正确的轨道上，哪怕是在你周围的事情模糊不清或混乱不堪时。人们常常把激情描述成一种持续的感觉：由于太专注于喜欢做的事情，以至于忘记了时间。激情就是你全神贯注到当抬起头时都不敢相信现在已经几点了的时刻；激情就是你能够过滤掉让你分心的事情、背景噪音或者其他一切干扰，只是一直埋头于所做之事的时刻。

自我反思一下你对什么有激情，写在下面空格处。什么能让你兴奋？上一次你能够持续做一件事情，或者专注于做一件事情是什么时候？你做的事情是什么呢？请实事求是地写下你的想法。

____

____

激情是如何出现在你的工作中的呢？

____

____

坚持：你记得比利·奥申风靡全球的《艰难之路，唯勇者行》这首歌吗？《剑桥大词典》把“坚持”一词定义为：“当情况变得艰难时，意志坚定的人会采取行动。”神经生物学领域的研究曾经聚焦于坚持背后的真相。本领域最为卓越的心理学家之一安吉拉·达科沃斯（Angela Duckworth），在她的《勇气》（*Grit*）一书中论证：

勇气和坚持是由四个因素引起的，本章已涉及相关内容。下面是对此的一个总结，可以把个人思考写在以下空格处。

#1. **兴趣**＝具有持之以恒精神的人热爱他们所从事的工作。他们可能不会喜欢工作中的每一件事，然而他们能够和这些事情和平共处，因为大部分情况下，他们还是很喜欢自己的工作的。

个人思考：

你喜欢自己所从事工作的哪些地方？

____

____

#2. **实践**＝具有持之以恒精神的人都努力做到精通工作。他们清楚自己并不完美，因此每一次做工作的时候他们都努力做得更好。他们从挫折中吸取经验教训，还把这些挫折看作是未来的基石或者为下一次所做的准备。

个人思考：

你上一次所遇到的挫折是什么呢？你是如何从中吸取经验教训的呢？当下一次挫折来临之前，你做了哪些改变和改善呢？

____

____

#3. **目标**＝你和你所在的公司所从事的事情从本质上来讲，有没有对他人做出积极贡献呢？

个人思考：

在下面空白处写下你为自己制定的目标陈述。

____

____

#4. 希望 = 希望和运气或者说好运毫不沾边。希望就是那个被推倒后又重新站起来的不倒翁。它是一种心态，被巧妙地融入了我们所采取的每一个行动中。它是一种“明天一定会比今天好”的平和感。

第三章

瑞典斯德哥尔摩市——启航

尼尔斯

尼尔斯把眼前的金色头发梳到一边，仔细看显微镜里的东西。“这次染色太不可思议了！”他用瑞典口音惊呼道。他的同事莉莉，开玩笑地用手肘把他推到一边，说道：“轮到我了，让我看看！”“耐心可是一种美德哦。”尼尔斯戏谑地说道，怎么都不愿意离开显微镜。“那好，如果你不赶紧的话，‘耐心是一种美德’先生，你就来不及去接你的美国客人了，谁知道她有没有耐心呢！”莉莉开玩笑说。尼尔斯看了一眼手表，然后一下子从工作台前站了起来，结果把头撞在了一个低悬的吊灯上。“哎哟！”他大叫道，“我为什么总是做这样的事情呢？”他一边嘟哝着，一边揉着头走出门。

尼尔斯·古斯塔夫松博士 33 岁，但是在竞争激烈的考古学领域已经是一颗冉冉升起的学术明星。在这个领域，通常情况下，拥有几十年资历的人才能上任有威望的工作职位，然而，他早在两年前就成为受人尊敬的斯德哥尔摩瓦萨博物馆研究和开发部主任，同时还兼任两所瑞典知名大学的考古学教授。

尼尔斯的父亲卡尔·古斯塔夫松和祖父马克斯·古斯塔夫松都是打捞和修复北欧海盗时代手工艺品的资深专家。尼尔斯可谓是紧紧跟随他们的步伐。他祖父马克斯在帮忙定位并修复了“瓦萨”号轮船后，在瑞典基本上就是名人了，现在瓦萨博物馆已经成为斯德哥尔摩最大的旅游景点之一。每年，130多万游客涌进博物馆参观，每个人的票价是大概15美元，从这点来看，马克斯·古斯塔夫松的坚持真的很值得。

尼尔斯的祖父坚定地认为他能够帮忙定位并打捞一搜300多年前消失的沉船，这个故事尼尔斯小的时候就听了无数遍。尼尔斯的爷爷实现这一人生目标时，都快要退休了。几年后，他把“权杖”交个儿子卡尔。把“瓦萨”号轮船从淤泥中拯救出来是个难题，而阻止它进一步腐烂是更大的难题。卡尔对修复瑞典这部分历史满怀激情，坚持不懈地寻找能够阻止轮船身上各种材料生锈和腐烂的技术。

爷爷和父亲都是尼尔斯人生中的榜样，他对自己家庭背景心存感激。他意识到，并不是所有人都能在人生中拥有他这样的运气，他非常想用这份好运回报全社会。

尼尔斯一路小跑着去赶驶往陆地的渡船，他一边跑一边回想起和斯宾塞之间的对话，那是不久前斯宾塞联系到他，希望他能接待凯瑟琳。尼尔斯的父亲卡尔小时候见过了斯宾塞的父亲克莱夫。卡尔曾经告诉过尼尔斯，他清楚地记得自己抬头满怀敬畏地盯着克莱夫看的情景：克莱夫脚踩牛仔靴、头戴黑色的斯特森高顶宽边帽、穿身蓝色牛仔裤，还佩戴一个超大的、闪闪发亮的皮带搭扣。“一个真正的牛仔来瑞典了！”过去卡尔一边跟尼尔斯讲这个故事，一边咯咯地笑。

尼尔斯曾经上网查了有关斯宾塞的女儿凯瑟琳·拜特欧菲尔德的照片和信息。她的学业成绩记录十分令人赞叹，尼尔斯判断，不出意外凯瑟琳到来的时候会戴着一顶牛仔帽的。在网上凯瑟琳给人的印象保守且强硬，尼尔斯几乎看不到哪张照片上的她是开心且放松的。这使得他对凯瑟琳充满了好奇，也希望自己能在凯瑟琳待在斯德哥尔摩的时候回报她家人的友善。

一见如故

飞机在斯德哥尔摩市上空盘旋着准备降落，凯瑟琳盯着窗外看，她被地面的景色深深地吸引了。一片片的岛屿和半岛点缀着海岸，放眼望去，海岸沿线全是一艘艘的渡船和一座座的小桥。吸取了一周前到达印度时的经验教训，这次她尽快走下飞机。

凯瑟琳离开行李大厅，看向等待接人的司机和家人高高举起的令人眼花缭乱的指示牌，一件事吸引了她的注意力。在接机的队伍末尾有个家伙举着一顶黑色的牛仔帽，上蹿下跳，疯狂地挥舞着帽子。这一举动引起身边人的侧目，凯瑟琳心想："这也太不注意形象了！如果他是来接我的，我会当场尴尬死的。"这会儿，那个家伙呼喊的声音更大了，凯瑟琳对他视而不见，继续寻找有自己名字的指示牌。

接着，凯瑟琳认出了自己的名字，却小声地哀求："哦，拜托，拜托——千万别让我心里想的成为现实。"她抬起头，十分确定地发现那个搞笑的家伙正在叫她的名字呢，现在手里举着一面美国国旗。凯瑟琳真想钻到地缝里，让自己消失不见。不过，她还是怯怯地向那个家伙挥了挥手，慢慢地朝他挪过去。

凯瑟琳走到他跟前时，他跟凯瑟琳握手，并摸了一下自己的牛仔帽，自我介绍道："你好，我是尼尔斯。尼尔斯 · 古斯塔夫松。在斯德哥尔摩，我负责接待你。很高兴见到你。旅行愉快吗？"接着，当尼尔斯把帽子摘下来，露出头发时，凯瑟琳一边微笑一边想："或许他是有点傻里傻气，但是他那金色的头发和蓝色的眼睛可以弥补一切不足。"

尼尔斯把凯瑟琳带到车前，打开后备厢，准备帮她放行李。凯瑟琳向来独立，她可从来没觉得男士对女士的绅士风度有多重要。

她和尼尔斯同时弯下腰放行李，结果俩人的头就撞在了一起。“哎哟！”俩人都大喊道。尼尔斯一边揉着头，一边大笑着说道：“我猜这就是你们美国人所说的一见如故吧。”钻进车里的时候，凯瑟琳也忍不住大笑起来。车的前面放了两杯星巴克的外卖饮品，从咖啡香味判断，它们是新鲜的热咖啡。

尼尔斯指着咖啡说：“一杯你的，一杯我的。”凯瑟琳惊奇地看着他。尼尔斯看到了她的表情，羞怯地解释说：“我在网上搜索了你的信息。除了一些正式的工作照之外，我看到了一张你站在一家咖啡店门前的照片，照片上的你看起来很开心。所以，拿着吧，别客气。”凯瑟琳还在盯着他看，尼尔斯又热情地解释道：“我可是听说，一杯好的咖啡甚至能够缓解那讨厌的撞头带来的疼痛呢。现在赶紧喝吧，别放凉了。”

他们驶离机场，尼尔斯开始闲谈。“我在市中心给你预定了一个住宿加早餐的宾馆。从机场到那里只有 20 分钟的车程，因此我们很快就会到达。你以前来过斯德哥尔摩吗？”尼尔斯礼貌地问道。

“这是我第一次来。”凯瑟琳答道，她继续盯着窗外看。

“那么，希望你会喜欢这个城市。斯德哥尔摩市有 700 年的历史，人口大约 100 万。这对瑞典而言可以算是大城市了！”尼尔斯边说边笑。

“你是做什么的呢，尼尔斯？”凯瑟琳想都没想就问了这个问题，她希望自己的问题不要听起来太直接了。

“我是一名考古学家和教授。”尼尔斯骄傲地回答道。

凯瑟琳在头脑中艰难地想把收割机和从地底下挖文物联系起来。

尼尔斯看了凯瑟琳一眼，问道：“你正在根据所见所闻进行推理，对吧？你很可能在想‘我怎么会和一个如此古怪的教授在这里呢？’”

凯瑟琳又一次大笑起来，回应说：“其实呢，古怪可不是我头脑中出现的那个词，但是你要坚持那么说的话，我也没意见。”

尼尔斯也大笑起来，他举起自己的咖啡，说道："干杯，美女！"喝了一大口咖啡后，他主动提建议道："我们差不多快到你住的地方了。你先稍事休息，几个小时后我们一起吃晚饭。6 点钟左右我来接你怎么样？等吃饭的时候我们再细聊。""好的，听起来是个不错的建议。"凯瑟琳一边说一边点头。

要么淘汰，要么生存

那天晚上，两人一边大快朵颐一盘新鲜的小龙虾一边聊天。尼尔斯向凯瑟琳介绍了自己的情况，并尽可能详细地回答了她的问题。

"我应该从哪儿说起呢？"尼尔斯若有所思地说。

"从头说起呀。"凯瑟琳开玩笑地主动提出。

"嗯，那就要从 1955 年说起了。"尼尔斯说道。

"你才多大啊，就说那么远的事？！"凯瑟琳问道。她在椅子上坐直了身体，难以置信地看着尼尔斯。

"33 岁，"尼尔斯回答道，"1955 年自然还没有我呢，但是我们的爷爷辈生活在那个年代。那时，我的爷爷和父亲都参与了同一个项目——打捞沉在海底的'瓦萨'号战船，当时它已经在这片海底沉睡了 330 多年了。我爷爷参与了打捞工作，后来我父亲加入了修复沉船的工作团队。我爷爷和你爷爷就是在斯德哥尔摩海港的沉船打捞现场相遇的。"

"当时我的爷爷克莱夫在那里做什么呢？"凯瑟琳吃惊地问道。

"他正在度蜜月呢，带着自己的新娘……"尼尔斯停下来思考。

"是贝蒂！我的奶奶！"凯瑟琳补充道。

"是的，当时他和贝蒂在斯德哥尔摩参观海港。'瓦萨'号战船大约是在 1950 年被发现的，但仅仅是把它拉到地面就需要 11 年多时间。那天，打捞现场围满了各路的专家和机械，你爷爷也不由自主地被吸引到现场。很明显，你爷爷无意中偶遇了我爷爷，然后他们就开始聊天。你爷爷对打捞项目的复杂性入了迷，为大家打捞沉船所付出的艰苦努力深表尊重。”

一想到爷爷对打捞项目发表意见，凯瑟琳就笑了。她那可怜的奶奶还以为自己在享受浪漫的蜜月呢，最终时间却花在乱糟糟的沉船打捞现场。“她拥有天使般的耐心。”凯瑟琳心想。

尼尔斯继续讲道：“你爷爷对沉船一无所知，然而他对装载和卸载货物时涉及的力学和力量的分配很精通。距离他首次到访 6 年之后，沉船终于被安全地从海底拉了上来。你爷爷对这个项目很有兴趣，在接下来的 20 年间他先后 3 次与我爷爷见面。”

凯瑟琳开始思索。“这件事情为什么听起来很熟悉呢？”她问自己。突然，她开始明白了。在她父亲的办公室里有一个密封的瓶子，里面有一艘船尾插着一面小小的瑞典旗帜的木船。“这艘木船以前肯定属于我爷爷。”她得出结论。凯瑟琳很后悔当时没有问父亲更多的问题，没有表现出对自己家庭历史更大的兴趣。

“但是，尼尔斯，”凯瑟琳有点犹豫，“你别误会我，我只是想知道，你讲的这些和我有什么关系呢？一艘沉船和卓越领导力之间又有什么关系呢？我看不到它们之间的关系呀。”

“噢，这艘船是典型的错误领导力，它代表的是项目中永远不要做的事情。”尼尔斯解释道。

凯瑟琳将身体靠近桌子，疑惑地问道：“一艘沉船和糟糕的领导力？”

“在‘瓦萨’号战船的首航中，它离开海港 20 分钟就开始下沉了。一阵微风基本上就把它掀翻了。接下来，5 分钟不到它就完全沉入海底了，333 年之后又被打捞上来。”尼尔斯绘声绘色地描述道。

凯瑟琳被逗乐了，她向后靠向椅子，满怀疑惑地问道：“你的意思是不超过 5 分钟它就完全沉入海底了？”

“是的。完全沉入。‘泰坦尼克’号两个半小时才沉入海底呢。‘瓦萨’号战船在这方面完胜‘泰坦尼克’号——它竟然只花了不可思议的5分钟。”尼尔斯举起右手，伸出5根手指来阐明自己的观点。然后他又靠在椅子上，喝了一口咖啡。

“因此，就领导力而言，你的意思是出错的是轮船的船长？他没有领导好自己的船员？”凯瑟琳问道。

“噢，不是的。船长和船员都是无辜的。出错的是船长的领导。”尼尔斯回答。

“船长的领导有可能是谁呢？”

“有可能是国王，”尼尔斯继续说道，“然而，要是为他辩护的话，也不全是他的错。问题出在我们所说的‘瓦萨综合征’。它是一系列不幸的因素的组合……”

“比如什么呢？”凯瑟琳打断了尼尔斯的话问道。

“比如三十年战争时期是没有科学方法测量诸如重心之类的东西，也从未建造过有双层炮台的战船。”

“这听起来可不像是国王的错误。”凯瑟琳大声回应。

“这就是我们没有完全责备他的原因，”尼尔斯强调说，“然而，他确实影响到了其他很多具有决定性的因素。”尼尔斯反驳道。

“比如说？”凯瑟琳一边好奇地询问，一边靠近尼尔斯。她被尼尔斯的故事吸引了。

尼尔斯举起手，摆动他的手指头，就像几分钟前做的那样。“以下是国王所犯的五个错误。”尼尔斯说道。

他举起食指说道：“第一，在造船的项目中，国王做了很多战船设计上的重要改变。要知道，我们所讲的可不只是油漆的颜色。”尼尔斯又笑着解释说：“我说的是对长度、高度、重量以及战备方面的过度改变。之所以做这么多过度改变，是因为1625年秋天的一场极具破坏力的暴风雨导致瑞典海军损失了10艘战船。暴风雨来临的时候，‘瓦萨’号战船已经在建了。根据起初的设计，这艘战船长 111 英尺，配有单层甲板和 32 门 24 磅火炮。由于突然损失了 10 艘战船，古斯塔夫国王屡次下令对战船设计做出重大改变。当战船完工的时候，它的长度为 135 英尺，配有双层甲板，每层甲板上都装了 24 门火炮，使它总计拥有 48 门火炮。”

“但在做项目的过程中改变规格算不上什么新鲜事吧。”凯瑟琳反驳道。

“你说得没错，”尼尔斯接受凯瑟琳的反驳，“但是，当国王要求增加船身长度的时候，船的龙骨已经按照 111 英尺的长度布局和做框架了。因此，造船的人不想浪费时间重新设计打造，仅仅增加了船身的长度，他们没有时间和资源去扩展相应的船身宽度。因为古斯塔夫国王扩大了计划，但是他没有延长期限，也没有增加预算。实际上，他威胁说，如果超过了最后期限，项目负责人将成为‘国王陛下的耻辱’。”说出“国王陛下的耻辱”这几个字的时候，尼尔斯在空中画了个双引号。

“耻辱？”凯瑟琳极为不解地问道。

尼尔斯做了一个用手指抹脖子的动作。

“天呐，这是迫使每个人都要按时完成任务。”凯瑟琳说道。

“死亡威胁再加上缺乏科学的方法，沉船是注定要发生的。”

“真是一团糟！”凯瑟琳皱着眉头说道。她迅速在头脑中算了一下那艘战船的尺寸。“第二个原因是什么？”她问道。

尼尔斯这会儿竖起两根手指头，说道：“项目计划缺少文件记录。在斯德哥尔摩海港建造战船的两年半时间里，这个项目的负责人换了无数次，无数次加大规模。更糟糕的是，两名造船者之一的亨利克·海伯特森患了重病，在项目进行到一半的时候就去世了。随后，他的助手被要求继续完成项目。这虽然听起来有些不可思议，却是真实发生的事情：并没有任何文件形式的项目计划传给接替者或者任何参与其中的人。亨利克·海伯特森的助手继续造船的时候没有什么有价值的东西可以参考。有的只有他跟原来的上司口头交流中所获得的只言片语，还有就是从一线造船船员那里得到的一些信息。”

凯瑟琳惊讶地吹了声口哨，点头表示同意，并说道：“看来事故注定会发生的。但是，为什么这是古斯塔夫国王的错呢？”

“总而言之，国王是这项项目的负责人，他得确保上级和下级之间能够进行畅通无阻的交流。这就是我们当今所熟知的项目管理。我们也不要对国王过于吹毛求疵，毕竟350多年前的人们对项目管理还知之甚少。那时的交流充其量是自上而下命令，没有人敢说出或者表达自己的疑惑或者不确定。我怀疑在现如今的很多公司依然存在这种现象。敢于大声说出自己想法的人，下场可能要被踢出项目组或被开除的。工作机会稀少，人们都渴望挣钱填饱肚子。如果遭遇最糟糕的下场，他们可是要被判死刑的。”

凯瑟琳想了想自己的领导方式。有多少次她迫使员工改变项目计划，同时，她打赌员工不会因此辞职，因为本领域缺乏其他的就业机会。她是多么频繁地让首席信息官弗兰克·惠泽尔顿在员工不在现场、无法抱怨的时候连夜安装新技术？当项目主管跟不上项目范围变更的时候，她换掉了多少个项目主管？有多少次她告诉弗兰克、辛西娅以及其他董事会成员，因为某些变化导致的影响而召开股东和员工大会是浪费时间？要么淘汰走人，要么适应留下——这都是她一贯的风格。不过，现在再看这句话对她而言有多么讽刺。

想起1个月前研发部和生产及质量控制部之间召开的一个跨部门的小组会议时，凯瑟琳内心感觉到一阵难过。在会议上讨论公司新一代干草捆装载机的一些技术问题时，相互指责的声音不绝于耳。由于收到大量客户投诉，销售部门曾经直言不讳地表示想要把它剔除出产品系列。凯瑟琳曾经负责干草捆装载机的技术开发。如果以上所说的后果实际上是她自己的错误导致的呢？因为她当时没有认真对待研究小组所提出的一些不同意见。她在多大程度上真的在倾听他人的看法呢？难道她是21世纪版的古斯塔夫国王吗？难道这就是她所召开的项目会议那么沉默，没有人敢发表意见的原因吗？她已经把员工会议上的沉默理解为他们没有异议。如果他们甚至懒得再发表自己的意见了那可怎么办呢？她骄傲自大，没有能力营造一种员工因为敢于发表意见而被赞赏的氛围，为此，拜特欧菲尔德收割机公司要付出多大的代价呢？

尼尔斯身体往前倾，小声说道："哟吼，快回到现实中来，凯瑟琳。有人在吗？"

凯瑟琳做了个鬼脸，也小声回应道："不好意思，刚在想事情呢。咱们继续吧。"

尼尔斯这会儿又举起了他的无名指。"第三个原因：导致灾难的配方。放入足够的不切实际的计划，在上面加上大量的自我价值感。轻轻搅拌，再烹煮2.5年。好了，一艘沉船完成了！"

凯瑟琳对尼尔斯的冷笑话莞尔一笑，知道他是想让自己开心起来，对此，她很是感激。

"的确，"尼尔斯继续说道，"当时，由于战事不断，古斯塔夫国王自身处于极大的压力之下。十艘战船的突然损失可能意味着瑞典在整场战争中的失败，而不只是在一次战役中的失败。然而，他下令要求做出的过多的战船设计上的改变不仅仅是为了弥补瑞典海军所遭遇的损失。还有另外两个重要的原因——他自己的声望和自我价值感。明天在博物馆见到沉船的时候，你将会看到船身外侧复杂精细的设计和奢华无比的木质雕刻。他的目的是为了明确无误地告诉波兰国王自己国家的实力，是为了吓唬对方。这些无关紧要的装饰耗费了本可以用在其他更关键地方的宝贵时间和资源。"

"第四个原因呢？"凯瑟琳急切地问道。

尼尔斯又伸出小拇指，说道："缺乏信任。古斯塔夫国王的残暴名声世人皆知。人们非常害怕他。关于他缺乏信任的一个很明显的例子是人们所说的在首航前不久进行的‘倾斜测试’。或许你记得电影《加勒比海盗》里的那种测试？在测试中，大概40个人一起来来回回地跑着越过甲板，试图让船倾覆。在电影中，约翰尼·德普和他的船员来来回回30多次跑着越过甲板才把船弄翻。”

“这是好莱坞电影中的情节，尼尔斯。”凯瑟琳反驳道。

“没错啊，但是这个例子很好地说明这些测试实际上是怎么一回事。实际上，针对‘瓦萨’号的‘倾斜’测试才做了三次——我强调一下，是三次——就突然停下来了，因为他们担忧再进行下去船就翻到水里沉下去了。”

“才做了三次？没有人把这件事告诉国王吗？”凯瑟琳目瞪口呆地问道。

“根据史书记载，国王、海军上将弗莱明以及船长汉森都不知道‘倾斜’测试这么悲惨地失败了。并且，在造船的过程中，国王甚至都没有到过现场，更别提为‘倾斜’测试而来了。他那时正在波兰打仗呢，他发出的命令及其他形式的信息都是通过信使以书面或者口头形式传达的。海军上将和船长到底知不知道‘倾斜’测试也没有直接证据。不管怎样，在‘瓦萨’号战船沉入海底之后，古斯塔夫国王要把他俩投入监狱的时候，他俩表示不服罪。”

等凯瑟琳理解了他所讲的内容之后，尼尔斯总结道：“凯瑟琳，这就是你父亲让我给你解释棱镜模型的第二面，也就是R的原因。R代表的是关系（Relationships）。”尼尔斯一边说，一边摆动着五根手指。他继续道：“第五个原因，‘瓦萨’号战船项目每一个层面的关系都没处理好。被承包出去建造战船的工匠们之间相互打斗，船员和船长汉森相互争吵，外包的造船工约翰·伊思布兰德森和斯德哥尔摩的造船工亨里克及阿伦·海伯特森之间意见不一，他们反过来又是得到古斯塔夫国王和海军上将弗莱明准许来完成造船项目的。糟糕的人际关系及其由此导致的缺乏信任，真是教科书级别的典型。然而，更多与此相关的内容我们明天再说。”

尼尔斯一边说一边把手伸进随身携带的牛皮背包，从里面拿出了一本两英寸厚的笔记本。他把笔记本从桌子上滑到了凯瑟琳面前，并对她使了个眼色。“这是为你今天晚上准备的消遣阅读，我觉得它能帮助你更好地理解‘瓦萨综合征’以及它和棱镜模型中 R 的关系。”

尼尔斯示意服务员过来结账，之后他们绕着海港散步，在落日的余晖中城市的灯光慢慢开始点亮。夏日的天空布满了黄色、橙色和红色的条纹，它们洒满了整个海港，呈现出一种魔幻的气息，是逐渐消失的太阳光的光线所形成的。凯瑟琳想象着她的爷爷奶奶半个多世纪以前在度蜜月的时候同样在这里晚间散步的情形，暗自笑了笑，自我安慰说：不管怎么说，自己是在重走爷爷奶奶走过的路呢。

晚上回到宾馆后，凯瑟琳坐在床上，打开尼尔斯给她的笔记本开始阅读。笔记本的封皮上贴着一张“传递领导力”的标签，凯瑟琳投入到阅读中，一边读一边记笔记，直到读到第二天凌晨时分。

第二天一大早，凯瑟琳用过早餐后，尼尔斯来到宾馆接她。他们步行去海港乘坐尤尔格丹岛上的渡船。一缕缕清淡的晨雾和海港柔和的波浪相互嬉戏打闹，天空中一群群饥饿的海鸥在渔船上方盘旋，它们的叫声打破了清晨的宁静。很快，他们乘船迎着微风跨过海湾，到达对面的海岸。尼尔斯带着凯瑟琳去了瓦萨博物馆。凯瑟琳抬头盯着这栋宏伟的建筑看：三个鲜红色的船桅穿过屋顶，直插云霄。走进博物馆后，尼尔斯递给凯瑟琳一个游客徽章，凯瑟琳把它挂在了脖子上。“这能帮你绕开等待买票的一长队游客。”尼尔斯解释道。

他们走过前台和安全检查处时，尼尔斯向他的同事挥手致意。“Go Moron（傻瓜）！”有几个人对着他们大声说道。尼尔斯笑着向他们挥手，也回应道：“Go Moron（傻瓜）！”“尼尔斯，”凯瑟琳小声问道，“你们为什么称对方是傻瓜呢？我觉得瑞典人没有这么粗鲁啊。”凯瑟琳一脸茫然。

尼尔斯笑得眼泪都出来了，他一边擦眼泪一边解释说：“瑞典语里的 Godmorgon!（早上好）意思等于英语中的 Good Morning（早上好），但是听起来很像英语中的 Go Moron（傻瓜）。”听到这里，凯瑟琳也跟着大笑起来。接着，他们走进了一个昏暗的大房间。凯瑟琳估算了一下，这房间大得足以放下诺亚方舟了。抬头向上看时，凯瑟琳一下子停了下来，张大了嘴巴。她看到了一艘战船，这艘战船真的可以成功演绎电影《加勒比海盗》中的场景。

“你们究竟是如何把它弄到这里的？”凯瑟琳一边问，一边继续吃惊地向上盯着沉船看。

“这个嘛，我们瑞典人都是非常讲究实用的，”尼尔斯开玩笑说，“我们只是围绕着沉船建造了博物馆而已。”

接下来的几个小时，凯瑟琳就在博物馆参观，她尽可能多地去了解这里的文物。参观结束的时候，尼尔斯主动提出：“到我的办公室喝杯咖啡吧？如果我的同事莉莉在的话，我想让你也见见她。我觉得你们两个会相处得很融洽的。”几分钟后，尼尔斯在一个门上刷了下钥匙卡，门上写着“研究实验室——谢绝参观”。

实验室的一侧是一个很大的房间，里面放着各种各样的检测仪器和设备，其中凯瑟琳只认识显微镜和离心机。靠着另一侧墙摆放着令人惊叹的粉末状样本，这些样本是彩虹色的：赤橙黄绿青蓝紫。她一下子就被这些样本深深地吸引了，问道：“这些是做什么用的呢？”

这时候办公室的门被猛地推开了，一个和凯瑟琳年纪相仿的年轻女孩跑了进来。她有着金色长头和淡蓝色的眼睛，很像瑞典商业海报的形象大使。她走到凯瑟琳跟前同她握手，说道：“你好，我是莉莉，尼尔斯的同事。你一定是凯瑟琳吧？”

凯瑟琳点头，莉莉补充说：“很高兴见到你。尼尔斯对你还好吧？”

凯瑟琳微笑着回答道：“再也没有比他更称职的东道主了。”

“尼尔斯，你到底为凯瑟琳做了什么才能得到这么高的评价？”莉莉一边拿尼尔斯开玩笑，一边走向那五颜六色的粉末样本。她指着这些样本，继续说道：“这些是颜料样本，我们用它们来跟‘瓦萨’号沉船表面及内部的木质装饰物的染料进行匹配。当我们看到沉船恢复了往日的光彩，沐浴在它原始颜色的真正辉煌之中的时候，就觉得我们的工作虽然辛苦，但很值得。”

“我能想象的到这些。”凯瑟琳回答道，思绪已经回到了公司研发部。那时，当她和团队解决了一个特别的问题或者形成了一个关于新产品的突破性的想法时，自己是多么的快乐，情绪是多么的激动。她记得，当解决了一个技术难题的时候自己那种欢欣雀跃的感觉。有多少次，当她抬头看时间的时候，惊讶于时间过得如此之快，却一点都不觉得累，她渴望能够重新拥有这些能量。在此次旅行之前，她自身的电量已经不足——感觉神经方面出了问题，对于每一个偶然遇到的人她都会没好气地说话。她回想起了自己对苏珊的无礼行为，那次是她让苏珊把咖啡送到父亲办公室的。她都没有问一问苏珊当时方不方便，直接就对她下了命令，好像她就是免下车就可得到服务的快餐店的服务员一样。凯瑟琳能感觉到一种羞耻感涌上全身，心里暗暗记下：一回到家，就要真诚地向苏珊道歉。”

“哟吼，快回到现实中来，凯瑟琳。有人在家吗？”尼尔斯一边说，一边拍了拍凯瑟琳的肩膀。

他温柔的动作把凯瑟琳拉回了现实，尼尔斯继续说道：“还记得昨晚吃饭时我提到的‘瓦萨综合征’吗？”

“怎么会忘记呢？昨天晚上我可是熬夜把你给我的那本笔记看完了。”凯瑟琳回答。

“那么，你有什么想法呢？里面内容讲得有道理吗？”尼尔斯问凯瑟琳。

“很有见地！”凯瑟琳满腔热情地回答，“‘传递领导力’这个标题是从哪儿来的呢？”

莉莉加入聊天，问道：“你们熟悉‘把善意传下去’这个概念吗？”

“当然，”凯瑟琳回应，“当有人为你做了好事，你没有直接回报他（她），而是通过为其他人做好事而把他（她）善意的行为传递下去。”

“正是如此，”莉莉确定地说，“这个概念深深吸引了我和尼尔斯，我们知道，它有很大作用。把善意的行为向下传递能够对无数的人产生多米诺效应。‘瓦萨综合征’基本上可以归结为糟糕的领导力，在对它进行认真思考后，我们开发了一个领导力项目，叫作‘传递领导力’。我们相信，很多领导者都具备高水平的技术专长，无论他们是研究工程、商业经济学、数学、物理甚或考古学的，他们的学业背景并不重要。这些人因为更优秀的技术专长被雇佣，然后被委任负责项目工作，以领导者的角色带着团队或他人一起工作。我们的项目目标是：教这些人领导他人。”

尼尔斯补充说道：“参加我们的项目是免费的。”

“免费？为什么呢？难道人们不是更加珍视必须付钱购买或者付出代价的事情吗？”凯瑟琳问道。

“我明白你的意思，在某种程度上也同意你的看法，”尼尔斯回答，“如果只是拿到了一些东西，而又不用为这些东西效劳或者买单的时候，人们不一定会珍惜得到的，这是你想表达的意思吧？”

凯瑟琳点了点头，说：“完全正确！”

“好吧，在金钱上，这个项目是免费的。当人们参加项目的时候，他们就承担了把项目内容传递下去的义务。他们或者在将来教授其中的部分内容，或者比如说担任下一代领导者的导师。以前来参加过此项目的有些人已经在他们现在工作和生活的城市建立了此项目的分部。我们在其他8个欧洲国家，以及中国香港地区都有项目分部。因此，这个项目叫作‘传递领导力’。”

“太奇妙了！”凯瑟琳说道。

“今天晚上在斯德哥尔摩就有一场分部会议，我们想让你加入。今晚会议的重点是建立和保持与员工及团队内部成员之间的良好关系。”莉莉解释说。

“对我来说太适合了！”凯瑟琳说道。

上升的螺旋

那天晚上，凯瑟琳、莉莉和尼尔斯在会议开始前一小时就到了，在其他与会者到来之前，他们布置了会议室。尼尔斯用瑞典语宣布会议开始，他解释说今天参加会议的有一位来自美国的客人，所以与会者用英语交流。

尼尔斯走向挂纸白板，在纸上写了一个大大的“R”。转向与会者，他说道：“R代表‘关系（Relationships）’。卓越领导力意味着要和员工以及同事建立和培养健康的关系。”他停了一下，让大家领会这句话的意思，然后补充说：“它也意味着要帮助培养员工之间建立健康的关系。”

一个年轻人开口问道：“我们必须让员工之间彼此喜欢吗？”

尼尔斯笑着回答说：“不是的。卓越领导力就是要负责创建一种员工愿意来工作的氛围。在这个氛围中，他们不仅觉得可以安全地表达自己的观点，更为重要的是，他们的观点能够得到你以及同事的欣赏和重视；在这个氛围中，不存在针对他人的负面八卦或者线上闲聊；在这个氛围中，问题不会被掩盖，而是得到公开、礼貌和及时地解决。从周一到周五，团队成员在一起的时间超过跟自己家人在一起的时间。工作场所可以被看作是一个大家庭。如果员工日复一日地待在一个有毒的环境中——八卦满天飞、缺乏信任、彼此伤害——他们就不会拿出最好的状态工作。”

凯瑟琳回想了下她的团队的工作氛围。它是一个员工可以发表自己的观点并感觉到被欣赏的安全氛围吗？她有点怀疑。接着，尼尔斯问与会者：“当员工不拿出最好的状态工作时，会发生什么呢？”凯瑟琳把她的一些想法匆匆写到了笔记本上。与会者纷纷发表自己的看法：

“他们会打电话请病假。”

“或者直接不来上班。”

“或者停下工作，并消失好几个月。”

“在此期间，其他的同事除了完成自己的工作，还得替生病的同事完成工作，然后他们就会觉得精疲力竭，极为受挫和痛苦不堪。再接下来，他们就会因为超负荷工作而生病。”

“或者以上说得都对。”

“在会议上他们也不再贡献观点。只是被动地坐在那里，一言不发，一副漠不关心的样子。他们望着窗外胡思乱想或者玩手机。”

“创新会减少，也不再提出新的观点。如果你所处的环境没有让你觉得说出自己的观点是安全且被欣赏的，那么你就没什么动力去贡献新的观点了。”

“生产效率和产品质量会下降。当出错的时候，员工都在忙着互相打斗或者指责。”

“是的——没有人愿意承担错误，从错误中什么经验教训都学不到。”

“其他人最终会犯同样的错误。”

“然后，你在生产效率和产品质量方面最终甚至会遭遇更大的损失。”

“激烈而富有激情的争辩不复存在。没有人再在乎这些。这是一种遵守一切规则的怠工方式。”

“员工找老板解决员工之间的问题，老板最终像是幼儿园的小组长，一整天都在解决人与人之间的冲突，而不是做自己该做的事情。”

“那么，老板应该做什么呢？”尼尔斯问道，把问题抛向了与会者。

“培养人才。”房间后排的一位年轻女士回答道。

“是的，”尼尔斯同意这个观点，附和道，“培养人才。”

“然而，培养人才并不是他（她）唯一的工作，对吧？”凯瑟琳问道。

“不是的，但是培养人才是他们主要的工作之一。”尼尔斯反驳道。接着，他在背包里翻找，并拿出了5张卡片展示给大家看。“谁愿意主动根据塔克曼的理论来解释一下团队建设的不同阶段。”他看了凯瑟琳一眼，解释说，“我们上周讨论过这些。”

一位前排的年轻男士马上站起来，径直走向挂纸白板，从尼尔斯身边走过的时候顺便拿走了他手中的卡片。“现在由你为大家讲解，安德斯。”尼尔斯笑着说，然后找了一个座位坐下。

安德斯把第一张标着“形成”的卡片固定在挂纸白板上，然后解释说：“这是所谓的团队建设的蜜月阶段——成群的员工聚在一起，第一次互相认识。他们觉得彼此之间的不同很有趣。在这个阶段，领导者的职责是提供方向。员工需要知道他们自己的角色和职责是什么以及公司对他们有什么期待。毫无疑问，他们也需要知道同事的角色和职责是什么。在这个阶段，领导者应该把认识彼此放在至高无上的位置，营造一种归属感。如果团队里面存在代沟或者团队成员的工作经验跨度很大（刚参加工作的生手和具有30年工作经验的人相比），这点甚至就更为重要了。”安德斯环顾了一下房间，问道：“有人想要补充点什么吗？”这时，房间后排响起一个响亮的声音，说道：“很多领导者都把这个阶段看作是理所当然的。

他们往往会明确角色和职责，但是不会有意识地去建设团队。比如，他们没有机会坐下来讨论对彼此的期待：他们对老板有什么期待，反过来，老板对自己又有什么期待？同事之间有什么期待呢？他们需要建立什么样的规则呢？”

“什么样的规则呢？”凯瑟琳好奇地问道。

“就是一些简单的事情：比如说到开会，如何界定准时？在哪个时间段回复邮件？或者，他们处在开放式办公室时如何应对大声喧哗？这听起来很疯狂，但是员工是扯着嗓子问办公室对面的同事问题，还是站起来走向同事问问题呢？接下来是价值观的问题。对于团队而言，什么是重要的？当问题或者出现不同意见时他们将如何处理？”

另外一个与会者插嘴说道：“这也是领导者跟团队分享自己的目标陈述的阶段。团队成员会支持这个目标陈述吗？他们也分享自己的观念吗？他们能找到自己工作的意义吗？”

安德斯补充道：“在这个阶段，领导者要有意识地从个体层面上去认识每一个员工。这可以帮他找到他的团队成员对什么怀有激情——他们做某件事情的原因是什么，是什么驱使他们去做这件事情的。这是方程式中的关系部分。通过处理好跟团队成员的关系，团队成员会觉得被欣赏和重视，信任就开始建立了。”

凯瑟琳把自己的想法草草记在笔记本上，抬头看到安德斯把下一张卡片“动荡”固定在了挂纸白板上。然后，他用一根记号笔在下面又写了一个词“矛盾”。他笑着说：“上周我一直在对这个阶段进行思考。你们知道，我有一个两岁的女儿。不可思议的是，在日托中心她似乎三天两头就要感冒。现在对在座的各位提一个问题：每次你的孩子稍微发烧或者流鼻涕的时候，你都会跑去药房买药吗？”

“当然不会。”与会者中有人回答道。

“为什么不会呢？”安德斯反问道。

“因为从长远来看，这些疾病实际上强化了免疫系统。太快就给孩子吃药造成的长期伤害要比其带来的短期效果大得多。”另一个人回答道。

“正是如此，”安德斯回应道，“并且，这个充满了矛盾的动荡阶段对于加强团队的免疫系统至关重要。现在，蜜月阶段结束了，起初让人兴奋或感兴趣的人与人之间的不同实际上正在给彼此带来烦恼。”“就像婚姻中出现的情况。”有人说道。

与会人员全都笑了起来，安德斯继续说道：“是的。要记得，团队就像是一个大家庭。家庭中总是存在矛盾的。矛盾是生活的一部分。工作中怎么会有所不同呢？领导者有意地带领自己的团队通过这个阶段至关重要。团队成员需要知道，矛盾是正常的，并且，只有他们学着公开、礼貌地去解决问题时，他们才能作为一个团队共同前进。很多领导者都做了错误的假设：员工知道如何解决问题，但是，员工实际上是不知道的。也有些领导，为了和谐或者不想破坏貌似良好的现状，选择对问题视而不见，或者掩饰问题，希望问题会自己消失。然而，众所周知，问题是不会自己消失的。接下来，这些问题就成了房间中的大象，每个人都假装看不到它，都小心翼翼地绕着它走。但是人们选择忽视的大问题一直都存在。”

安德斯稍作停顿，然后接着说：“也有这样一些人：他们确实会解决问题，但用的是冒犯和伤人的方法。就像一头公牛进了一家瓷器店一样。”

“公牛和大象对于团队而言都是极危险的！”后排有人插嘴道。

“确实如此，”安德斯大笑着表示同意他的观点，“对于领导者而言，促使员工对问题进行讨论并帮助他们认识到不同的观点是极为宝贵而且自己渴望得到的，这至关重要。领导者需要脑后长眼。要提防拉帮结派现象的产生，更重要的是，要确保自己得出的结论是不带个人情感的。它必须基于事实。就像在家里和孩子做的一样，团队成员要检验在上个阶段所制定的规则。这些规则涉及诸如此类的事情：准时出席会议、及时回复邮件、履行诺言、不做越界的事情，不侵犯他人的自主权，以及不替他人做决定。领导者需要帮助员工对他们的行为建立责任感。员工需要知道，你已经获得了他们的支持，并且不用对他们进行管头管脚地监视，你对所发生的事情就了如指掌。”

莉莉补充说道：“要小心你的权威最有可能在这个时候受到考验。人的本性是考验界限并观察对方是否说到做到。要把这看作是团队发展的一个标志，不要认为这是针对你个人的。同时，也不要忽视那些打破规则或者试图对你的权威不放在心上的员工。不要在团队面前训斥某个员工，不要让他在团队面前觉得尴尬。跟这些员工进行面对面的交流会增进他们对你的信任。”

安德斯环顾了一下房间，想要更多人发表意见，看到没有人有所表示后，他把标着“规范”的第三张卡片固定在了挂纸白板上，然后拿出记号笔，又在上面加了几个字“我们的感觉”。安德斯说道：“很多团队到现在为止还没有做这件事。他们应该培养员工多提富有建设性的意见和及时解决矛盾的能力。否则，他们只会跑到领导者那里去靠领导来解决矛盾，久而久之，领导者就变得更像是一个救火员了。如果情况如此，那么第三个阶段对他们而言就难以实现。在这个阶段，员工接受并克服他们之间的差异。他们一起寻找问题的解决方案，并且在领导者的指导下，他们确保所有的意见都被听到和考虑。团队之间以欣赏的方式开玩笑。这样，没有人会受到伤害，玩笑不针对任何个人。员工坚持按规则行事，他们的角色和职责受到尊重。并且，很少会出现指责或者甩锅的现象，如果真的出现了，领导者会介入并阻止它。在这个阶段，员工真正为自己的行为负责，当把事情搞砸了的时候，他们会真诚且及时地道歉。”

安德斯暂停下来问道：“还有什么需要补充吗？”

房间左边的一个年轻人说道：“我注意到，这个阶段不存在让他人感觉到被排外的小团体或者小集团。当然，有些人天生会更喜欢某些人，但是，这不能影响他们的工作关系。我看到不同圈子的员工会一起吃午饭，或者喝咖啡。在这个阶段，我没有看到人与人之间的排斥，相反我看到了包容，并且我确定没有一个人被排除在外。”

“说得好！”安德斯说道。“这个阶段全是关于包容的。”

“最后，”安德斯继续说道，“是执行阶段。”他一边说，一边把卡片固定在挂纸白板上。“毋庸置疑，如果一个团队没有成功度过前三个阶段的话，那么最后一个阶段也是无法企及的。在执行阶段，团队成员只做一件事：执行。团队领导者不仅可以委派任务，还可以授权给员工。每个人的职责都很清晰，大家共同及时地解决问题，员工互相帮助，有需要的时候员工也会求助。领导者需要确保员工不要陷入他们的舒适圈或者不要让自满的情绪悄然而生。领导者要培养他们的员工。多多挑战他们去寻找把工作做顺畅的方法，点燃他们的激情，而不要把他们扔入深水，眼睁睁看着他们沉入水底。”

凯瑟琳一听到“沉底”这两个字就感到局促不安，一下子跌坐在自己的椅子上。她叹了口气，把注意力转回现场的讨论。她捕捉到某个与会发言人所说的最后几个字“……庆祝成功，认可成绩。”“比如说？”安德斯问道。

“去年，我烤了一个蛋糕，在蛋糕的顶部插了一支蜡烛。”一个年轻人说道，“这是为了我们团队的一周年纪念日而做的。”

“蛋糕是你自己烤的吗？”有人大声问道。

“是的，在自己家做的。好吧，我承认做糕点用的混合配料是我在商店里买的，然而是我把它们搅拌在一起，并放入烤箱的。”

与会人员中有几个放声大笑，这个年轻人补充说：“每个人都能清晰地看出来，这个蛋糕是手工制作的，我觉得这甚至让它看起来像是私人订制了。在公司会议上，所有人吃蛋糕时，我把去年每一个人为团队所做的一个特殊贡献读了出来。”他详细地描述道。

“还有其他庆祝成功的例子吗？”尼尔斯鼓励与会成员道。

一位女士说道：“当我的销售团队成功地跟一个新客户签了一个大单时，我找了一天请大家吃午饭，并表扬了团队的每一个成员。我不想让员工感觉我把他们的付出看作是理所当然的，且不重视他们所取得的成绩。”

“上周，我把我们的项目进展状况展示给了指导委员会，说我们已经到达了项目的一个重要里程碑阶段。在做报告的过程中，我顺带提到很多同事的名字。”房间中间位置的一位年轻男士说道。

“提起名字？”有人问道。

“是的，一开始的时候，除了我自己的名字，我还把四个团队领导者的名字写在了 PPT 标题页。然后，在展示工作成果的时候，我提到了一些名字，并且一一说出他们的成绩。这些人的老板多半就坐在那场指导委员会会议现场。后来我发现，这些人的老板当时都走向了他们，对他们所取得的成功表示祝贺。这对每一个人而言都极有好处。对项目成员及他们的事业有好处，对他们的领导也有好处，因为他们可以多多少少炫耀一下自己的员工有多么有才能。这也可以提升项目小组的工作动力。我们马上就要圆满完成项目了，有些人却在冲刺阶段失去往前冲的劲头了。”

凯瑟琳想起了她上次给董事会成员做研发项目展示的情形，感到一阵羞耻感袭上全身。她深深地叹了口气，记下了一些笔记。她那回到家之后需要解决的“任务单”越来越长了。

当凯瑟琳继续在自己的笔记本上奋笔疾书的时候，其他的人补充讲了一些个人事例。她知道自己的团队还没有度过动荡阶段，而且从根本上说错在自己。此时，她很想知道是否还来得及补偿损失。

尼尔斯走到房间的前面，感谢安德斯展开了讨论。“今晚，”他说道，“我想深入探讨什么是表现优秀的团队的问题，并向你们展示如何加强团队内部的关系。”

尼尔斯翻开一页新的挂纸，画了如下的一个矩阵：

团队表现 因素	优	中等	差

接下来，尼尔斯在挂纸白板的顶端加上标签“洛萨达研究”。“2004 年，”尼尔斯解释道，“密歇根大学的马西亚尔·洛萨达教授对一家大型信息处理公司的 60 个团队进行了研究。他想知道，把表现优秀和中等或者差的团队区分开来的是什么。在建立研究的时候，关于每个团队及团队里面的员工他了解了三件事情：利润率、顾客满意度以及针对每个团队成员的 360 度的反馈。基于这些数据——的确，在当今的心理学界，关于仅靠这三个标准是否足以把一个团队进行归类是富有争议的——他把 60 个团队归为了表现优秀、中等和差这三类中的其中某一类。他把每一个团队都邀请进了他那建得看起来像是个常规会议室的研究区域。会议室一面墙上的大镜子是单向的。洛萨达博士和他的助教们站在镜子后面，忙着观察、研究和记录团队的表现。在这个试验中，每个团队有一个任务：召开一次团队会议。洛萨达博士只是非常好奇：他们召开会议的方式会有所不同吗？或者说表现优秀的团队成功的秘诀在别处吗？或许仅仅是因为他们运气好？是员工和天赋的完美组合？然而，试验的结果让心理界的很多人大为惊讶。今晚我会跟你们分享其中的两个研究结果。在今晚，洛萨达博士的数据库和标准是否合适并不重要，因为我确信看了他的研究结果后，你们就知道自己想要加入哪种团队了。”

尼尔斯微笑着环顾整个房间。“准备好讨论数字了吗？”他问道。

“数字！他与我还真是合拍！”凯瑟琳心想。

“现在，大家听好了，”尼尔斯继续说道，“当洛萨达和他的团队把所有的数据进行整理，并分析录像视频后，他们得出了两个把各个团队区分开的决定性标准。也就是，他们彼此之间是如何讲话的。语言是有力量的。他们的第一个发现就是我们当今所说的‘积极性比率’。简而言之，它指的就是在一场讨论中，积极的陈述相对消极的陈述的比率。比如：大家在会议中可以使用哪些正面陈述？”

房间里响起了各种声音：“好主意！”“谢谢你提出这点。”“以前我都没考虑过这些。”“有意思！”“做得好！”

过了几分钟后，尼尔斯问大家：“你们现在感觉如何？”

房间里响起了一些声音：“乐观”“开心”“兴奋”“感激”“被倾听”。

尼尔斯接着问道：“当你有这种感觉时，你想做什么？”

再一次，各种声音插进来：“做更多的贡献”“微笑”“倾听他人”。

尼尔斯点头表示同意，又说道：“丹尼尔·戈尔曼博士是世界上最知名的社会和情商专家之一，他估计，20%—30% 的员工表现是由他们的情绪决定的。北卡罗来纳大学教堂山分校的芭芭拉 · 弗雷德里克森博士创立了‘扩展与建构理论’，这个理论也支持戈尔曼博士的发现。她论证说：诸如快乐、感激、自豪、愉悦——诸如此类——这些积极的情绪，不仅能够帮助我们积极地思考问题，实际上还扩展了我们大脑工作的方式。”

这时，尼尔斯用手做成圆筒状放在眼睛前，看起来就像马戴上眼罩一样，说道：“当你处于消极情绪之中的时候，你的视力就像进了隧道一样，只能看到周围环境的 15%。”

尼尔斯向外伸展他的手臂，接着说道：“经历积极的情绪能够扩展你的视野。这时你能看到 **75%** 的周围环境。当你处于积极的情绪之中时，你的大脑中充满了五羟色胺和多巴胺，这两者都会帮助制造更多的神经连接。”尼尔斯轻拍自己的头，微笑道，“更多的神经连接可是一件好事！有了这些，你就可以更快速、更有创造力地进行思考了，你愿意接受各种可能性，因此，能够更加灵活地解决问题，同时，也能虚心接受新的信息。在这个状态下，你会感觉很安全。而作为领导者，我们想要培养的正是这种安全感。只要你愿意，安全感就能创造一种我们在一起的感觉。”

尼尔斯从他的背包中拿出了一个粉色的、穿着带有白色褶饰边的芭蕾舞裙的猪形存钱罐，这引起了与会人员的哄堂大笑。接着，尼尔斯晃了晃这个存钱罐。里面的硬币发乎了嘎嘎的声响，尼尔斯从他的牛仔口袋拿出了一些硬币。“这些积极的情绪就如同把钱存到了银行以备不时之需。”他把一些硬币投入了存钱罐，为了演示的效果，把它摇得嘎嘎响。“这些都是你的储蓄。积极的情绪实际上是累积起来的。当我们听到了坏消息或者遭遇了挫折时，这些情绪积蓄能够帮助我们成功地走出所处的低迷状态。这样我们就能够更快地恢复正常状态，并开始寻找问题的解决方案或者做其他的选择。”

尼尔斯把猪形存钱罐放在桌子上，走向挂纸白板，问道：“猪形存钱罐和洛萨达教授的研究结果有什么关系呢？”接着，尼尔斯在表格中写下了一些数字：

团队表现 / 因素	优	中等	差
积极：消极	6：1	2：1	2：5

尼尔斯解释说："洛萨达教授和他的团队发现，在表现优秀的团队中，相对每一个消极的陈述，就会有 5.6 个积极的陈述。为了简洁，我把它算作 6，好吗？有人有消极陈述的例子吗？"

一些声音响起："我们以前已经试过那个方法了""那个方法永远都不会有用""那个方法代价太高了""那会超过预算的"。

凯瑟琳举手问道："但是，如果这些消极的陈述真的有意义呢？即使我们知道某个方法永远不会有用或者我们已经尝试过了，也要把一切都美化，并说'好主意'吗？"

"这个问题好，凯瑟琳。谢谢你把这点提出来。不，你不需要撒谎或者假装某件事很棒。这样做的弊大于利。有一个技巧，你或许想要尝试，那就是：不要说'但是'，说'而且'。举个例子：这个主意很好，但是我们去年尝试过了，而且它不起作用。听起来很熟悉吧？"尼尔斯问道。

房间里的很多人都点了点头，尼尔斯继续说道："这些陈述尤其危险，因为员工最终听到的是你表扬之后的批评。相反，下面这个句子听起来怎么样呢？关于做那件事，你的观点听起来很有趣，而且我想知道它跟我们去年尝试过的方法相比会怎样。咱们能聊聊这些吗？"

尼尔斯暂停并补充说："当然，你的语调也有很大的影响。如果你的声音中充满了讽刺或者表现得像是个万事通，那么就一点也帮不到你了。"

莉莉大声说道："当然，消极陈述要在合适的时间，合适的地点表达。'我不同意你的观点，因为……''我和你的看法不同……''我对这件事的理解使我得出了不同的结论。'以上这些都是消极的陈述，但都不是人身攻击。一个合理的解释会紧跟其后。并且要记得，这个时候的团队有可能处在规范化或者执行的阶段。

团队领导者需要注意且确保不要进行人身攻击。”

凯瑟琳笑着说：“谢谢。我懂了。”

尼尔斯问凯瑟琳：“你介意跟大家分享一个对他人的观点进行消极评论的例子吗？然后我们就可以共同对它进行分析。”

凯瑟琳思绪万千，她想到了弟弟让她关注数字化农业的建议。感到自己的脸都变红了，凯瑟琳说道：“我的弟弟内特是 IT 部门的主管，最近说‘数字化农业是我们公司的前景’。”

“那么，你是怎么回应的呢？”尼尔斯笑着说道，还挑了挑眉毛来缓解凯瑟琳的情绪。

“好吧，实话实说，”凯瑟琳说道，“我跟他说他的想法很荒谬，还说平板卡车才是公司的利润保障。”

“如果能回到过去，重新进行那场谈话，你会说些什么不同的内容呢？”尼尔斯鼓动凯瑟琳道。

“我觉得，我会问更多的问题以便于更好地理解他的观点。”凯瑟琳坦诚地说。

“继续说，我洗耳恭听。”尼尔斯鼓励凯瑟琳。

“诸如‘你能详细说明一下吗，内特？’这样的问题。”凯瑟琳补充说道。

“就要这样做，”尼尔斯肯定道，“这将把我们带入洛萨达博士在他的研究中注意到的第二个内容。”尼尔斯一边说，一边把挂纸白板上的表格的最后一行给填上了。

团队表现 因素	优	中等	差
积极：消极	6 ： 1	2 ： 1	2 ： 5
开放式问题：以“我”开头的陈述（肯定）	1 ： 1	7 ： 10	1 ： 20

“我想和你们一起看的第二个因素衡量的是，问了多少个开放式问题与说了多少个以‘我’开头的陈述两者之间的比率。洛萨达使用的术语是：问题对肯定的陈述。询问开放式问题的团队能够展现对彼此的兴趣。他们尊重彼此的知识，并通过询问问题的方式鼓励对方大声说出自己的观点。询问开放式问题也表明你并不是什么都懂。这在一定程度上暗示了你的谦逊。另一方面，愿意用诸如‘我认为、我相信、我的观点是、我想要、我建议’等来表达自己的观点，表明这些人感觉到讲出自己的想法是很安全且受到了鼓励的。”

尼尔斯停下来问大家道：“那么，你们想要加入哪个团队呢？”

“这还用动脑子去想吗？”凯瑟琳说道，大家都大笑起来。接着，她问道：“对于表格最后一行左边 1 比 1 的比率，我有点惊讶。”

尼尔斯感叹道：“凯瑟琳，想象一场网球比赛。你问了一个问题，然后得到了一个诚实的回答。另外一个人问了一个问题，也得到了一个诚实的回答。如同一场网球比赛，就这样来来回回进行着。如果只有一方击到了球，那这场比赛就太令人同情了。”

“确实如此。”凯瑟琳承认，“那么最后一行最右边的 1 比 20 又作何理解呢？”

“这个比率说明，双方都只讲自己的观点，不倾听对方的意见。

大家都只以‘我’开头来陈述观点，没有人在乎其他的人。积极对消极中 2 比 5 的比率也是同样的道理。对于表现差劲的团队，其消极陈述的占比要高得多，他们的表现最终会螺旋式下降，越来越差。他们精力不足，倾听他人的积极性降到了谷底。”尼尔斯解释道。

凯瑟琳一边赞同地点头，一边匆匆记下了一些想法。她补充说：“如果他人不听我说话，我为什么要听他们说话呢？”

“说得对！”尼尔斯说道，“宾夕法尼亚大学的西加尔 · 巴萨德教授研究了所谓的‘连锁反应’。在她的研究中，她判定，五个人中只要有一个人带有积极或者消极的情绪，就足以感染他人。她把此称为‘小组内部的情绪传染’。因此，确实，你所说的话是具有巨大的力量的，他们培养或者破坏人与人之间的关系。他们可以带领你和你的团队以上升的螺旋状或下降的螺旋状发展。如果你言行一致，为你的团队树立标准，你的员工就会照着做。”

会议中间喝咖啡休息的时候，凯瑟琳主动与参会人员交流，了解大家的工作领域和兴趣等。

凯瑟琳和这些人有个共同点，那就是他们都对卓越领导力满怀激情。她不得不承认，他们的激情极具感染性。那天晚上接下来的时间过得飞快，不知不觉中，他们就在回宾馆的路上了。

“愿意在宾馆的酒吧喝一杯吗？”尼尔斯问道。

“要不还是改天吧，无论如何，谢谢你。我得回个电话。”凯瑟琳解释说。

“那明天早上见。”尼尔斯回应道。

“非常感谢你陪着我。我真的学到了很多，而且意识到现在我有很多关系需要进行修补——就从我弟弟内特开始吧。”凯瑟琳说道，“明天早上见。”

回到房间后，凯瑟琳把她的私人电话从包里拿出来并开机。“谢天谢地，爸爸没有把它没收。”凯瑟琳松了一口气。当她意识到在过去的两周，自己甚至都没有想念手机时，真的有点惊讶。她向下滑动手机上的通讯录，拨打了内特的号码。电话响了两声之后，内特就接起了电话，问道："是凯瑟琳吗？"

"嗨，帅哥弟弟。"她跟内特开玩笑道。

"一切都好吧？发生什么事了？"内特用一种近乎恐慌的声音问道。

"我好着呢！"凯瑟琳让弟弟安心道，"我有个问题要问你。"

"啊，当然可以。"内特有点迷惑不解地回答，并问道："是什么问题呢？"

凯瑟琳从来都不喜欢拐弯抹角，她直接问内特："我一直打算问你，为什么你觉得数字化农业是拜特欧菲尔德收割机公司的未来所在？"

"你好像是突然提出这个问题的，你在哪里呢？"内特问道。

"我在斯德哥尔摩。是的，今天晚上我突然想起来我从来没有真正地问你原因。很抱歉，我从来没有认真倾听，甚至没有静下心来问你这件事。我需要提升自己的倾听能力，这就意味着我需要问更多的问题。"凯瑟琳解释道。

"你的道歉我接受了！"内特轻松自如地说道。然后他步入正题，和凯瑟琳分享了关于数字化农业他所了解到的东西，以及他为何对数字化农业如此有信心。凯瑟琳问了很多问题，整个过程都在记笔记。

挂了电话之后，凯瑟琳躺在宾馆的床上，眼睛向上盯着天花板。她已经想不起上次和内特之间进行如此鼓舞人心的交流是什么时候的事情了。

在印第安纳的办公室里，内特盯着窗外那一排排的庄稼，心中的想法和凯瑟琳不谋而合。

一串珍珠

第二天早上，尼尔斯在凯瑟琳入住宾馆的接待处见到了她。尼尔斯戴着到机场接凯瑟琳那天所戴的黑色的斯特森高顶宽边帽。他向凯瑟琳脱帽致意，说道："你好，我的搭档。"凯瑟琳咧嘴一笑，评论道："我想说，你是西方电影看多了吧！"

"你今天感觉怎么样？昨天晚上的电话打得怎么样？"尼尔斯打探道。

"我很好，而且昨天晚上的电话沟通也很棒。自从到这里之后，我每天早上都出去跑步，这真的有助于我梳理自己的思绪。"凯瑟琳回答。晨间慢跑是她在整个旅程中设法坚持的一个不容更改的习惯。

他们出门的时候，凯瑟琳好奇地问道："今天的日程安排是什么呢？"

"逛街！"尼尔斯大声说道，笑得都合不拢嘴了。

"逛街？为什么呀？"凯瑟琳问道，感觉有点意外。

"这是给你的一个惊喜。"尼尔斯神秘地说道，"我们今天的第一站是一家当地的鱼市。"

"我们要去买鱼？"凯瑟琳问道。

"不完全是。"尼尔斯笑道。继而，他们走进了一栋大楼。尼尔斯向几个鱼贩子招手，并大声对他们说："去做傻瓜吧（Go Moron）！——早上好（Good Morning）！""都是我的好朋友——不是傻瓜。"尼尔斯大笑道，调侃地用胳膊肘碰了碰凯瑟琳。

尼尔斯在一家叫作"奥斯卡尔之地"的牡蛎餐厅前停了下来，柜台后的一位男士示意他们到后边来。尼尔斯给了他一个男人之间的拥抱，然后向凯瑟琳介绍他："凯瑟琳，这是我一个潜水的朋友，也是校友，叫奥斯卡尔。奥斯卡尔，这是凯瑟琳，我跟你讲过她的事情。”“你究竟跟他讲了什么呢？”凯瑟琳好奇地问道。

“只讲了好的事情！”在尼尔斯回答之前奥斯卡尔抢先说道。

凯瑟琳快速地观察了下这里的工作区——到处都是牡蛎和成堆的碎冰。“剥过牡蛎吗？”奥斯卡尔问她。

“没有。”凯瑟琳回答，“在印第安纳州很难见到牡蛎，我们不剥牡蛎，剥玉米。”

尼尔斯快速戴上了放在工作区的一副带有金属锁链的手套。他抓起一把圆头刀子，用它转动和撬开牡蛎壳。凯瑟琳也试了一下，很快就掌握了其中的诀窍。

“你找到过珍珠吗？”凯瑟琳问道。

“噢，偶尔能找到。”奥斯卡尔回答，“但是，真正的珍珠母在每一万个牡蛎中才能出现一个。”

“你知道珍珠是怎么形成的吗？”尼尔斯问凯瑟琳。

“如果我没记错生物学课上学的知识的话，当一个小的有机体或者刺激物，比如一粒沙子，偷偷地进入牡蛎壳的时候，珍珠就开始形成。接下来，牡蛎分泌碳酸钙或者珍珠母来覆盖入侵的有机体。珍珠在牡蛎体内待的时间越长，体积就越大。”凯瑟琳解释道。

“我敢打赌你的生物课的成绩非常优秀。”奥斯卡尔钦佩地说道。

“一个刺激物就能产生珍珠，真的是太令人惊讶了。”尼尔斯说道。

“我一直不相信，”凯瑟琳不得不承认，“一个刺激物竟然能产生世界上最美的宝石之一。”

奥斯卡尔拿起一颗小珍珠放进透过窗户照射进来的阳光中，然后又把珍珠递给凯瑟琳让她观察的时候，他问道：“你知道吗？珍珠实际上比混凝土还要坚固呢。”

“这可真是太迷人了，这么轻的东西居然可以这么坚固。”凯瑟琳一边说，一边在两个手指之间滚动着珍珠。

她把珍珠还给奥斯卡尔，奥斯卡尔说道："留着它吧，把它当成斯德哥尔摩的一个回忆。"

凯瑟琳谢过奥斯卡尔，把珍珠放进了口袋。她计划把珍珠好好装饰下，回家的时候作为礼物送给父亲。

"我们现在要走了！再次感谢你，兄弟！"尼尔斯一边说，一边跟奥斯卡尔击拳。

沿着海港散了一会儿步之后，他们来到了市区，在斯德哥尔摩魅力十足又狭窄的街道上蜿蜒而行。尼尔斯在一家珠宝店门前停了下来，示意凯瑟琳跟他一起进去。凯瑟琳有点疑惑不解，犹豫着跟尼尔斯进了珠宝店的前门。一个小铃铛响起，接着，一个年轻男士出来迎接他们。

"你一定是凯瑟琳。"他一边说，一边在她两边的脸颊上都亲了一下。

"那你一定就是尼尔斯了。"他一边说，一边跟尼尔斯握手。

"好吧，我当然不是凯瑟琳了。"他开着玩笑回应道。

这位男士介绍说自己是弗雷德里克，是这家家族商店的主人，现在是第五代继承人了。他示意他们在一张桌子前坐下，接着把前门上的标牌翻到了"暂停营业"这一面。尼尔斯摘下帽子，露出一个信封，他之前把这个信封藏在了帽檐内里。信封上写着凯瑟琳的名字，她一下子就认出了父亲的笔迹。这时候，弗雷德里克把一个珠宝盒从桌子上滑到了凯瑟琳跟前，并示意她打开。里面是一条无比漂亮的珍珠项链。她疑惑地看着尼尔斯和弗雷德里克。接着，尼尔斯向她挥了挥信封，说道："读一读吧。"凯瑟琳把信打开，铺平放在桌子上，开始读起来：

亲爱的凯瑟琳：

你知道吗？当你的爷爷奶奶在斯德哥尔摩度蜜月的时

> 候，你的爷爷克莱夫就在这家商店给你的奶奶买了一串珍珠项链。项链表示浪漫，但是仅限于咱俩知道，我觉得你爷爷送项链，一定是在试图让自己免于被罚，因为他把蜜月那么长时间都花在了“瓦萨”号战船的打捞现场。

凯瑟琳大笑起来，她能够感觉到一滴眼泪顺着她的脸颊慢慢流了下来。她对奶奶贝蒂一直带着的那条珍珠项链记忆犹新。“我从来都没想问过奶奶这条项链的来历。”凯瑟琳内疚地想道。她叹了一口气，继续往下读。

> 作为对你旅程的纪念，我让弗雷德里克给你拿了一条特别相似的项链。我知道，每一颗珍珠都是独一无二的，但是，或许这可以作为你跟整个家族的联系。
>
> 我也给尼尔斯寄了一些东西，他会跟你讨论的，因为珍珠项链也是卓越领导力的一个象征。但是，我会把相关内容留给尼尔斯给你解释，我亲爱的。
>
> 祝你在斯德哥尔摩玩得开心，凯瑟琳。虽然我们都很想念你，我们也为你感到骄傲。
>
> 爱你的爸爸

凯瑟琳抬头看着尼尔斯，问道：“我父亲给你寄了一些东西让我们讨论吗？”

“是的，他确实寄了。”尼尔斯回答。再一次把帽子摘下，他拿出了放在帽檐下面的几张纸。

凯瑟琳咯咯地笑起来，发表评论：“你还把什么别的东西藏到你的帽子底下了呢，尼尔斯？我都开始有点担忧了。”

尼尔斯尽最大努力模仿约翰·韦恩的风格说道：“男人一定要

做到应该做到的事情。”

凯瑟琳一边放声大笑，一边擦拭眼角流出的眼泪。“就像我今天早上所说的——你绝对是看了太多的牛仔电影！”凯瑟琳说道。

“是吗？真的是这样吗？”尼尔斯面无表情地说道。然后，和凯瑟琳一起大笑起来。

尼尔斯把纸打开，解释说：“这是你父亲给我发的电子邮件，他在邮件中解释了珍珠项链的象征意义。‘PEARLS 法’，是美国内科医生安东尼·萨奇曼博士提出的。萨奇曼的模型，如果应用得当，能够缓解意见不合带来的紧张形势。萨奇曼认为，当争议点出现的时候，一方总是把对方的一个陈述看作是人身攻击，接着，这种理解就把客观的讨论变成了针对个人的讨论。再接下来，一方在口头上就会进行针对个人的回击。很快，受到伤害的人又以伤害他人的现象就出现了。”

凯瑟琳满是疑惑地扬起眉毛，问道：“受到伤害的人又伤害他人？”

“受到他人伤害的人，接下来又伤害其他人。”尼尔斯澄清，“PEARLS 是一个首字母缩略词，是关于留心倾听的。留心倾听要求主动倾听，并把它和建立关系连接在一起。回想一下奥斯卡尔的牡蛎餐厅，以及珍珠是如何形成的。牡蛎接受了一个刺激物，还把它变成了极为漂亮的东西。‘PEARLS 法’可以接受一个刺激物，然后用一句强化关系的陈述重构这个刺激物。我认为，在多数情况下，这点是很难做到的。一个刺激物会伤人，然后被伤的人反击再伤害他人。因此，螺旋式下降就启动了。”

尼尔斯沉默了一会儿，喝了一小口弗雷德里克给他们端上来的咖啡，让凯瑟琳进行自我思考。当凯瑟琳准备好继续倾听的时候，尼尔斯从他的背包里拿出了一叠纸，在一整张纸上写下了 P-E-A-R-L-S 六个字母。“如我所说的，”尼尔斯强调说，“偶尔可以真实地使用一下这个方法。这个模型必须反映你的真实想法。一开始的时候，它需要练习和很多次的尝试。如果用得过多，你听起来就很假，这会让人失去兴趣的。准备好试一试了吗？”

“完全准备好了。”凯瑟琳回应。

“咱们假设，你和你的研发团队正在进行一个项目，突然，关于下一步工作如何开展，你们之间产生了分歧。”尼尔斯提议。

“咱们拿上次提到的干草装载机事件来说吧。”凯瑟琳主动提出，“我们研发团队想要一些重要客户先测验一下装载机的性能，然而，在测验完成之前，销售部就把它拿到一个北美农业商品展销会上展示了。”

“好的，这个例子不错。我能假设，你们之间的讨论不断恶化了吗？”尼尔斯问道。

“这样讲都算客气的了。”凯瑟琳承认。

“因此，它可以归结为商品展销会之前的客户测验与测验完成之前的商品展销会之间的冲突，对吧？”尼尔斯问道。

凯瑟琳点了点头。

“记住这个例子，让我们来看 PEARLS 模型是如何运作的。如果过去的时候你就跟有些人发生过冲突，一个简单的陈述，比如‘我不同意你的看法，并且主张把它在展会展出前进行客户测验。’很快就被理解为你想跟他（她）进行竞争或者权力争夺。这就引发了一种恐惧反映。”尼尔斯解释道。

“恐惧什么？恐惧在争吵中占下风吗？”凯瑟琳问道。

“恐惧基于任务的、实事求是的讨论一下子就变成针对个人的了，就是我们现在所认为的人身攻击。并且最糟糕的是，这种事是在会议室开会的时候当着一群人发生的，对吧？”尼尔斯问道。

“对的。与会人员大概有 20 个，每个部门各有 10 个。”凯瑟琳一边想，一边说道。

“听起来像是正午时分的对峙。”尼尔斯开玩笑道。

“这场争论最后给人的感觉正是如此。”凯瑟琳承认。

“在这场僵局里，每个人都情绪高涨，这时，我们的大脑已经察觉出了危险。紧急警报信号已经传遍全身！回想一下‘传递领导力’事件吧，那时我们讨论了芭芭拉·弗雷德里克森博士的‘扩展与建构理论’。这种恐惧反映把那些马戴的眼罩戴到了我们身上，造成了一种隧道视力后果，把我们的视力限制在大概……”

“15%。”凯瑟琳帮尼尔斯说完。

尼尔斯一刻不停，继续说道：“人的身体一直在往血液循环中释放肾上腺素和皮质醇，点燃我们的情绪，使我们警惕危险，把我们转向一种要么战斗，要么逃跑的模式。”

凯瑟琳的思绪回到了“传递领导力”事件。关于对积极情绪的谈论现在真的越来越明白了。凯瑟琳说道：“当人们感觉良好，意识到自己处于安全的环境中的时候，他们就会放松，随之视力会扩展到 75% 左右，因此也扩展了他们的思维模式。”

“当这些发生的时候，”尼尔斯补充道，“他们愿意接受各种可能性并且能够创造性地进行思考。这时就没有什么僵局了，也不用在正午时分进行最后的决战了。”

“因此，‘PEARLS 法’可以用来缓解情绪高涨的氛围，对吗？”凯瑟琳问道。

“是的，因为有这种方法，你会有意地关注人与人之间的关系。你肯定自己对这种方法的信奉，因此能够消除讨论中出现的恐惧。准备好看看这种方法了吗？”尼尔斯问道。

凯瑟琳举双手赞成，尼尔斯抓起桌子上的一支笔。

“P 代表‘合作关系（Partnership）’，”尼尔斯匆匆把这写在纸上，继续说道，“这是 PEARLS 模型中的‘我们’部分。一个像‘我真的想和你一起解决这个问题’这样的陈述能够表明你对合作关系的投入，从而强化了你们之间的关系。”

“或者说‘我确定我们能够一起解决这个问题’。”凯瑟琳插嘴道。

尼尔斯为她竖起大拇指，并解释说：“对。这样就不会有人丢面子或者感觉受到了威胁。人们在精神上就会保持放松状态。”

尼尔斯继续说道：“E 代表‘共情（Empathy）’——能站在对方的角度看问题并感受到对方的感觉。它不意味着你必须赞成对方的观点或者同情对方——仅仅是通过对方的眼睛来看待发生的事情，并努力去体验对方可能拥有的感受。这将发射你大脑中的镜像神经元，有助于你体验对方的感受。像‘我能体会到你所说的对那种情形的沮丧’这样的陈述就能够体现共情。”

“或者这句怎么样？——‘我明白你对于错过商品展销会的担忧。’”凯瑟琳问道，有点不太确定。

“这是一个很好的例子，凯瑟琳，”尼尔斯赞成地说道，“共情意味着理解对方的感受。它在缓解紧张局势方面至关重要。人们常常会觉得自己不被理解，在这个时候，紧张局势很快就形成了。”尼尔斯解释道。

凯瑟琳赞成地点了点头，说道：“接着就会出现要么战斗，要么逃跑和基于恐惧的回应。”

尼尔斯点了点头，继续说道：“A 代表‘认可（Acknowledgement）’。它意味着欣赏并承认对方所做的事情。例如，你可以说，‘你确实在这次商品展销会上倾注了很多时间’。或者‘很明显，你对如何向潜在客户展示新机器进行了很多思考’。”

接着，尼尔斯把“尊重（Respect）”匆匆写在了 R 旁边。他说道：“我觉得，认可和尊重之间的关系很紧密。为了区分它们，你可以把尊重看作是向你的对手表达敬意和敬重。类似‘毫无疑问，您是这方面的专家。’这样的表达可以例示何为尊重。”

“或者，”凯瑟琳贡献另外一个例子，“我非常尊重您在此领域的经验。”

“在这方面，你可是比我更擅长。”尼尔斯笑着说道。

凯瑟琳对尼尔斯回以微笑，并问道：“这是又一个何为尊重的例子吗？”

“当然。”尼尔斯笑道，“L代表的是‘合理性’（Legitimization）。这意味着以一种共情的方式陈述，在某个特定的时刻，他们有权利拥有某种感受。记住，做这些是为了缓解紧张局势，建立良好关系。诸如‘对处于你这种处境中的任何人而言，这都是令人担忧的’，这样的陈述就表明了何为合理性。”

“为商品展销会上不确定的竞争性感到担忧是很自然的。”凯瑟琳增加了一个例子。

尼尔斯赞同地点了点头，并把“支持（Support）”写在了纸上的“S”旁边。“合作关系（Partnership）”中的“P”强调的是一起努力，“支持”意味着你要帮助人们达成目标。比如这样的陈述：我希望看到你在商品展销会上赢得竞争。

“或者简单说‘在达成你的销售目标方面我会为你提供支持的。’”凯瑟琳建议。

弗雷德里克把珍珠项链从盒子里拿出来，问凯瑟琳：“愿意试戴一下吗？”

“非常愿意。”凯瑟琳说道。

弗雷德里克把珍珠项链小心翼翼地从盒子里拿出来，环绕在了凯瑟琳的脖子上，系扣环的时候，凯瑟琳能感觉得到珍珠的冰爽感。她盯着镜子中的自己，琢磨着如何提升自己的领导风格，使它朝正确的方向发展。她想起了跟父亲之间的一场对话，父亲说过：“卓越领导力不是一次冲刺，而是一场马拉松，我亲爱的。”

对文物的热情

接下来的几天，凯瑟琳陪伴尼尔斯到距离斯德哥尔摩北一个小时车程的乌普萨拉大学做了几场报告。尼尔斯对激励年轻人的教学让凯瑟琳很是着迷。尼尔斯其中的一场报告是在室外进行的，这个地方是叫作“国王山”的三个大型墓地。凯瑟琳观察到，学生对尼尔斯说的每一个字都留心听着，不停地记笔记和提问题，对此领域的激情绝不亚于尼尔斯。尼尔斯教学生们如何读懂墓地上的记号，并兴奋地告诉学生最近他们发现了一个令人惊叹的陶器。如凯瑟琳自己所说的，尼尔斯对一个古老的、破碎的杯子所表现出来的激情，让她心存敬意。她微笑着看尼尔斯把这个杯子小心翼翼地托在手中，就像是托着某个久远朝代的精美花瓶一样。

那天下午，在回斯德哥尔摩的路上，尼尔斯提议中途在菲欣金湖稍作停留。“如果你感兴趣的话，我们可以租独木舟游玩。”尼尔斯建议。当他们划着独木舟绕湖行走的时候，凯瑟琳闭上眼睛，希望大脑能记住这美妙的景色，由松软洁白的云朵点缀的蔚蓝天空，各种各样的鸟鸣声，以及夏日暖阳照射在身上的感觉。她知道自己待在这里的日子快要结束了，如果她能让时间停下，哪怕只有一会儿，那该多好呀！

“再次感谢你的款待，尼尔斯。在这段行程中，我对自己更加了解了。”凯瑟琳告诉尼尔斯。

“好吧，你知道人们是怎么说的吗？凯瑟琳。直到你能够领导自己，才能领导他人。我觉得，领导者需要清楚地了解自己的价值观和目标。为了和他人拥有积极的关系，他们首先需要和自己和解。改变要从这里开始……”尼尔斯一边说，一边用手指着自己的心。

第二天晚上，尼尔斯开车送凯瑟琳到机场赶飞机。尼尔斯摘下他那黑色的斯特森高顶宽边帽，从里面拿出了凯瑟琳的机票。他偷偷看了一眼，上面写着“目的地：巴西，圣保罗”。尼尔斯把帽子戴在凯瑟琳的头上，说道：“你留着这顶帽子吧。实际上，它属于你的爷爷克莱夫。”

“什么？真的吗？”凯瑟琳一边惊呼，一边用手指抚摸帽子。

“这顶帽子是我父亲给我的。他跟我说，有一次你爷爷来斯德哥尔摩的时候把帽子戴在了他头上。那个时候，他还只是个孩子，是西部电影的超级粉丝。”尼尔斯解释道。

“苹果不会从离树很远的地方掉下来，对吧？”凯瑟琳开玩笑道。

凯瑟琳进安检前，尼尔斯给了她一个热情的拥抱。她回头向尼尔斯招手，直到看不到他为止。“虽然走出视线，但是走不出心里。”她小声说道。

个人思考——关于人际关系的知识点

凯瑟琳这部分的探索关注的是建立积极关系的重要性，“瓦萨综合征”阐明了在项目中，人际关系不佳和缺乏信任带来的严重后果，它也反映了当今全球许多公司项目的现状。

普赛公司 2018 年出版的《变革管理的最佳实践》（*Prosci's Best Practices in Change Management*）一书基于对 1778 个进行变革的领导者的调查，确认了项目工作中理想的发起人特征（罗列如下）。利用提供的空格来记笔记并对自己引领变革的能力进行个人思考。在你目前或最近的项目工作中，你有哪些具体的个人实例能够说明这些变革？

#1. 强大的交际技能（能做到直言不讳、清楚地表达观点，

能意识到变革背后的原因）。

____

____

#2. 通过激情和热忱提升员工敬业度。

____

____

#3. 参与整个项目过程。

____

____

#4. 通过言行一致和用事例说明员工应该遵循的规则，经常出现在员工的视野中，并支持员工工作。

____

____

#5. 参加会议，致力于变革。

____

____

实质上，上述五个特征全部关乎和项目小组以及那些受到正在进行中的变革影响的人建立信任关系。你达到要求了吗？

以下是从这个项目中学到的经验教训的总结：

1. 在项目中间做了太多过度的设计上的改变。没有沟通清楚规模上的改变。并且，由于此项目的执行发起人（古斯塔夫国王）通过恐吓来统治，没有人敢大声表达他们的担忧。

2. 缺乏记录下来的项目计划。项目的执行发起人未能确保上级和下级之间能够进行畅通无阻的交流。

3. 不切实际的计划和以自我为中心的政治相结合。项目的执行发起人非常关注他的个人声望，对战船的设计和装饰都进行优化处理，耗费了宝贵时间和金钱。

4. 回头再看第一个原因，项目的执行发起人未能在他的团队中建立信任感，跟任何下属之间的关系都不够积极。他的团队是如此害怕承认错误带来的恶果，以至于他们甚至都没有告诉他战船都没有通过“倾斜”测试。

项目的执行发起人未能阻止团队内部的抵抗。工匠和造船者之间存在内部的争吵。的确，他正忙着在波兰打仗，但是，他没有授权给他人，他自己也没有进行积极、可见的领导。

“积极性比率”描述了表现优秀的团队所例示的交际类型。

团队表现 / 因素	优	中等	差	你的团队得分
积极：消极	6 : 1	2 : 1	2 : 5	
开放式问题：以“我”开头的陈述（肯定）	1 : 1	7 : 10	1 : 20	

下次团队会议上要认真倾听，并做下数学题。积极陈述和消极陈述的比率是多少？开放式问题和肯定的以“我”开头的陈述的比率是多少？

你注意到了那些具体、积极的陈述呢？

哪些开放式的问题吸引了你的注意力？

你能够采取哪些步骤去建立一个表现更加优秀的团队？

“PEARLS 法”通过有意地关注人与人之间的关系，并停下手头的工作，来帮助缓解情绪高涨的氛围。它补充了芭芭拉·弗雷德里克森博士的“扩展与建构模型”。此模型证明，诸如快乐、感激、自豪、愉悦等这些积极的情绪，不仅能够帮助我们积极地思考问题，实际上还扩展了我们大脑工作的方式。这种扩展使我们的大脑中充满了五羟色胺和多巴胺，从而增加制造神经连接数量。

回想过去的某种情形：争论不断升级，突然变得特别针对个人。利用下面的表格写下在这种情形下，你会说些什么来缓解形势或者使争论变得缓和。

模型	解释	尼尔斯和凯瑟琳的例子	你的例子
合作关系 (Partnership)	关注我们和谁一起	我真的想和你一起完成这个工作 我确定我们能够一起解决这个问题	

共情 (**E**mpathy)	对方可能会有什么样的感觉呢？ 站在对方的角度看问题，并通过他们的眼睛来看待情势	我明白你对于错过商品展销会的担忧 我能体会到你所说的对那种情形的沮丧	
认可 (**A**cknowledgment)	欣赏并认可对方所做的事情	你确实在这次商品展销会上倾注了很多时间 很明显，你对如何向潜在客户展示新机器进行了很多思考	
尊重 (**R**espect)	向你的对手表达敬意和敬重	毫无疑问，您是这方面的专家 我非常尊重您在此领域的经验	
合理性 (**L**egitimization)	用一种共情的方式陈述，在某个特定的时刻，人们有权利拥有某种感受	对处于你这种处境中的任何人而言，这都是令人担忧的 为商品展销会上不确定的竞争性感到担忧是很自然的	
支持 (**S**upport)	你能做些什么来帮助人们达成目标？	我希望看到你在商品展销会上赢得竞争 在达成你的销售目标方面我会为你提供支持的	

第四章

巴西圣保罗市——降落

安娜

安娜在女儿额头上亲了一口，把装有在学校吃的午餐袋子递给她。女儿走向车库，父亲正在车上等着她。安娜走到楼梯口对着儿子大声喊道："卡洛斯，快点！你爸爸在车上等你呢！"她听到儿子房间的音乐声更大了。她看了一眼手机，发现儿子正在上网，心想儿子一定是在和女同学聊天。她笑了，自言自语道："嗯，我喜欢这种小把戏。"说着走到路由器旁关掉路由器开关。不到两秒钟，十多岁的儿子给出了反应。她听到楼上房间传来的哀号声，接着儿子卧室的门发出砰砰声，一阵下楼的脚步声传递出抗议的信号。"不是吧，妈妈。你知道这有多尴尬吗？"他大声抱怨道。

她拿出儿子的午餐，在他面前晃了晃，对他的抱怨视而不见。"亲爱的，祝你今天过得愉快。你爸爸和妹妹都在车上等你。你快要让大家都迟到了。"

安娜在厨房的桌子前坐下来，享受片刻宁静平和的时光，在出门工作之前，喝下最后一口已经不太热的咖啡。她拿出放在橱柜上的日记本，翻开新的一页。早上她总要进行"五分钟沉思"，这个习惯她坚持了很多年。这就像是她忙碌生活中的生物钟，而且帮助她专注于一天的工作。她取出笔写下对四个问题的思考。看着第一个问题，她想起今天即将在市政厅召开员工大会，她和弟弟将要宣布一个新的社区项目的开始。她想到自己将要站在900名员工面前讲话，深吸了一口气。公众演讲——特别是在这么多人面前——这是她从来没有真正想过的事情。

积极确认：我是……

一个合格的演讲者，我渴望让听众受到启发。

她闭上眼睛在心里反复默念这句话，想象着自己今天下午站在市政厅的舞台上，沉着、自信、快乐地演讲。她曾经参加过一个培训课程，是关于个人信念如何影响人生境遇的。她在早上的课程中认真地思考这个问题。过去一想到要站在舞台上向很多人做演讲她就很紧张，她的教练把这种心理称为“偏见固化”。通过重新思考自己的信念，她认识到即使犯错误也没有关系——应该不断完善，而不是称为完美主义者。她感觉到更轻松了，并且把焦虑看作是一种神经兴奋。因为焦虑和神经兴奋有同样的感觉：身体里面好像有一只蝴蝶，心跳加速，手心出汗。从这个角度看待身体的感受，她取得比以前好得多的结果。

我今天能做什么才能比昨天进步一点点？

我今天要和同事玛利亚待一会儿。她妈妈病得很严重，我想玛利亚需要一个倾诉的对象。昨天我匆匆经过她身边，没有停下来听她讲话。

我今天可以做的一个善举是……

……传播关于人力资源部门实习生朱莉安娜的正面八卦。

安娜明白对他人友善，而且是没有特定目的的友善（比如希望得到某种回报），能让自己充满正能量，能间接影响与自己有联系的人。

设定优先事项：今天对我最重要的工作是……提交下个季度的财务预测报告。

从多重任务转向单一任务，这不仅仅是一种时间管理方法。她知道这是训练她专注于最重要的事情，不至于为其他工作分心。

她看了一眼手表，在最后的休闲时刻喝完咖啡，然后走出门去见她哥哥。

沃瑞西莫

沃瑞西莫发动汽车，从几个街区之外驶向妹妹家。在路上他一边开车，一边静静地思考。“我是多么幸运，”他想着，“生活原本应该非常不一样的。”

沃瑞西莫和他的妹妹安娜出生在圣保罗卡舒埃里尼亚的贫民窟并在那里长大。他还记得他们住过的小窝棚——波纹金属屋顶，水从薄薄的塑料水管中流出来，社区的大澡堂，在幸运的日子里家里还能供电，不过是从当地电网中偷偷搭接的电。每隔一段时间贫民窟总要发生火灾，大火迅速烧掉附近几个区的房子，就好像有人拿火柴燃起了一捆干草，使得无数人无家可归，甚至更严重的结果是，眼睁睁地被烧死。一想到这些沃瑞西莫就浑身战栗。他还清晰地记得贫民窟里黑帮横行，居民都生活在恐惧之中。

他很感激自己的孩子以及妹妹的孩子们都生活在优渥的环境中。他和妹妹决定通过在贫民窟的孩子心中种下种子以回报社会。沃瑞西莫会心一笑，想起 8 岁时度过的难忘的夏天，那一年他妹妹 6 岁。美国印第安纳州的教会组织志愿者来到贫民窟为孩子们开展暑期项目。这些美国志愿者受到圣保罗当地教会组织和慈善机构的支持。毫无疑问，对于外国人来说，只身进入贫民窟可能有生命危险。

整个假期，他和妹妹在贫瘠的环境中吸收知识的营养，通过唱歌和游戏，以闪电的速度学习英语。他们不知疲倦地学习，在阅读、写作和数学上也有长足进步。项目结束后，教会组织决定资助一部分孩子上学。他和妹妹都得到了梦寐以求的求学机会。帮助他们的是印第安纳的威尔逊一家：汤姆、苏珊和他们的三个孩子。威尔逊一家每月都资助他们足够的钱，让他和妹妹去更好的公立学校，还为他们买书和学习用品。教会志愿项目还为他们家提供了食物等基本生活用品，这不仅有助于他们的成长和发展，而且减轻了父母身上的重担。现在父母也住在他家旁边的房子里。

他们与威尔逊一家的特殊关系一直保持到现在。苏珊是拜特欧菲尔德收割机公司CEO斯宾塞的私人助理，不过她即将退休。她丈夫汤姆 · 威尔逊也在这家公司的生产部门工作了几十年，两年前已经退休了。数月前，苏珊联系到他们，问他们是否愿意把自身成长经历分享给她的老板斯宾塞。

苏珊原本计划通过网络电话让他们与斯宾塞通话1小时，结果电话打了三个小时。可怜的苏珊不得不重新安排斯宾塞的日程，不过她非常高兴三个人能建立联系，而且很好奇他们现在过得怎么样。现在，几个月过去了，斯宾塞的女儿凯瑟琳在几小时后将要来到圣保罗。

沃瑞西莫开车来到安娜家门外，她快步来到车前，给哥哥一个亲吻礼，说道："早上好。""准备好了吗？"他问道。"好得不能再好了。"她回答道。

小册子

飞机来到圣保罗的上空，凯瑟琳把额头抵在冰凉的窗户玻璃上往下看。乌云遮住了大部分视线，她只看到了几条蜿蜒小路，像蛇一样曲折穿过村庄。凯瑟琳在等飞机的时候，在候机大厅用谷歌搜索关于圣保罗的信息。她喜欢做准备，不喜欢意外，不喜欢去什么地方而对这个地方却一无所知。这在印度和瑞典都发生过，她已经吸取了教训。凯瑟琳惊奇地发现圣保罗本身常住人口超过2100万。“整个印第安纳州人口是这座城市人口的一半，”她吃惊地想到，“如果把城市和附近郊区人口都算上，人口总数达到4500万。”她大声读出来，摇了摇头表示不相信。她也惊奇地发现在圣保罗租办公地点，比在纽约租要贵得多。主要是因为巴西人口的81%生活在城市，但是57%的国土面积被亚马孙雨林覆盖。房地产价格虚高，另外一点也让她觉得还是自己的家乡好，那就是除了高得离谱的房价外，就是圣保罗每天的大堵车，平均堵车达114英里（183公里）。有时候甚至堵车长达183英里（295公里）。她不敢现象每天坐在车里哪儿也去不了的生活质量会有多高。

通过海关检查并取过行李后，她终于走出机场大厅，呼吸到了新鲜空气。她看到一个司机举着写有她名字的接机牌，便走向他。接机牌上写着公司名：恩那福德，她不知道这个公司。司机礼貌地同她打招呼，递给她一个大信封，里面装着一张便条、一把钥匙和一本公司小册子。她打开便条，上面写着：

凯瑟琳，欢迎来到圣保罗！在这期间我和我哥哥沃瑞西莫负责接待你。今天我们刚好要在市政厅举行宣布新项目启动的重要会议，所以无法亲自去机场接你。你坐了很长时间的飞机，在来公司与我们会合之前可能要休息一会儿，对吧？你在圣保罗期间将与我们以及我们的家人住在一起，希望你能满意这样的安排。这样有助于你更好地了解巴西文化。司机交给你的是我们家的钥匙，楼上左边的房间是为你准备的，直接穿过走廊就是卫生间，不要拘束，就像在自己家一样。厨房有咖啡机，旁边是专门为你准备的杯子。苏珊说你喜欢喝不加奶的咖啡，司机会一直等着你，所以不用着急，信封里还有一本关于我们公司的小册子，介绍了我和我哥哥10年前开办的公司的信息。本周我们将庆祝公司开办10周年，如果你能一起参加庆典我们将很高兴，对你来说也是很好的机会。

期待能很快见到你。

安娜

凯瑟琳抬头看看太阳，眨眨眼。“苏珊？”她心里琢磨道。她认识的苏珊中唯一知道她喝什么咖啡的人是爸爸的助手，苏珊·威尔逊。“她与这一切有什么关系？”凯瑟琳的思绪飞快地转动，努力把他们联系在一起。

因为是早高峰，汽车以蜗牛的速度缓缓前进，凯瑟琳阅读恩那福德公司的册子。公司的名字来自两个葡萄牙语单词Energia，意思是能量，还有Verde，意思是绿色。恩那福德公司的产品是可再生能源，主要是太阳能和风能。公司在巴西的雇员超过3000人，其中在圣保罗的总部有900人。

凯瑟琳翻到介绍公司创始人安娜·费尔南德斯·多明戈和沃瑞西莫·阿尔维斯·费尔南德斯的那一页。她惊奇地看到他们两人受到美国威尔逊一家的资助。

凯瑟琳看向车窗外，一边努力思考着，尽管长时间坐飞机和时差让她的思路不是很清晰。“苏珊和汤姆·威尔逊？”她迷迷糊糊地想着。她盯着手册上安娜和沃瑞西莫的照片，想着是不是在哪里见过这些照片。突然她想起来苏珊的办公桌上放着他们的照片，和苏珊全家福照片放在一起。根据册子上的介绍，一个美国家庭的资助帮助他们离开贫民窟，考上比较好的公立学校。通过他们的坚持和勤奋工作，兄妹两人都以优异成绩毕业并考入联邦大学。

凯瑟琳记得在谷歌上查资料时，发现巴西的联邦大学是免学费的，但是入学考试竞争非常激烈。如果考不上联邦大学，只能花高额学费进入私立大学，没有其他更多选择。“安娜和沃瑞西莫能考上联邦大学，”凯瑟琳认为，“已经说明了很多问题。”她想起在印度时与若琪的丈夫维韦克讨论过坚持。他把坚持定义为兴趣、实践、目标和希望的结合。“这对兄妹的故事看起来就是坚持的象征。”凯瑟琳对自己说道。

根据册子上的介绍，10 年前他们从当地大学毕业后创立了恩那福德公司。沃瑞西莫的专业是电力工程，同时也获得 MBA 学位，他妹妹学的是组织心理学，也取得 MBA 学位。兄妹两人完成学业后决定综合利用他们的知识、专业和激情一起创业。

他们申请创业基金，当时欧盟计划和巴西基金会开展项目合作，他们获得了项目资助。恩那福德专注于可再生能源领域，正好与欧盟的目标一致。安娜和沃瑞西莫似乎是在合适的时间出现在合适的地点。但是凯瑟琳知道这绝不仅仅是运气。即使还没有见过兄妹两人，凯瑟琳也知道创立一家公司意味着什么，她明白要付出心血汗水和不屈不挠的坚持。

在过去的 10 年中，位于比利时布鲁塞尔的欧盟总部与位于圣保罗的恩那福德公司在业务上保持频繁交流。凯瑟琳在阅读公司小册子的过程中，发现这家公司真诚回报社会，在公益事业投入很多资金。她翻到下一页，看到一张照片上是一群孩子戴着护目镜开心地笑着。他们站在实验室里，似乎在做某种实验。站在孩子们身后的是一群大人，凯瑟琳猜测他们是老师。照片下面是几个月前用英文发表在全国性报刊上的一篇文章，题目是《发现我》：

这个月“发现我”项目将迎来 5 周岁生日，项目发起人是恩那福德公司创始人、充满活力的安娜和沃瑞西莫·费尔南德斯兄妹。他们资助大圣保罗地区1000多个孩子的成长。“发现我”项目帮助低收入家庭的孩子学会如何利用心理和身体的能量以获取人生的成功。项目发起人坚信每个人来到世界上，都能以某种方式做出积极贡献。最近，两兄妹接受记者采访并回答了一些问题：

记者：安娜和沃瑞西莫，谢谢你们接受采访。首先，能否告诉我们，你们成立这个慈善组织的初衷是什么？

安娜：稍微了解我们的人都知道一点：我们从哪里来，我们的根在哪里？我们从不掩饰自己的背景，因为我们希望自己的故事可以激励他人。

沃瑞西莫：是的，基于这点考虑，我们想把自己幸运得到的东西，通过爱心和善行再回报到社会。

记者：用爱来回报？有什么具体含义吗？

安娜：当然，我们可以在金钱上回报威尔逊一家……

沃瑞西莫：不过我确定他们一定会拒绝的。

安娜：我也同意。所以我们把爱给那些在恶劣环境中成长的孩子们。他们无力改变环境，特别是在如此小的年纪。

沃瑞西莫：就像我们在30多年前的生活环境一样。

记者：比如说贫民窟？

安娜：是的，这是一种情况。我们很幸运，在完整的家庭中长大，父母很爱我们，他们努力工作，想让我们出人头地。并不是所有孩子都能幸运地生活在良好的环境中，我们的项目帮助照顾单亲家庭的孩子——无论家庭的收入怎么样。在很多时候，孩子们认为应该有人指导他们成长。

沃瑞西莫：比如社会媒体的压力、欺凌、帮派，诸如此类。并不一定与贫穷或者问题家庭相关。“发现我”项目是向孩子们注入正能量，它不仅仅是发奖学金，或者资助成绩好的孩子购买生活必需品。这个项目帮助孩子们发现自己有多优秀。我们努力让每个孩子建立自信和自我认知。

安娜：我们也帮助他们树立自我责任和终身学习的意识。等到有一天他们长大成人，他们将为自己的人生负责。他们需要停止指责和逃避责任。我们希望他们能认识到人生是有选择的。

沃瑞西莫：就像古老谚语所说的：授人以鱼，不如授人以渔。

记者：谢谢。我相信人们会由衷感激你们的项目。你们能够详细说下刚才提到的正能量吗？

沃瑞西莫：个人的态度就是人生的选择。你可以选择成为一个牢骚满腹的人，也可以成为用积极态度影响他人的人。我想说的是，哪个人想待在整天在抱怨的人身边？玻璃杯里一半有水，一半是空的，这听起来似乎是老生常谈的问题，但它是真实存在的。也许首先应该欣赏我手中的玻璃杯，甚至欣赏玻璃杯中的水——不管它是否是满的。如果我的时间都花在抱怨上，只看到我没有什么，因为自己的境遇而抱怨他人，那么我不仅消耗掉自己的能量，而且还消耗掉我周围人的能量。我相信参加我们项目的孩子能养成乐观、脚踏实地的品质。没有人能够戴着玫瑰色的眼镜非常乐观地度过一生，那不是项目的目标。

安娜：“发现我”是帮助孩子们塑造自我意识，也是让他们有机会发展特殊才能或者技巧，比如说在竞技体育、科学或者艺术方面的天赋。我们有一群志愿者担任孩子们的成长导师。孩子们需要有学习的榜样，一些志愿者承担课后辅导工作，比如基本的阅读、写作和算术，还有一些志愿者帮助训练运动队。

记者：这些项目都是在哪里开展的呢？在你们公司总部吗？

安娜：部分项目是的。我们在城市租下不同的地方以便于让尽可能多的孩子参与这个项目。周末我们还开放实验室和IT设施，让孩子们开展学术项目。一年前我们在公司增加了一块足球场，在帮助孩子们的同时也帮助公司各部门内部团队开展活动。

记者：部门内部的团队？

沃瑞西莫：公司成立足球队，一个球队的成员最多只能有两个人是来自同一个团队。尽管我们需要建立团队精神，但是不支持在工作团队之间或者在团队内部之间开展竞争。这一条规则适用于员工组织的所有球队——排球、羽毛球等等。

安娜：在运动场上混合球队真正有助于帮助打破团队壁垒。

记者："发现我"项目在未来有扩展计划吗？

安娜和沃瑞西莫都大笑起来。

沃瑞西莫：未来几个月我们将宣布新的计划，但是现在还不方便透露更多细节。

安娜：是呀。我们需要先和员工商量，然后向公众宣布我们的计划。但是请相信我，我们将要做的事情将会为圣保罗市成千上万的孩子们带来积极影响。

记者：在结束采访前，请允许我代表读者向你们表示感谢，你们在项目中投入激情和正能量，同时也赋予可再生能源以新的含义。

凯瑟琳合上册子，把头靠在车窗上，她很快睡着了，一个小时醒来后发现车子停在一座两层楼房外，门前种了很多棕榈树和其他热带树。房子外面涂着白色石灰，褐色百叶窗，房顶是红色土瓦。凯瑟琳欣赏着周围环境，司机把她的行李从后备厢取出来。“瑞典看起来已经很远了。”她心里说道，带着一丝伤感走下车。

取出行李并淋浴后，凯瑟琳泡了一杯咖啡，走到露台上感受新鲜、温和的空气。现在在印第安纳是盛夏，但这里是南半球，所以是冬天。虽然说是冬天，但是气温也有 22 摄氏度，也就是 72 华氏度，与印第安纳的冬天很不一样。她微笑着想起与内特一起堆雪人的经历，尽管当时她坚持要堆一个男雪人和女雪人，快把内特逼疯了。

木栅栏里种的花姹紫嫣红，凯瑟琳闻了闻，有盛开的鸢尾花、兰花和西番莲，还有一些她叫不上名字的花草。她看了看手表，喝完咖啡，很好奇未来几天能经历什么。她让司机两小时后来接她，时间快到了，所以来到门口，挥手让司机把车开过来。

管理方式

同一时间，安娜在公司也看了看手表。午饭后在市政厅的会议就要开始了，过去两个小时她一直在办公室撰写下一季度的财务预测报告。自从一年前开始记“五分钟沉思”日记，她学会了在一堆事情中确定最优先要做的事情，然后集中精力去做。她记得在过去每天都忙忙碌碌，但是一直到下班也不知道究竟做了些什么。真正重要的事情需要她全身心去做，精力总是感觉不够用。所以她常常或者加班，或者把工作带回家去做，而无论是加班还是带回家做，家人都不高兴。

她通过自我锻炼和更好的时间管理方法学会了把时间用在最重要的事情上。她把最重要的事情列入工作日计划中，在这个时间段内不回邮件、不接电话。她和她的助理恩瑞克称之为“血与火规则”。无论发生什么事情，这段时间都不能打扰她，除非着火或者有人受伤很严重而且不得不需要她的帮助。恩瑞克像夜总会的保镖一样守着她办公室的门和电话，所以没有任何人能打扰她。

安娜一旦掌握这种方法的精髓，惊奇地发现自己可以在一两个小时内不受打扰地工作。现在这一时间管理方法在全公司推广。项目团队在敞开式办公室工作，这样相互之间都能找得到，但是每个人每一天都设定一个不受打扰的工作时间段。很多员工慢慢地实现从多任务工作模式到单任务工作模式的巨大改变。

安娜之前看到相关研究，决定试一试。研究表明多任务模式要比单任务模式多花费 30% 的时间。“浪费太多精力！”她想。文章还进一步解释说，多出 30% 的时间是因为多任务模式犯的错误以及修改错误所致，或者因为被打断而一次次重新开始工作，又或者仅仅因为需要重新集中注意力到刚才做的工作上。

安娜知道在工作中禁止多任务模式是不现实的，很多工作和活动需要，但肯定不是所有工作，也不是一整天都需要同时做多项任务。自从在全公司倡导实行“专注”后，鼓励员工每天设定最优先要做的事情，她惊喜地看到大家事实上完成了大量的工作。一些员工报告说他们用专注的时间解决复杂的问题，或者只是用来处理顾客的投诉，而这些都需要头脑冷静并且全身心投入。还有一些员工用来准备重要汇报，做研究或者查阅相关文献。“我只感觉注意力很集中，思路也很清晰。”很多人反馈说。很多人承认他们整整一个小时不检查邮件或者聊天有多困难，但是当他们真的做到时又多么惊奇。“就像是条件反射！我手指如果不敲击键盘就有些不自在。”一位员工告诉她。另一位员工也说：“一开始我震惊地发现我的专注力有多差。实行几个星期后我已经习惯了，现在我想不到的是我居然能完成这么多工作。”

一小时后她点击发送键，长出一口气，她做的财务预测报告正在通往财务部门的路上。现在她可以把注意力转到凯瑟琳身上了，再过一会儿她就要到了。她在线查看沃瑞西莫是否已经打过“关心电话”了，沃瑞西莫给她发了条“在去你那里的路上”的信息后就下线了。

几分钟后沃瑞西莫信步走进安娜办公室，两人行亲吻礼。“与里奥的关心电话怎么样？”安娜问道。“他们最近遇到的问题，本地一个大客户付款不及时，我们讨论了问题解决方案，然后还做了一个项目的基础工作，这个项目是客户服务部主任马尔克斯提出来的。”沃瑞西莫回答道。

“我下午去市场部实地查看。”安娜接着说道。

几年前，他们的事业突然起步，安娜和沃瑞西莫忙得“不可开交”，压力非常大。这种压力成为常态，导致沃瑞西莫神经衰弱，经常发脾气，睡眠出现问题，注意力不容易集中。

安娜威胁说在家里要收走沃瑞西莫的手机。每当听到手机传来“叮叮”的新信息提示音，他的手指不由自主地想点开查看。他甚至把手机放在枕头边，半夜自动醒来查看邮件。睡眠问题给他带来严重的负面影响——无论是工作上还是生活上。一件小事情很容易升级为大吵闹，只要他在，孩子们总是小心翼翼，如履薄冰。

几个月后，员工满意度调查的结果出来，沃瑞西莫不知道是应该哭泣还是尖叫，他的选择是边哭边尖叫。他收到的反馈是灾难性的，但是反馈结果也让他警醒。“我拼死拼活地工作，我的员工居然如此不知感恩！”他生气地自言自语。

安娜鼓励他和自己一起放个长假，徒步旅行，就像她说的所谓“再出发”。旅行期间他们关掉手机，进行“媒体脱瘾”。他们花时间思考从哪里来，现在在哪里，将来要去哪里。他们都认识到如果现在不做出改变，将来一定会背离自己的目标。

随着工作清单迅速增多，他们认识到必须更有智慧地而不是更努力地工作。兄妹两人发现没有时间去做他们想做的事情：帮助员工成长和发展。员工满意度调查结果不理想更是证明了这一令人痛苦的现实。他们两人都感到不满意，充满挫折感。

所以，他们想寻求帮助。安娜的大学同学玛利亚是组织心理学家，提示他们可以试一试新的“管理方法”。“如果你们的最终目标是帮助员工的成长和发展，”玛利亚告诉他们，“那么，你们需要让员工看到你们。如果你们经常把自己关在办公室，眼睛盯着报表，你们怎么能知道真实情况呢？”

“被员工看到？”沃瑞西莫几乎绝望地问道，“我甚至不能找出时间好好午休下。你说我现在要更多地被员工看到？”他声音抬高八度反问道。

玛利亚微笑着看向他说道：“沃瑞西莫，听我说完嘛。我有一些建议，你可以选择接受或者不接受。”

玛利亚接着解释早上5分钟的自修课，目的是在一天开始的时候培养专注力并让大脑保持清醒。虽然只有短短5分钟，但是每天坚持下来后帮助他们逐渐走出人生的迷雾。

在那次见面中，玛利亚也给出增加他们在员工中存在感的很实用的建议。“如果你们想强化你们的存在感，我建议你们实行一系列新‘管理方法’，”玛利亚继续说道，“还有沃瑞西莫，我完全理解你的日程表已经排得很满了。不过请听我讲完。”

沃瑞西莫默默地点点头，玛利亚继续说道：“管理方法有三种，实地查看，关心电话和一线办公。”“实地查看？”安娜皱起眉头不解地问。“是的，你只需要站起身子，在公司各办公室和部门之间走动，看大家如何工作，他们也能看到你。你停下来与他们打招呼，聊天。你问大家工作怎么样。你在休息室停下来，与里面的员工一起喝杯咖啡或者茶。非常随意，但是要让大家看到你！要有存在感！表现出你对员工很关心，把他们当作活生生的人而不是数字或者数据。这样你能够激发大家的积极性。”

“激发积极性？现在我们还要为赢得好名声专门腾出时间？”

沃瑞西莫质疑道。听到他的话中有几分嘲弄，安娜用肘碰了碰他低声说道：“哥哥，先别急着说不，听玛利亚说完。”

玛利亚热情地笑着继续说道：“你来回走动不是为了锻炼，当然站起来走动对你的健康是有好处的。你是为了建立关系，表示对他人的兴趣。你听别人说，展现你对他们的关注。你确认他们整天做的事情对恩那福得公司是有意义的。比如说，你在某个区域走动之前可以先和团队领导或者部门主任谈一谈。或者如果你没有时间听这些汇报，在走动之前让你的助手为你收集相关情况。找出哪些地方工作的好，谁在做什么事情。祝贺团队——不一定仅仅点某个人的名字，祝贺他们取得的成绩。在走动之前注意你的个人能量和情绪，要知道它们总是以某种方式影响他人。”

“明白！”安娜笑着回答。

“那关心电话呢？”沃瑞西莫问道，催促她讲第二种管理方法。

“如果你不是总在一个地方工作——对了，你们在巴西还有其他三个分公司，那么你要定期与不同团队的人视频电话。打电话比不打电话强，但是视频电话更好，能看到面部表情和动作。另外利用视频通话还能使员工在通话过程更专注，因为除了与你互动，他们不能做其他任何事情。另外和实地查看的管理方法一样，要注意你的能量和问的问题。要聚焦解决问题，看看什么地方做得好。你表现出关心，但是注意你不是灭火队员。给员工权力，让他们负责解决面临的问题。让他们认识到挫折也是一种机遇。不要替他们解决所有问题。”玛利亚解释道。

“现在我很想知道‘一线办公’是什么意思。我哥哥很善于一线办公啊。”安娜打趣道。沃瑞西莫笑起来，终于放松了一些，向两位女士竖起大拇指。

“带上你的笔记本电脑，在不同的日子里与不同的部门一起工作几个小时。远远地坐在开放的办公桌前，你能听到更多关于工作上的状况。在公司餐厅与大家一起用午餐，参加团队非正式的会议，你能真实感受到工作进展和难点问题，员工也能看到你在工作，更好地理解你的工作情况。这将营造一种信任和透明的氛围。”玛利亚解释道。

玛利亚建议的管理方法听起来很有吸引力，当然值得一试。之后安娜和沃瑞西莫严格按照建议制定计划，两个人每周分别打两次关心电话，一次一线办公，一次实地查看。每个季度他们还去其他三家分公司调研三到四天，调研期间参加团队会议，实地查看，一线办公，回到圣保罗后还要打关心电话。

安娜和沃瑞西莫对由此带来的极其正面的反馈感到不可思议。仅仅是投入一些时间，得到的是巨大的回报。他们发现通过这种管理方法，员工的工作积极性和创新性得到很大提升，项目也能在预算内按时完成目标任务。这一方法也被推广到他们的下级和下下级管理人员，直接与这两级管理人员的年度目标以及对应的奖金相联系。他们的首要任务是增强管理人员的存在感，加强与员工的交流。这种方法需要周密的计划和较强的意志力，因为推迟或者取消一次约定，之后就是一而再、再而三地推迟或者取消，很快好的事情因为一次次爽约而走形变味了。

“管理方法”与“专注”相结合，每天抽出一小时做对工作有意义的事情，又让他们找回曾经不足的能量，员工突然发现能经常见到老板，他们的上级变得真实了。安娜和沃瑞西莫每天用上一个半小时到两个半小时，工作日的其余时间就用来做其他需要他们关注的事情。两个人上班时间从早上 8 点到下午 5 点半，这也是他们对所有管理人员、精力和团队领导的要求。他们希望所有领导者都设定标准——比如说，在员工面前言行一致，努力提高工作生活满意度。安娜和沃瑞西莫每周有两个早晨在公司健身房锻炼。每到这个时候沃瑞西莫提前到安娜家把她接上，利用有限的时间锻炼身体，释放压力。

安娜与沃瑞西莫讨论完他与里奥的通话后，打开安娜的笔记本电脑，他们一边查看 PPT 一边准备一个半小时后将要在市政厅举行的会议。过了一会儿，安娜的助手恩里克把头探进来小声说道：“对不起打扰你们了。凯瑟琳在来的路上。”“谢谢你，恩里克！”沃瑞西莫和安娜不约而同地说道。安娜打开办公桌最上层抽屉，拿出斯宾塞送给她的三棱镜，放在角落里的一张小会议桌上。她转身对哥哥说道：“我一刻也等不及地想见到她！”“我也一样。”沃瑞西莫回应道。

项目

几分钟后恩里克敲敲门，带着凯瑟琳来到办公室。凯瑟琳注意到在办公室门的右上角挂着一个镜框，里面写着“请对自己带入这间办公室的能量负责”。她没来得及仔细想这句话的含义，因为这时候安娜马上起身相迎，热情地拥抱她，并施了一个吻颊礼。作为一名美国人，凯瑟琳还在尽量适应拥抱和亲吻的问候方式。“之前瑞典人也搞这一套。”她小声咕哝道。尽管她也承认，尼尔斯当时以亲吻礼问候她时，她一点也不觉得不自在。

“你能来我们太开心了，”沃瑞西莫的话把她拉入现实，“到目前为止，你的旅程怎么样？”

“大开眼界，让我有很多时间自我反思，并从一个领导者的角度思考自己，我还有很长的路要走。”她承认道。

安娜轻轻地握了握她的手，说道：“卓越领导力是一场马拉松，而不是冲刺跑。要知道，领导力是一种能力，而不是生来就有的技巧。如果你能够依靠自己不断去领悟，你一定能学会的。”

凯瑟琳点点头表示同意，角落里的一件东西吸引了她的注意力。她转身发现上午的阳光被放在会议桌上的三棱镜折射后，在墙上映出一道彩虹。凯瑟琳指者三棱镜说道：“看起来有些眼熟。”

“你父亲送的礼物，关于它你现在已经了解多少了？”沃瑞西莫问道。

“P 代表目标、激情和坚持，”凯瑟琳说道，“说实话，我现在还在学习目标。我的内心告诉我一件事，但是头脑告诉我另外一件事。”

沃瑞西莫站起来在一个挂纸白板上画了一个大圆圈，然后又在里面画了一个小圈。他指着圆圈笑着问凯瑟琳：“认识这是什么吗？”凯瑟琳疑惑地看了看，试探性地猜道：“是甜甜圈吗？”

“想法很好——但不是的，这是大脑！”他大笑着喊道。

“哦，是吗？”凯瑟琳回应道，也笑起来。

他在外面的圆圈上画了个箭头，写上“大脑皮层”。“大脑的最外层被称为大脑皮层，负责理性的、分型性的思考和说话。它分析数字、数据，特别喜欢你提供的一些细节。它最喜欢的问题是‘什么’。”“里面的圆圈是什么？”凯瑟琳故意笑着问道。

沃瑞西莫在小圆圈上画了个箭头，在旁边写上“边缘系统”。“这个系统问‘为什么’，它负责情感和人类所有行为，更有意思的是，它还负责我们做的所有决定。”他解释道。

安娜补充说道：“这就是说你可能需要一些数据来理解事物，但是实际决定是建立在情感和清晰回答‘为什么’这一问题的基础之上。‘为什么’并不仅仅和你的目的相联系，你为什么做你要做的事情，你的动机是什么，比如说，当员工需要理解变革或者决定的时候，他们也会问这样的问题。‘为什么’提供清晰的思路，最终驱动人们的行为。”

“除非已经弄明白‘为什么’，否则人们常常感觉到迷茫、恐惧或者不确定。如果行为受到这种类型的情绪的驱动……”沃瑞西莫说道。

“那么这种行为是破坏性或者毁灭性的，绝对不会给任何人带来好处。”凯瑟琳插话说道。

安娜和沃瑞西莫都点头表示同意。

“在旅程中的每一天都让我更接近‘为什么’。”凯瑟琳说。

“我想再强调下：你的旅程是一场马拉松，而不是冲刺跑。你一直在为提升领导力而学习。”安娜说道。

凯瑟琳取出笔记本开始记笔记。沃瑞西莫在挂纸白板上贴上一张新纸，先画了一个正方形，然后在正方形上面画了一个长方形。

凯瑟琳抬起头，示意他继续讲。沃瑞西莫问道：“你知道这代表什么吗？这是第二次机会，能认出来吗？”他开玩笑道。

“我随便猜下哈。它看起来像一座房子。”凯瑟琳笑着说。

“完全正确，”他说道，“但是不仅仅是房子，它也是一个组织。”在正方形或者说在房子底层，他写下“我的能量”，在长方形或者说房子顶部，他写下“公司的能量”。写完后沃瑞西莫拿出三棱镜并放在阳光下。“我们还没有讨论完你到目前为止的收获。第一条是 P^3。”他开始说道。

“接下来是建立正面关系。R 代表关系（Relationships）。I 是什么呢？”凯瑟琳问道。

“注入能量，”安娜回答道，“这与我们的公司有很大关系。”

“注入能量是什么意思？”凯瑟琳有些不理解。

安娜把三棱镜放在阳光下把玩，问道：“凯瑟琳，从科学角度看，白色光遇到三棱镜会发生什么现象？”

“光线发生折射——光线从一个角度射入棱镜，从不同的角度射出，在这一过程中改变了方向。”凯瑟琳笑着回答道，想起曾经与父亲讨论过一样的问题。

“说得不能再好了！”沃瑞西莫肯定道，然后继续说道，“这与领导力有什么关系呢？”

凯瑟琳迷茫地看着沃瑞西莫，过了一会儿无奈地耸耸肩。

“作为领导者，你有能力决定需要做哪个方面并把注意力集中到那个方面。”

“没听懂。”凯瑟琳承认道。

“在棱镜中 P^3 给员工清晰的方向感，赋予他们的工作以意义。你的目标陈述是建立在你的个人价值观之上，并且停止一切猜谜游戏，因为你的员工知道什么对你是重要的，并且他们认识到自己工作的价值——既是对他们自己，也是对公司的价值。第二个 P 是激情，激情驱动你，你的能量能够影响他人。”安娜解释道。

“是连锁反应。”凯瑟琳补充道。

“正确。你的毅力使你能够坚持往下走，不会让挫折失败阻碍你实现目标。这也带给员工希望和确定性，特别是当事情还看不到成功的方向的时候。”安娜说道。

沃瑞西莫继续往下讲道：“R 代表建立健康的关系，让关系以螺旋上升的方式向前发展。注意小心你的用词……”

“以及积极性的比率。”凯瑟琳接着说道。

“正确，英雄所见略同！”沃瑞西莫附和道。

凯瑟琳的思绪回到在斯德哥尔摩的短暂停留经历。她翻着之前记的笔记，意识到原来已经学了很多知识：在团队中促进和支持有益的冲突的价值，为解决冲突对关系造成的伤害，欣赏并专注于工作中好的地方的必要性，“PEARLS 法”，当有不同意见但需要建立联系，压力对人的身体产生的影响以及如何进一步影响人们的行为。她看了一眼沃瑞西莫画的能量房屋，然后说道：“所以说房屋的底层是我的能量。如果我没有控制自己的能量，那么我就不能把它注入我的员工中。这是否也是办公室门上写着的那句话的含义？为自己带进这座房间的能量负责？”

“是的，我们再来说你刚才提到的不能控制自己的能量——你总是向下属注入能量。问题是：这些能量是你想注入的吗？它是正面的还是负面的？好的、坏的还是令人厌恶的？我说的负责任就是这个意思。”安娜解释道。

“令人厌恶的能量？”凯瑟琳有些疑惑地问道。

“嗯，我们先说好的能量。你了解情绪感染吗？”安娜问道。

凯瑟琳点点头，想起在斯德哥尔摩参加的传递领导力分部会议，说道：“根据宾夕法尼亚大学西加尔·巴萨德的研究，在一分钟内一个人的能量可以影响其他 5 个人。”

安娜笑着继续说道：“是的。如果是好的能量，每个人——你和你身边的人就会感到更快乐，压力更小，更有活力，能更好合作，甚至能力更强。”

“我猜坏的能量导致相反的结果，”凯瑟琳说道，“如果悲伤驱动负面情绪，恐惧或者担心的情绪主导较长时间，环境将变得有毒害性。坏的能量带来压力，从而限制人们的眼界。从生理上讲，如果出现这种现象，创造、创新和合作都是不可能的。”安娜和沃瑞西莫都点点头表示同意。“但令人厌恶指的是什么？还有比坏的能量更糟糕的吗？”凯瑟琳问道。

“令人厌恶，”沃瑞西莫继续解释道，“指的是你刚才提到的有毒害性。凯瑟琳我问你：从短期和长期来说，毒害性对人有什么影响？”“会让人生病。”凯瑟琳回答道。

“是的，长时间持续的坏的能量对人的健康造成严重伤害。沮丧，焦虑，浑身无力，睡眠出现问题，免疫力下降——诸如此类。”沃瑞西莫解释道。

凯瑟琳突然想起出发之前她与父亲的一次对话。父亲的话突然在耳边响起：“你领导的所有团队比公司其他团队平均多出 20% 的病假日。”她在思考自己的领导方式究竟给员工健康带来什么影响，心中感到一阵难过。

沃瑞西莫敲了敲自己的手表，让凯瑟琳的思绪回到现实。他说道：“女士们，实在不想打断大家，但是市政厅的会议还有 45 分钟就要开始了。我们要动身前往报告厅，看看同步直播到其他分公司的设备是否准备好了，还有就是其他是否都好了。凯瑟琳，如果你没有意见，今天吃晚饭时我们再继续讨论刚才的话题。”

安娜和瑞西莫走出公司大楼时，凯瑟琳注意到每个人看起来都很高兴。当他们路过休息室或者开放办公室，员工们都热情地与安娜和沃瑞西莫打招呼。没有人摆架子或者拍马屁以获得领导赏识。大家的开心和满足似乎都是真实的，所以激起她的好奇心。“他们如何能在像新能源这样竞争激烈的公司创造如此良好的氛围？”当他们走进大报告厅时凯瑟琳想道。

一群技术人员来回穿梭着连接线路，检查音响。在舞台的正前方悬挂着浅绿色的幕布，幕布上是恩那福德公司的Logo。凯瑟琳发现幕布后面有一些青少年来回跑动，当他们看到安娜和沃瑞西莫后，跳下舞台，跑过来紧紧地拥抱两人。他们用葡萄牙语交谈着，凯瑟琳听到她的名字被提到一两次。孩子们转身同她握手，用英语问候道：“很高兴见到你，感谢你出席今天的活动。”

“我也很高兴见到大家，也谢谢你们让我参加。”凯瑟琳笑着回答道。

“这是安德里亚娜，”安娜指着一个女孩介绍说，然后指着一个男孩子说道，“这是保罗。他们都是‘发现我’项目的参与者，今天过来帮助我们宣布我们的宏伟计划。”

一个技术人员走过来递给凯瑟琳一副耳机，解释道：“这是同传设备，今天有些客人不会说葡萄牙语。”员工开始进入会场，凯瑟琳被安排到第一排就座，和她坐在一排的有当地媒体记者，还有一些带有欧盟徽章的客人，他们也戴着耳机。房间的灯暗下去，一束聚光灯跟着安娜和沃瑞西莫的脚步来到舞台中央。

“欢迎大家在百忙之中来到这里，谢谢！”沃瑞西莫说起开场白，所有人都笑着鼓掌，“你们都知道我的人生目标：用爱回报社会。

在恩那福德公司，我们生产干净、清洁能源以造福子孙后代。这对我们的环境有好处，为我们赖以生存的世界做出贡献。”

观众热烈鼓掌，凯瑟琳听到人群中有人欢呼着吹口哨。等掌声停息后，安娜说道：“我们也通过‘发现我’项目回报社会。参与这个项目的人能站起来一下吗？”

凯瑟琳左右看了看，估计有 90% 的员工站了起来。全场又发出热烈的掌声，站起的人又坐下来。“没有你们的大力帮助，这些项目是不可能成功的。我们从心底感谢大家。”安娜说着轻轻地碰了碰哥哥的胳膊。

“我们从来没有掩饰我们的家庭背景，我们从小生活的家是这个样子。”安娜说着指向舞台的左边，幕布缓缓打开，一座 15 平方米的窝棚出现在舞台上，是用零碎的木头和波纹状的铁皮搭成的。窝棚里坐着两个少年，安德里亚娜和保罗，凯瑟琳之前见过。他们坐在小木桌前写作业，桌子上点着煤油灯。“看起来像是一幕校园剧。”凯瑟琳心里想。

凯瑟琳暗自想道，煤油灯的烟熏给窝棚里的居民带来多少健康上的问题，更不用说如果煤油灯被打翻，将会给附近的居民带来多大的灾难。

“20 年前，我们就住在像这样的棚子里，”沃瑞西莫解释道，“我们的父母很爱我们，他们努力工作，找机会让我们参加当时由美国印第安纳州教会组织资助的一个暑期项目。凯瑟琳 · 拜特欧菲尔德就是这个教会的成员，今天也来到活动现场。她是威尔逊一家公司未来的 CEO。凯瑟琳，能否站起来跟大家打个招呼？”

这是最出乎凯瑟琳意料的事情。严格地说，沃瑞西莫说得没错。她和所有家人与苏珊一家人去的是同一家教堂。是的，她已经被提名为拜特欧菲尔德收割机公司下一任 CEO，但是这一切目前看来都是悬而未决的。更重要的是，她为自己莫名其妙地抢走威尔逊家族所做工作的功劳而感到羞愧。她能感受到大家都在看她，所以她慢慢地站起来，谦和地向人群挥了挥手。

人群中发出雷鸣般的掌声，她更是感到要找个地缝钻进去。等凯瑟琳落座后，沃瑞西莫继续说道："最近30年来，贫民窟的条件已经改善了，但我们依然有很长的路要走。结合'未来科学家'项目，我们创造了一个新的概念，叫作'点亮'。"

这时候舞台右边的幕布打开，一座太阳能发电站出现在舞台上。安娜解释道："这个房间里的很多志愿者与'发现我'项目中'未来科学家'项目的孩子们一起设计的。安德里亚娜和保罗就是其中两位参与者。"她说完指着左边舞台上的两个少年，他们笑着与大家挥手致意，然后走到舞台右边，穿上白色实验服，带上护目镜，按下一个按键，拉起操控台上的操控杆，右边舞台上的小房子突然亮了起来。观众们都站起身，欢呼着鼓掌。

"如果说巴西什么东西最充足，那一定是阳光。到处都是阳光，我们为什么不利用起来呢？"安娜向观众问道，"'点亮'项目设定了一个宏伟的目标，那就是在未来十年，为圣保罗50%的贫民窟提供50%的电力。"安娜继续解释道。

"那其他三个有你们分公司的城市呢？"一个记者大声问道。

沃瑞西莫笑着回答道："谢谢你的问题。在未来五年内我们要在其他三个城市进行试点项目。我们首先要找到这个项目的不足之处，总结经验后推广到其他贫民窟。"

"目前我们公司志愿服务项目'爱心行动'，规定每一个员工每年利用3天时间，做一些适合的慈善工作。安娜和我决定每年要做5天的慈善工作。"沃瑞西莫说道。

观众席上发出更热烈的掌声。"我们公司志愿服务运营总监布伦达女士将负责所有活动的开展。布伦达，请上台与大家见面。"

布伦达走到舞台上，手持麦克风开始介绍项目的细节。凯瑟琳身体靠后仰，摘掉耳机闭上眼睛，以便于更好地理清思路。即使完全听不懂葡萄牙语，她也能直观地感受到房间里充满能量和欢乐。就在这时候，她感觉心中亮起了明灯，她认识到如果想在拜特欧菲尔德收割机公司达到这种程度的能量和激情，必须要有所改变，而且她也清楚需要从她自己开始改变。

有意义的会议

当天下午晚些时候，凯瑟琳和安娜一起到公司研发部实地查看。凯瑟琳走过实验室和开放式办公室的时候，立刻意识到这里和拜特欧菲尔德收割机公司的研发部门有显著的不同：笑声。在小的会议室里放着立式会议桌、磁力板、最新视频会议系统和挂纸白板。

安娜的手机响起来，她走到一个没人的会议室接电话。研发部主任里卡多带着凯瑟琳四处参观，很快，安娜接完电话也赶了过来。

“凯瑟琳，不知道你是否介意下午一直待在这里。我要去医院帮助我们团队的玛利亚，她妈妈病得很严重，而且情况不是很好。我和玛利亚在大学就是好朋友，我在那里陪着她对她很重要。”安娜温柔地解释道。

“当然没问题。”凯瑟琳一时之间竟然不知道再说些什么。安娜用葡萄牙语嘱咐了里卡多几句，里卡多不住点头。之后安娜匆匆走出办公室。

那天下午，凯瑟琳参加了研发部的一个团队会议，为了让她听得懂，每个人都礼貌地讲英语。她拿到一份会议议程，一个团队成员俯身为她翻译了上面的第一项内容：“Gratidao 在英语中是感恩的意思。”凯瑟琳认为这一定是个翻译错误。“研发部的会议上不可能有这样的主题。”凯瑟琳暗自想道。

里卡多在会议一开始就问道：“谁先说？谁有感激的话要和大

家分享吗？”

凯瑟琳扬起眉毛，难以置信地看着团队成员。“有些奇怪。”她在心底琢磨道。

“我很感谢汤姆的帮助，为了准备今天市政厅的会议，他加班到很晚来安装舞台上用来展示的太阳能电池板。”一个年轻人说道。

“我要感谢与服务访问点更新（SAPupdate）的无缝衔接，我们不能理所当然地独自享受成功。”一位女士笑着说道。

“我很感激有机会参与贫民窟点亮项目。我是在那里长大的，在那里安全用电可不是一件容易的事情。”一位年龄稍长的人说道。

“早上我做准备工作的时候，我老公把碗刷了，然后还给我泡了一杯咖啡。”一位年轻女士说道。

“你从哪里找的好老公？他还有单身的兄弟吗？”另一位年轻女孩问道，所有人都笑了。

玛西亚看向凯瑟琳问道：“你呢？”

她边笑边脱口而出：“我爸爸。因为他相信我，并在必要的时候把我推离舒适区。”

每位团队成员都表达了感谢，有些是关于生活中的，有的是工作上的，房间里的能量发生了显著的变化。

然后，团队开始分析计划在第四季度投产的新型太阳能电池板。从技术角度看，大家似乎对这款电池板的使用寿命有所担心。凯瑟琳注意到所有团队成员都在积极表达自己的观点，但大家之间又产生化学反应，连她也插不上话。“他们这里有什么不同呢？”她在笔记本上记下这个问题，然后在旁边画了一个大大的圆圈。

90 分钟后会议接近尾声，计划—执行—检查—行动清单被制定出来。里卡多最后问了一个问题：“你们大家对即将到来的一周有什么期待？”

“休假。”

“周末我妹妹要来见我。”

“对新电池板进行新一轮的测试。我们希望能补齐短板。”

“上帝保佑！”一个人插嘴道，所有人都笑了。

“今天晚上我要和儿子一起去看电影。”

“我要和市场部一起去里约推广新电池板。”

所有人都说完后，大家一起用期待的眼神看着凯瑟琳。

“把我所学到的都应用日常生活中。”她有些羞涩地笑着说道。

等参会人员都离开会议室后，凯瑟琳凝视着窗外好一会儿，然后问里卡多道：“我不太明白。在我们公司的团队会议上，压力大得可以用小刀去砍。如果我用‘感激’这个话题开始我们的会议，他们肯定用不可思议的眼神盯着我，甚至笑得让我不得不离开会议室。”

里卡多想了一会儿然后回答道：“‘感谢’这个话题可能是个高级的东西，但是请不要低估它对团队的涟漪作用。2019 年 8 月，北卡罗来纳大学教堂山分校的莎拉 · 阿尔戈发表了关于感谢的研究，指出仅仅通过观察感谢行为……”

“观察感谢行为？什么意思？”凯瑟琳插话道。

“嗯，概括地说，可以归结为看到某个人做好事，对这个人表达感谢。如果甲观察到乙对丙表示感谢，那么这件事对甲也产生积极影响。研究表明，在决定一个人是否是好的社交对象的因素中，这个人表达感谢是因素之一。这种类型是真正值得交往的。”里卡多解释道。

“值得交往？”凯瑟琳疑惑地问。

“嗯，很简单，人们都喜欢在这种人身边。当然，在团队中会产生连锁反应。团队中的人会对彼此更好。莎拉 · 阿尔戈称这是‘嵌入善意’，她的研究还认为这将使团队的工作成绩更好。很简单，人们喜欢与欣赏或者认可自己工作的人在一起共事。”里卡多说道。

“这是我们在幼儿园都学到的知识。”凯瑟琳恍然大悟。

“是的，你不需要成为研究火箭的专家后才明白这些道理，”里卡多建议道，“所以，我们来讨论下你们公司的团队。如果你想改变团队会议的氛围，或许可以在会议一开始谈一谈‘本周的好消息’或者‘正面的闲聊’。慢慢地你可以逐渐过渡到高级的练习。”

凯瑟琳笑着问：“正面闲聊？”

“谈论不在会场的某个人的正面事情。”他解释道。

“比如说呢？”凯瑟琳追问道。

“比如说‘本周我们团队的某某人为一名生气的顾客找到了解决问题的方法。’或者‘谁和谁一起的确付出额外的努力，解决了我们面临的一个技术问题。’”里卡多说道。

“你有什么秘诀呢？你如何让团队成员亲密无间地在一起工作？是真正的团结合作。是团队会议的开头和结尾吗？”凯瑟琳好奇地问。

“嗯，开头和结尾的确很有帮助，但不是全部。这些问题——无论是感谢还是期待——都是在塑造不定项思维，都是在促进正面思维模式的发展。”

“不定项思维？”凯瑟琳有些疑惑地问道。

“嗯，大体上说，感谢是在生活中承认善意。甚至可以说，感谢意味着认识到善意至少部分来源于自身之外。罗伯特·埃蒙斯在这一领域做了大量的研究，他指出感谢蕴含着谦逊——承认如果没有他人的贡献或者帮助，我们今天不可能成为我们，或者达不到人生已经达到的高度。”

“那么结尾的问题呢？人们都是期待什么？”凯瑟琳一边飞快地记笔记一边问道。

“这里面有两个目的。第一，人们经常愿意与他人分享他们的私人生活经历，这有助于在团队中打造凝聚力并建立互信，因为大家相互关心。比如说，他们随后会问同事‘你和儿子昨天晚上看的电影怎么样？’或者‘你妹妹的来访进行得怎么样？’第二，通过问这些问题，表明他们很关注，而且认真听。”里卡多解释道。

凯瑟琳一边点点头表示理解一边继续记笔记。她抬起头问道：“讨论中的化学反应让人印象深刻。很有激情，但不是爱出风头或者咄咄逼人。有没有要分享的诀窍？”

里卡多没有直接回答，而是反问道：“有没有听说过谷歌公司？”

“有谁没听说过吗？”凯瑟琳也反问道。

“2014 年，谷歌开始研究在他们公司中为什么有的团队经常比其他团队做得好。无论内部或者外部环境如何，无论经济怎么样，无论面对本地或者是全球范围内什么样的政治体制，一些团队总是能完成目标，团队成员病假更少，敬业员工的人数最多，等等。谷歌希望发现这些团队不一样的地方，以便于其他团队也能从他们的做法中受益。”

“他们找到答案了吗？”凯瑟琳好奇地问。

“是的，但是并不像他们一开始想得那么简单。他们分析了 180 个团队，进行了数百场采访，并用 250 个指数来衡量。”

“你说的指数具体指什么呢？”凯瑟琳问道。

“指数是像外向型性格的人与内向型性格的人之比、智商、获得博士学位或者 MBA 的人、性别、技术等指标的数值。谷歌喜欢数据和无可辩驳的事实，他们要找到能衡量的东西。任何可能表明逻辑算法的手段都被尝试了。他们没有找到，没有一种明确的模型，所以他们转向无形的要素进一步深入研究。”

“无形的要素？”凯瑟琳平静地问道，准备做更多笔记。

“团体规则，比如说行为规范，不成文的规定或者传统。谷歌认为，无论这些因素是明面上的还是约定俗成的，它们对团队成绩有重要影响。”里卡多解释道。

“这么说来谷歌找到了其中的奥秘？”凯瑟琳问道。

“嗯，他们在这个问题上研究得很透！当第一组指数，比如说内向型人格与外向型人格的人数比与团队业绩没有稳定的关联度的时候，他们继续深入研究，甚至邀请顶尖大学的专家参与进来。最终，他们提出高业绩团队具有 5 个共同的特点。我们恩那福德公司让我们的团队朝着这 5 个特点努力。”里卡多一边解释一边拿出记号笔在纸上依次写下 1、2、3、4、5。“我们先从 5 开始倒着讲，因为第 1 个特点比其他 4 条合在一起都要重要得多。”他说道。

凯瑟琳点点，挥舞着钢笔示意她已经准备好了。

“第 5 条：影响。每个团队成员都知道团队的工作对更大的胜利有积极的影响。”

“就像是为他们工作目标赋予更大的价值。”凯瑟琳想起在印度与若琪的讨论。

“是的，”里卡多笑着为她竖起大拇指，“第 4 条：意义。每个人的工作都对自己有意义。每位团队成员都清楚自己对团队大目标和公司总体目标的贡献。”

凯瑟琳想起肯尼迪和空间站负责人的故事。“即使是后勤经理也知道自己的工作有助于实现成为世界上第一个把人类送上月球的国家的目标。”她心里想。

“第 3 条：角色和目标。每个人都知道自己的角色，在自己的职责范围内他们的自主权得到尊重。团队设定了清晰的目标，团队所有人都同意这一目标。”

凯瑟琳的思绪又回到在斯德哥尔摩参加的传递领导力分部会议。“公司从形成到震荡期，必须有清晰的角色和目标。”凯瑟琳自言自语道。

里卡多点头表示同意并继续说道：“没错。员工应该清楚需要他们做什么以及他们的目的地是哪里。在公司前景未明期间，这让他们感觉到公开透明。”

凯瑟琳也点点头，问道："那么关于可靠性呢？"

"你说出来我想说的话，"他笑着说道，"可靠性是第 2 条。团队成员以共同认可的标准保质保量按时完成任务。没有人在截止日期到来前远远超过其他人的进度，或者在截止日期到来后还紧追慢赶没完成工作，拖团队后腿。"里卡多解释道。

第 1 条还没有讨论，凯瑟琳问道："最后也最重要的是？"

里卡多站起身走到挂纸白板前，用全部大写字母写下"PSYCHOLOGICAL SAFETY"（心理安全）四个字。"每位团队成员都要承诺对心理安全负责，这是我们的核心规则。"他解释道。

凯瑟琳迷茫地看着他，里卡多做了进一步说明："团队中形成的这样一种安全氛围：每个人能说出心里所想的话，问问题不会被质疑立场，团队鼓励冒险。可以尝试新办法，或者重新试验已经存在的东西。公开学习经验，分享教训，人们相互学习，互相补充，但是不在背后议论他人是非。不传播他人负面消息，不对别人翻白眼或者大声叹息。整个团队是安全地带。"

"那么如何构建心理安全呢？它不会是凭空出现的吧？"凯瑟琳问道。

"心理学家指出心理安全有三个基础要素：第一，讲话时长相同：没有人主导会议时间。外向型的人需要认真听，内向型的人需要说出自己的观点。但是不能仅仅等着一个人讲完你再讲，这被称为'华而不实的听'。也就是说你要真正用心去听，不看电脑，不接电话，不发短信，不交头接耳，不神游四方。相信我，这需要有意识地练习，较强的意志力并付出努力。

"第二，社交直觉：你能根据对方说话的语气和身体语言判断出对方的感受。

"第三，没有全能型领导者：承认自己不是万事通。毕竟人的背后没有长眼睛，直接提问问题，请他人向你提供信息。"

凯瑟琳深深叹了口气望向窗外。“以上三个要素我一个也没有做到，”她几乎是自言自语道，“我应该从哪里开始做呢？”

“凯瑟琳，首先休息一下吧。谷歌公司花了数年时间和大量金钱才发现这些奥秘，你怎么可能一开始就了解呢？建议你从原谅开始，怎么样？一位领导者需要先原谅自己，然后才能需求他人的谅解。领导者需要为过去未能让员工感到心理安全而道歉。”里卡多解释道。

他停了一会儿，然后走向会议室后面的小冰箱。他拿着一瓶冷饮问道：“我要喝杯冷饮，给你也来一杯吧？”

他们一起喝着饮料，里卡多留出时间让凯瑟琳自我反思。一段时间的沉默过后，他继续说道：“在我们恩那福德公司，我们确信是老板带头创造心理安全。记住卓越领导力是不断精益求精，不是完美主义。完美无缺是不值得的，追求完美听起来很高大上，但是它不容许我们试错。承担风险去尝试新的东西，缺乏创新对任何公司来说都是死路一条。当然，并不是说要一次次重复犯过的错误而从不吸取教训，我们不要在同一个地方反复跌倒。我们要同团队分享经验，这将增进团队的凝聚力。”

凯瑟琳在笔记本上用大写写下“FORGIVENESS”（原谅）一词，并用圆圈圈起来。里卡多靠近一些，眼睛盯着凯瑟琳说道：“凯瑟琳，先原谅自己，然后你才能往前走并请求他人的原谅。”“到那天我要请求原谅的人会越来越多。”她咕哝着说道。

里卡多看了一眼手表然后说道：“有小道消息说你是跑步爱好者。”

凯瑟琳神色轻松了一些，点了点头，她也乐意换个话题。

“我还听说你仅仅是通过跑步就为癌症研究募集了超过 1 万美元的资金。”

“我不确定是否应该说仅仅靠跑步。所有参与这项马拉松跑的人都要有耐力和坚持。在我们开始训练之前，一些人跑一英里都累得气喘吁吁。”凯瑟琳解释道。

里卡多把一个运动包放在桌子上。“要不要看看里面装的是什么？”他开玩笑地说道。

凯瑟琳拿出一套跑步服和一双跑鞋。“你怎么知道我穿的鞋的号码和牌子？对了，我来猜下：苏珊·威尔逊？”

他竖起大拇指然后建议说：“跟我去公司健身房锻炼锻炼出出汗吧。我也是跑步爱好者，想听一听你发起的‘从 0 到 26’项目，我们也想在公司开展，能否给我一些建议？我们还可以为‘发现我’基金会募集资金。”

这一回轮到凯瑟琳为里卡多竖起大拇指，脸色也明亮得像圣诞树一样。

蝴蝶效应

当天晚上，凯瑟琳睡得很沉。当回到安娜家和其家人一起吃晚饭时，凯瑟琳的眼皮都快要合在一起了。安娜贴心地带凯瑟琳来到客房，她一挨着枕头就睡着了。第二天早上醒来时，她听到有两个少年在为用卫生间而吵架，还闻到楼下飘上来咖啡的香味。她笑着回忆起与内特一起度过的童年时光。有多少次他拍打着卫生间的门催促她快一点？“全世界的少年一定面临同一个问题。”她迷迷糊糊地想道。

凯瑟琳听到孩子们冲下楼梯走出家门，才走进卫生间冲了个澡，迅速穿好衣服。她把头探进厨房时，看到安娜正坐在厨房的案台上记笔记。

“早上好！”安娜站起身喊道，并亲吻凯瑟琳脸颊表示问候，“来些咖啡？新鲜水果？”她一边问一边端过来一盘水果。

凯瑟琳紧挨着坐下来评论道：“看起来像是日记。”

“这是我每天早上的固定仪式，5 分钟自我反思。要试一试吗？”

她提议道。

凯瑟琳从手包中取出笔记本，得意地挥了挥说道：“我洗耳恭听。”说着翻到新的一页。

“好的，要回答四个问题，所以总共不会超过 5 分钟。它帮助我在一天中集中注意力并设定优先处理的事情。准备好了吗？”安娜问道。

凯瑟琳嘴中都是木瓜，所以只能点点头，准备记笔记。

“第一个问题，”安娜说道，“与自我对话和你对自己的认识有很大关系。你相信自己是什么样，就是什么样的。”

凯瑟琳想起若琪为她孙子制作的快乐机，以及贴在里面的卡片：“信念仅仅是你不断思考的一个想法——亚布拉罕 · 希克斯。”她从笔记中大声读出来。

“哦，我喜欢这句话，我要记下来！”安娜惊呼道，“所以说，第一个问题是关于自己的坚定信心。你的大脑非常相信你告诉它的事情，为什么不传递给它关于你的正面看法呢？在一天结束的时候，这些信念引起一系列的反应，在你的生活中产生结果——积极的或者消极的结果。”

凯瑟琳点点头，然后问道：“第一个问题是什么？”

安娜回答道：“我们先完成对第一个问题的肯定：我能……”

凯瑟琳想了一会儿然后写道：“我能够原谅我自己。”

“有时候我把肯定写在便利贴上，然后粘在家中卫生间的镜子上，或者贴在办公室电脑的显示屏上，只要是能看到的地方。有时候我在一周之内或者更长的时间内用同一条肯定。无论你想到什么都可以写——尽管相信你的直觉。”

凯瑟琳点点头表示理解，然后喝了一口咖啡。

“准备好第二个问题了吗？”安娜继续问道。

“是的。”凯瑟琳回答。

“第二个问题与精益求精和个人承受力有关。反思昨天，让今天变得更好。”

凯瑟琳的思绪回到在印度与若琪的丈夫维韦克讨论的情景。精益求精是坚持不懈的结果的一部分。他告诉凯瑟琳精益求精意味着自我训练，对当前的能力水平不自满。

凯瑟琳思考着——突然有了一个想法。她写道：“我要比以前更有意识地表达感谢。”她告诉安娜：“关于感谢，昨天我和里卡多讨论了很长时间。我要感谢他在会后对我的辅导。”

安娜点点头，喝了口咖啡说道：“我们开始讨论第三个问题？”安娜说着看了下手表。时间过得很快，她哥哥马上要来接她了。

凯瑟琳挥了挥钢笔，笑着示意没有问题。

“你在巴西和恩那福德的行程主要关注棱形模型中的‘I’，也就是注入能量（Instilling Energy）。下一个问题是练习这一点的很好的方法，”安娜解释道，“第三条：今天我能做的友善的事情是……”

“你的意思是说为他人开门或者在上下班高峰期让他人先走？”凯瑟琳问道。

“既是又不是，”安娜说道，“当然，这些都是你能做的好事，但挑战是你要有意地去做好事。如果你愿意，你要为此用掉一些能量，付出一点努力，但是不一定花费金钱。比如说善意地为某人留言，帮助别人摆脱困境或者帮助他们把咖啡端到他们的办公桌上。”

“我想冒昧地问下，你昨天做了哪些善意的举动？”凯瑟琳问道。

安娜笑着回答道：“我说了关于人力资源部实习生朱莉安娜的好话。”

凯瑟琳点点头表示理解，她想起昨天会议结束后她与里卡多的谈话。

安娜进一步做了说明：“在恩那福德公司我们用 THINK 法来帮助我们做到正面闲聊。THINK 代表五个单词的首字母：

“**T**——是真的吗（True）？我谈论的关于其他人的事是真实的吗？

“**H**——有帮助吗（Helpful）？我说的事对我谈论的人有帮助吗？

“**I**——有激励作用吗（Inspiring）？比如说，它是否激励其他人做同样的事情？

“**N**——是必要的吗（Necessary）？我的意思是说，我的谈话对象有必要听到我谈论的内容呢？

“**K**——是善意的吗（Kind）？我的出发点是否是善意的？

“凯瑟琳，这是我们从童年时期就学过的基本知识，但令人难过的是，很多成年人已经忘记这些规则了。正面闲聊满足上述标准。我们公司文化很看重反馈。如果我与某人之间出现问题，我会很慎重地直接找他（她）谈。我不会在背后议论他（她），因为我们要对自己说的话负责。我想这也是我们公司另外一条基本规则。”

“作善意的举动——或者说帮助他人——同时也为做好事的人注入能量，对吧？对他人做出爱心之举的感觉很好。”凯瑟琳说道。

“是的，有意识地做微不足道的好事能营造相互关爱的工作氛围。”安娜解释道。

“而且可以构建心理安全。”凯瑟琳一边记笔记一边总结道。

“最后也是很重要的一点是第四个问题，它与时间管理和学会专注有关。”安娜说道。她用几分钟解释“专注”项目以及每位员工每天有 60 到 90 分钟的时间处理重要工作，期间不能被打扰。安娜也分享了她制定的“火与血”规则，给凯瑟琳留下了深刻印象，她惊叹得连连摇头。凯瑟琳是规则的超级推崇者，她能接受，而且迫不及待地想回去后在自己公司推行这些规则。

凯瑟琳马上知道今天要做什么了，她匆匆写在笔记本上：“我今天最重要的任务是为未来公司团队会议制定一份提纲，特别要关注的是会议开始、结尾和构建心理安全。”

这时候门外响起汽车喇叭声，安娜说道：“我哥哥来了，我们加快速度吧。”她们喝完咖啡，拿起包径直走向门口。

这周剩下的时间，凯瑟琳马不停蹄地参加了很多活动：实地探访、关怀电话、一线办公、团队会议、与员工一起吃午饭、下班后去公司健身房锻炼。因为是公司十周年庆，公司计划在下周末举行一次野餐。

与在拜特欧菲尔德收割机公司工作相比，在恩那福德公司也很忙碌，技术讨论、项目进展、方案、项目预算和资金等等。但是她明显体会到每天结束前的感觉不一样。在这里并没有筋疲力尽的感觉，而且她印象中这里有更多争论，在她旁听的会议上也做出了更多的决定。

恩那福德公司为凯瑟琳提供了一间空置的办公室，这样她每天都可以专注做某些事情。她利用这段时间阅读笔记，温习旅程中学到的重点知识。她发现以前不太懂的地方也能慢慢地理解了，而且她明白自己首先想做什么：原谅。

有人在敲办公室的门，凯瑟琳的思绪回到现实，她没有想到是沃瑞西莫走进办公室。“嗨，你好！”他笑着打招呼，“下午想不想出去转转？”

凯瑟琳看了下手表，现在是下午3点。“嗯，好啊。”她赞成地说，不确定沃瑞西莫要带她干什么。

沃瑞西莫看到她不解的表情，说道：“我要给你一个大惊喜。你收拾下吧，10分钟后我们在电梯口见。”

15分钟后凯瑟琳坐上他的车，随后车子驶出员工停车场。“好了，准备去做什么呢？”她好奇地问道。

“请先享受坐车的乐趣吧。”他笑着说道。

他们的车慢慢驶出城，凯瑟琳注意到窗外的景色慢慢变了，郁郁葱葱的植物替代了喧闹的车水马龙，经过一个小时的车程，他们的车在一个貌似自然公园的入口处停下来。

“欢迎来到阿奎亚斯·达·塞拉蝴蝶公园，”沃瑞西莫兴高采烈地说道，“这是以蝴蝶为主题的风景秀丽的自然保护区。当然里面还有划船，供孩子们游玩的立体方格铁架以及其他设施。但最主要的是，它让游客了解蝴蝶在生命各个时期的知识。”

沃瑞西莫笑着对一名检票员招招手，检票员走过来向他们打招呼：“你们好！”他走过来表示欢迎，并对凯瑟琳行亲吻礼。他同沃瑞西莫用葡萄牙语说了几句，递给沃瑞西莫一把钥匙，说道：“凯瑟琳，玩得开心！”

凯瑟琳跟着沃瑞西莫走出亭子，他问道：“有没有听说过蝴蝶效应？”

凯瑟琳想起在大学物理课堂上学过，于是回答道：“嗯，指某个地方很小的变化将对另一个地方产生巨大的影响，从而带来非常不同的结果。”

“正确。根据这个理论，在圣保罗的一只蝴蝶挥动翅膀，将导致佛罗里达州刮起飓风。”

凯瑟琳翻翻白眼说道：“说得有些牵强，不是吗？”

沃瑞西莫笑起来：“那就留给科学家去研究吧。今天下午我想从另外一个角度来探讨这个理论。”当他们走近一个装满美丽蝴蝶的大笼子时，他拿出钥匙，打开锁，问凯瑟琳道：“准备好迎接一次奇妙的经历了吗？”凯瑟琳笑着点点头。

“那好，保持冷静，跟我来。”他提醒道。

他们慢慢走进笼子里，蝴蝶飞舞着。他们安静地坐在笼子中间的长椅上。大约一分钟之后，凯瑟琳惊奇地看到并感觉到蝴蝶落在他们身上。沃瑞西莫低声道："这种经历是领导力发展实验的基础之一。"

"和蝴蝶坐在一起吗？"凯瑟琳也小声回应道，有一丝丝疑惑。

"我先讲一个关于奥普拉·温弗瑞的小故事吧，她深深影响了成千上万的人，"他继续说道，"20 世纪 60 年代，奥普拉出生在密西西比州偏远农村的一个穷苦人家。她在成长过程中被很多男性亲戚和她妈妈的朋友性侵过，后来，她终于逃离了那段不堪回首的经历，到纳什维尔与父亲生活在一起。"

"从出生开始，命运就对她不公平。"凯瑟琳大声说道。

"是啊。她十多岁的时候希望当一名小学老师。但是有一天早上，她偶然看到芭芭拉·沃尔特斯主持的《今天》栏目，对全美电视网络第一位女主播的风采钦佩不已。从那一刻起，她知道她的理想是成为一名记者。奥普拉在一次采访中说她想努力成为芭芭拉·沃尔特斯那样的人，尽管直到采访之前，她从没有与芭芭拉见过面。"

"但这与蝴蝶效应有什么关系呢？"凯瑟琳好奇地问道。

"这种转瞬即逝的时刻——奥普拉收看新闻女主播的节目并彻底受到激励——就像是蝴蝶扇动翅膀。这一时刻塑造了她的人生，40 多年后影响了全世界数百万，也可能数十亿的观众。如果只是在 17 岁的年纪看了一档电视节目就有这么大的影响，凯瑟琳，设想一下你作为领导者，或者未来的公司 CEO，每天到公司上班，你的影响力有多大。"

凯瑟琳表面上平静地坐着，但是内心已经思绪起伏、波澜壮阔。

沃瑞西莫为凯瑟琳留下一段思考时间，然后继续说道："自从有一次我们公司员工敬业度调查的结果惨不忍睹后，我非常生气，很受挫折，我的内心似乎种下了怨恨的种子。"

"你居然还能得到差评？"凯瑟琳惊讶得头猛地一震，引起周围蝴蝶一阵乱飞，恢复镇静后，她继续说道，"不管怎么说，你看起来是如此完美，我简直不敢与你和你妹妹相比较。"

沃瑞西莫咯咯笑起来，说道："哈，相信我，凯瑟琳，我离完美还差得远呢。我只是在不断进步，哪些调查问卷的结果对我来说就是一种警醒。从那时起，我开始走出舒适区，开始在领导力的软因素上下功夫。"凯瑟琳不解地看着他。

"我说的软因素指的是人的因素，"他解释道，"我们的员工是最有价值的资产。因为幸福是内心的感觉，不是工作让他们幸福，而是工作环境，一个让他们每天开开心心来上班的地方，能让他们感受到快乐。当然我也承认，有的时候工作环境很无聊，很差劲，但是我们应该让正面的时间和负面的时间的比率不断提高，至少努力达到 3 比 1。"

凯瑟琳的思绪回到在斯德哥尔摩参传递领导力分部会议时的情景。她会心地一笑，点头示意他继续说。

"在我看来，这也是棱镜模型理论的目标。在圣保罗我们谈的是模型中的'I'，也就是注入能量。"他总结道。

"我负责自己带进房间里的能量。"凯瑟琳笑着回应道。

就在这时候，刚才递给沃瑞西莫钥匙的工作人员轻轻走过来，拖着一个破旧的铁盒子。

这激起凯瑟琳的好奇心，她低声说道："里面究竟装着什么呢？"

沃瑞西莫示意她站起来，等蝴蝶都飞走后，他们走出笼子。沃瑞西莫把钥匙递给工作人员，又接过那个铁盒子。

凯瑟琳从挎包中掏出速记本，迅速看了一眼上面记着的葡萄牙语常用表达，然后用葡萄牙语对那位员工说道："Muito obrigada！（非常感谢！）"

沃瑞西莫侧过身小声说道："是 obrigado，不是 obrigada，他是男性，所以要用阳性形式 obrigado。"

"Muito obrigado！（非常感谢！）"凯瑟琳笑着又说了一次。

"De nada!（不用客气！）"他笑容可掬地回答，并为她双手竖起大拇指。

“你学得很快，让我印象深刻！对了，这件东西是送给你的——不是我的。”他笑着说道，示意她接过铁盒子。

“是我的？里面是什么呢？”她疑惑地问道。

“凯瑟琳，在你打开之前，你也许想看一下这个。”他递给凯瑟琳一封让她很眼熟的信，信封上写着她的名字，是再熟悉不过的爸爸的笔迹。是爸爸写给她的信，她感觉到心跳开始加速，掏出信读起来：

亲爱的凯瑟琳：

你的第三段旅程将要结束了，我为你在旅程中表现出的毅力和勇气感到无比骄傲。你不服输的劲头表明你愿意走出舒适区，直接面对棘手的现实。

棱镜模型的第三个方面是注入能量，它在领导他人过程中很重要。正如你在恩那福德公司看到并亲身体验到的，人们喜欢与带来正能量的人一起工作。是的，我完全同意你出发之前在我办公室说过的话：领导力不是人气比拼，不是说一些人们都爱听的正确的废话。是的，有时候要做出一些不受欢迎的决定；是的，有时候在工作中要板起脸严格要求。

注入正能量与赢得人气比拼没有任何关系，我们要真切地意识到，我们身边的人在很大程度上受到我们营造的氛围的影响，即乐观的，充满希望的，欢乐的，苦干的，等诸如此类的环境。你可以从团队中吸收能量，也能把能量带给团队，从而构建团队心理安全。

希望在过去的一周你能喜欢圣保罗温和的气候，我告诉你要准备应对所有类型的天气，但我不确定你是否真正具备应对下一段旅程的装备。你的东道主手中有你下一段旅程的机票，航班是明天上午 9 点。到时候图伊会在机场接你。

爱你的爸爸

凯瑟琳有些紧张地看着这个铁盒子，然后“嘭”的一声打开它。里面装着一套防寒泳衣、极地御寒服、超厚手套和雪地靴。“‘这是什么呀？’或者我更应该问‘我要去哪儿？图伊又是谁呢？’”她心里琢磨着。

沃瑞西莫递给她旅行文件夹，她打开一看差点没晕过去。她终于知道铁盒子里的装备是怎么回事了，下一段旅程先飞到新西兰克莱斯特彻奇，在那里待几天后再飞到南极洲麦克默多科考站。

“南极洲？”凯瑟琳抬起头，脸色变得苍白，“他不是开玩笑吧？”棱镜模型中的 S 与南极洲有什么关系呢？

个人思考——关于注入能量的知识点

在这一章节探讨了为他人注入能量的紧迫性。第一，你作为领导者如何开始一天的工作。围绕 4 个问题进行 5 分钟时间的自我反思，你将变得更专注，目标更明确。

正面肯定：我是……

____

____

我怎么样做才能比昨天进步一点点？

____

____

我今天能做的一项善意举动是……

____

____

设定优先处理的事项：今天对我来说最重要的工作是……

____

____

第二，本章让你更有意识地选择如何利用你的能量度过一天。安娜和沃瑞西莫都感觉工作千头万绪，他们认为自己正在做的事情不是领导者应该做的事情：也就是创造条件促进员工的发展和成长。为了解决这一问题，他们通过 3 种方式增加存在感：

1. **实地查看**：在不同部门之间走动，让员工能看到他们。

2. **关心电话**：经常与团队或者领导者通电话。

3. **一线办公**：随时坐在任何一个部门空置的办公桌办公。

说实在的，你在下属中的存在感有多少呢？不仅仅是负责向你直接汇报的下属或者经理，还包括更基层的员工？在那些与顾客 1 对 1 接触的员工中呢？在生产一线整天操作机器或者整天在仓库为卡车装卸货物的员工中呢？上次你在旁边观察售货员接待顾客是在什么时候？上次你亲自接电话处理顾客的投诉是在什么时候？

这三种策略，实地查看、关心电话和一线办公让员工更容易看到你，并表现出你的关心。这样做长远看能减少工作摩擦，因为员工切实感觉到你理解他们，了解他们做的工作。也只有当你花费时间与他们在一起，让他们看到你，才能达到这种效果。

希望你写下上述问题的答案，而不只是想一想，这将帮助你做出改变，把想法变成行动。

在接下来一个月，你将要去哪个部门或者团队“实地查看”？如何准确地把它与你的日程表融合在一起？需要取消哪些安排来腾出时间“实地查看”？

____

____

在其他分公司的团队将从关心电话中得到哪些益处？你什么时间，如何打这些电话？

你想在什么样的空间中工作（一线办公）并与团队成员一起吃午饭？你什么时候做这些事情？

第三，本章还讨论了多重任务。安娜和沃瑞西莫都说到整天在忙着灭火——从一个会议赶到另一个会议，这件事情做一点，那件一件事情做一点。一天结束时，他们不知道时间都去哪了，会问自己一天究竟做了哪些工作。通过在公司实施的“专注”项目，他们学会每天利用60到90分钟的时间（利用“火与血”规则）来专注做一件事情，或者完成一件需要全神贯注去做的任务。

第四：心理安全。阅读下列说明，为你现在的团队打分（10＝完美），为了达到10分，写出你计划采取的措施。

影响。所有人都知道他们的工作对取得更大成功的积极作用。

1	2	3	4	5	6	7	8	9	10

意义。每名团队成员理解他们对团队大目标和公司总体目标

的贡献和价值。

1	2	3	4	5	6	7	8	9	10

角色和目标。每名团队成员都知道自己的角色，在职责范围内他们的自主权受到尊重。团队所有人都有清晰的认可的目标。

1	2	3	4	5	6	7	8	9	10

可靠性。团队成员按时保质保量完成任务。如果超过截止日期，负责人尽可能早地让同事知道并找出大家都能接受的解决方案。

1	2	3	4	5	6	7	8	9	10

最重要的是心理安全。团队中形成的这样一种安全氛围：每个人能说出心里所想的话，问问题不会被质疑立场，被鼓励冒险。可以尝试新办法，或者重新试验已经存在的东西。公开学习经验，分享教训，人们相互学习，互相补充，但是不在背后议论他人是非。不传播他人负面消息，不对别人翻白眼。

1	2	3	4	5	6	7	8	9	10

记住心理安全是谷歌公司发布关于最重要因素的研究成果。如果你给团队的打分少于9分，请思考下面有助于建立团队心理安全的3个因素。

1. 说话时长相同。没有人主导会议。不要装模作样地听，要聚精会神地听：不看笔记本电脑，不接电话，不发短信，不交头接耳，不神游四方。

2. 社交直觉：能根据他人说话的语气和身体语言判断出他们的感受。

3. 没有全能型领导者：承认自己不是万事通。直接提问问题获取信息。

为员工注入能量的其他因素：

1. 表达善意的随机举动。

2. 表达感激（发自内心的感谢）并给出有意义的正面反馈。

3. 有意识地在会议开始或者结束时做出正面提升。

4. 正面闲谈和THINK法（真实、有帮助、有启发、有必要、善意）。

5. 积极性比率：高度注意你说话的遣词造句。你是吸收他人的能量还是成为周围人的能量源泉？写出你还想尝试的其他想法。

第五章

新西兰克莱斯特彻奇市——深潜

基维鸟

飞机来到新西兰克莱斯特彻奇市上空，凯瑟琳难以置信地望着窗外，她完全被眼前的风景惊呆了。“我的嘴巴一定像一条锦鲤一样大张着”，她暗自笑着对自己说道。

她想起小时候最爱看的电影《绿野仙踪》，低声自言自语道：“我们已经不在堪萨斯了——这是肯定的。”大地上绿色的农场星罗棋布，勾起她思乡之情。但是，当她看到被白雪覆盖的巍峨的山峰，连绵起伏的海边水路以及沙滩，又震惊得说不出话来。

她听到扩音器传来呲呲声，意味着要有广播通知了。广播里传来乘务人员的声音：“女士们，先生们，欢迎来到克莱斯特彻奇市。飞机很快就要降落，请系好安全带。过去 48 小时没有余震发生，所以我们已经收到允许降落的通知。祝您旅途愉快，一路平安。”

凯瑟琳听到“余震”这个词不由得头大，她不知道自己将陷入何种境地。“地震？怎么会这样？”她四处看看机舱中的乘客，惊奇地发现每个人都神情如常。邻座的一位老太太感受到她很恐慌，侧了侧身子，握着凯瑟琳的手说：“不用担心，亲爱的。在这里地震是生活的一部分。距离上次大地震将近十年了。2011 年那次地震是 6.3 级，超过 185 人失去生命。太惨了，真是太惨了。但我们新西兰人（Kiwis）很坚强——风吹雨打但是皮糙肉厚。”她笑呵呵地说。

“对了，新西兰人为什么要称自己是‘基维斯人’（Kiwis）呢？基维斯（Kiwis）不是猕猴桃吗？”凯瑟琳一脸茫然地问。

老太太哈哈大笑，眼泪都笑出来了。她擦了擦眼角说：“是啊，就像你说的，基维斯有‘猕猴桃’的意思，但它还可以指代一种鸟，叫作基维鸟（Kiwi），是我们国家的标志。这种鸟之所以有名是因为它的独特性。要知道，它没有尾巴，不会飞，但依然在地球上生存了几百万年。尽管有不会飞的不利条件，但是它顽强不屈地生存着，它拥有一种世界上其他鸟类不具备的能力。”她压低声音说道。

“什么能力？”凯瑟琳靠近老太太，也低声问。

“基维鸟的鼻孔长在长长的鸟喙头上，所以它的嗅觉出奇地好。超过 15 厘米的鸟喙伸到地底下，可以轻而易举找到食物。”老太太解释说。

“哇，果然了不起。”凯瑟琳微笑着说。

“设想一下，如果人们不再关注自己没有什么，而是专注于利用自己拥有的能力和天赋，世界会是什么样子？即使是一直没有翅膀的鸟也能做到，我们人类还有什么理由做不到呢？”她笑着说。

这时候飞机落地了，摆渡车把乘客送到指定出口。凯瑟琳取到行李后，和老太太挥手告别。她走向乘客通道，很好奇图伊长什么样。

图伊

图伊 · 马奥尼开着破旧的吉普车来到机场停车场，她也很好奇凯瑟琳是什么样的人。凯瑟琳离开印度后，朋友若琪给图伊发了一封电子邮件，称凯瑟琳是“一个勇敢、开朗、对未知事物抱有激情的人”，这更加激起图伊的好奇心。

图伊和若琪相遇在英国布里斯托尔，那时候两人都在攻读生物学博士学位。她们一见如故，相处得很融洽。来自异国他乡的两个人常常因为奇怪的大不列颠文化而笑个不停。她们都热爱环境，是志趣相投的好朋友，并且在那里求学时都遇到了人生的另一半。若琪在学校餐厅排队打饭时邂逅了维韦克，从此他们的人生有了交集，变得形影不离。

第二学期图伊在实验室遇到史蒂夫。史蒂夫拥有爱尔兰人的聪明和魅力，毫无疑问引起她的注意。就像若琪和维韦克一样，他们的关系也发展得很快。史蒂夫当时正在攻读海洋学博士学位，他在环保领域的研究有明确的目的，并且怀有发自心底的兴趣，在图伊看来很可爱，甚至可以说很性感。史蒂夫红色卷发，白皮肤，脸上长着雀斑，图伊乌黑长发，淡褐色的皮肤很光滑，但是两人站在一起很般配。她一边温柔地笑着，一边回忆四个人一起度过的快乐的学生时光。

乘客开始陆续走出行李提取区，图伊看了一眼若琪之前发给她的凯瑟琳的照片。她看到凯瑟琳的身影，向她招招手，喊她的名字。图伊认为她现在最想做的事情是冲个热水澡，换件衣服，因为从巴西圣保罗辗转来到这里用了将近二十四个小时。

凯瑟琳听到有人叫她的名字，也向图伊招手致意。她推着装得像小山一样的手推车，吃力地走过来。图伊热情拥抱她："凯瑟琳！欢迎你不远万里来到新西兰！预祝你在这里一切都好，留下美好记忆。"

凯瑟琳笑着说："谢谢你的接待，你们的热情好客对我的旅程是莫大的支持。"

图伊把车驶出停车场，问道："想不想听听我们之间有什么渊源？"

"好呀。我很想搞清楚我父亲与新西兰之间的联系。他之前都没有来过新西兰，不是吗？"凯瑟琳问。

“是的，他本人没来过。我见过的唯一来自拜特欧菲尔德收割机公司的是弗兰克 · 惠泽尔顿，那是在 2011 年，当时纯属巧合。”图伊答道。

“你认识弗兰克？”凯瑟琳有些难以置信，“你们怎么认识的？我们在新西兰没有开展业务，不是吗？”

“现在你们没有业务，但是也许将来有一天会有的，”图伊向她眨眨眼，继续说道，“2011 年克莱斯特彻奇发生大地震时，弗兰克过来当志愿者。他创建了 IT 应急网络，所有的搜寻、救援队员和志愿者可以通过这个网络交流。”他在救援突击队中心工作，我们都知道他的作用不可或缺。

“是吗？”凯瑟琳凝视着图伊，她当时正在读研究生，只记得她父亲 2004 年见过弗兰克，那一年飓风袭击佛罗里达州彭萨科拉市，他们都去做志愿者。“我为什么不知道这些事情？”她内心有些内疚地想。

图伊觉察到凯瑟琳情绪有些低落，大声说道：“嗨，开心点！总有些事情是你不知道的。想一想回家后要搞明白的事情。”

凯瑟琳笑着问：“那么，我们要去什么地方呢？这里离你们住的地方远吗？”

“嗯，是这样的，我在克莱斯特彻奇市郊有一座教师公寓。我是坎特伯雷大学生物系教授，一周两天在这里上课。其余时间我在其他三个地方做研究：从这往北 450 公里的阿贝尔 · 塔斯曼国家公园，从这往西南 650 公里的蒂阿瑙国家公园。”

凯瑟琳拿出袖珍新西兰地图，指出可以转机的奥克兰机场的位置，还找出另外两个目的地。“看来你是一个空中飞人！”

“那当然！”图伊点点头。

“你说有三个地方，那么第三个在哪儿？”凯瑟琳一边问一边在地图上寻找。

“哦，第三个不在这幅地图上！”图伊笑着说，“我还在南极麦克默多科考站工作。”

“什么？在南极？真的吗？”凯瑟琳看着图伊问道，“难道这就是我父亲送我一些雪地装备的原因？我们会去那里吗？”

“要是你不会临阵退缩，我们会去的。”图伊打趣地说道。

空气中一阵沉默，凯瑟琳要花时间消化图伊的话。

过了一会儿，图伊解释说：“那里是我爱人史蒂夫的科研基地。他有一艘海洋调查船，名字叫作‘海洋蜜蜂号’，现在正在研究塑料制品对我们生态系统的影响。”

“南极洲现在有塑料吗？”

“是的。它们已经到达最边远的疆界，严重影响当地野生动物的生存，因为它们的生活习惯和食物来源都离不开水。我们正在收集数据，以便于政府通过更有约束力的环保法律，同时增强消费者的环保意识。”图伊解释说。

“可以说，他最操心的就是那些塑料品了。我最关注蜂蜜。”图伊笑着说：“对了，若琪也向你问好。”

“若琪？你认识若琪？这是怎么回事？”凯瑟琳很好奇。

这时候汽车停在一座公寓楼下。图伊说道：“先冲个热水澡，再换件衣服，然后喝杯热咖啡，之后我们去南布莱顿路吹吹风，这样的安排怎么样？你在飞机上都闷了一天一夜了。我们可以沿着那条木板路一边喝咖啡一边聊天。”

“我觉得这个主意很好，不过能不能让我在洗澡前先喝一杯咖啡？”凯瑟琳说道。能走出去呼吸新鲜空气对她来说再好不过了，她很开心。

“我们真的是一见如故！”图伊笑着说，“现在我们把行李拿到房间里吧。”

两个小时后，凯瑟琳和图伊喝完第二杯咖啡，出门散步。这条步道沿海边而建，下面是像绿松石一样清澈的海水，还有栖息野生动物的河口。

“这条木板路有多长？”凯瑟琳问。

“大概 180 公里，”图伊随意答道，“不用担心，我们不会全部走完。”她看到凯瑟琳震惊的表情，又开起玩笑。

“嗯，你和若琪是在哪里认识的？是通过我爸爸吗？”凯瑟琳很好奇。

“不是的。我们在英国认识的，当时我们都在攻读生物学博士学位。我们发现彼此都喜欢鸟类和蜜蜂。”图伊笑着说。

“不过我更喜欢蜜蜂。”图伊接着说道，“我来自北爱尔兰，祖上有毛利人血统。”

“毛利人？”凯瑟琳问。

“毛利人是新西兰当地波利尼西亚人的一支，它们是新西兰第二大族群，占全国总人口的 16%。正如世界上很多土著或者部落的命运那样，第一批欧洲人来到新西兰后，毛利人的生活受到严重影响。他们的土地和权利被剥夺了，社会动荡，欧洲人带来瘟疫和疾病，直接导致毛利人口急剧减少，文化遭受极大破坏。尽管后来一部分土地还给他们，但是破坏已经发生。现在大部分毛利人依旧生活在新西兰北岛，但是很多人——也包括我自己——因为工作原因散居全国各地。”

“你的名字与毛利血统有关吗？”凯瑟琳好奇地问。

“是的，图伊是传统毛利人的名字，是当地一种吃蜂蜜的鸟儿，我喜欢‘鸟和蜜蜂’的原因估计就在这儿。”

“这是源自血脉的喜欢啊。”凯瑟琳笑着说。

图伊也笑起来，问道：“听说过麦卢卡蜂蜜吗？”

“没听过。”凯瑟琳说。

“麦卢卡树是新西兰土生土长的一种树，蜜蜂为这种树上开的花授粉，酿成的蜜就是麦卢卡蜂蜜。它具有独特的优点。”图伊说。

“比如说？”凯瑟琳追问道。

“麦卢卡蜂蜜具有杀菌、消炎、抗病毒的功效，可以用来治疗烧伤和其他外伤，对牙齿健康也很有帮助，它能有效抑制口腔中有害细菌，但不会影响有益细菌。另外，它也可以防止溃疡、便秘以及其他消化疾病。还有人用它治疗痤疮。目前，科学家正在研究用麦卢卡蜂蜜治疗囊性纤维化。”图伊解释说。

凯瑟琳惊叹不已，问道：“那么你正在做哪些研究呢？”

“嗯，主要在两个方面。首先，作为一个生物学家，我推动这些研究向前发展，惊奇于不断发现的麦卢卡蜂蜜对健康的积极作用。其次，我的研究领域是那些孩子们。”图伊说。

“你的孩子们？”凯瑟琳问道。

“不是，是皮尼何尼（Pinihoni）儿童。”她笑着说：“皮尼何尼在毛利语中指的是‘大黄蜂’。史蒂夫和我没有孩子，所以我们决定把精力和爱都倾注到其他儿童身上。‘大黄蜂’项目是面向4年级到13年级学生的暑期项目，这个项目受到吉姆·斯泰恩斯作品的启发。你熟悉他的作品吗？”图伊问。

凯瑟琳摇头耸肩表示没听说过，图伊继续说：“很遗憾吉姆·斯泰恩斯2012年去世了，但他留下的遗产是我和史蒂夫灵感的来源。他和史蒂夫都出生在爱尔兰并在那里长大。有一年，他从盖尔特俱乐部转会到澳大利亚橄榄球联盟，无论在场上还是场外，他都是超级巨星。他和保罗·库里一起创立里奇基金会（Reach Foundation），赞助学校和社区举办的项目，对象是10到18岁的孩子。所有项目都是为了找到年轻人负面行为的深层次原因，并帮助他们树立更为积极的心态。他希望引导孩子们努力过上更积极的生活。”

“你们在新西兰通过皮尼何尼开展项目吗？”凯瑟琳问。

“是的。我们努力让参加项目的孩子在生活中树立自尊、自我价值和自我责任感。”图伊解释说。

她指着步道边一条长椅说道：“我们坐下来休息一会儿吧。这个地方最适合欣赏海浪拍打海滩。另外我还想送给你一样东西。”

两个人静静地待了几分钟，图伊从上衣口袋掏出一个玻璃棱镜和一封信。她摆动着棱镜问凯瑟琳：“看着很眼熟吧？”

“是呀。”凯瑟琳说。

“我一直无缘与你父亲见面，但是在过去几个月里，我们有过很多有意义的谈话，我从他那里受到很多启迪。”图伊解释说，“你父亲在准备你的旅行的时候，若琪把我的联系方式给了他。”

“在他联系我之前，我从没有听说过棱镜模型。坦率地说，我很喜欢。这是你成长之旅的第四站，是吧？能说说你到目前为止有什么收获吗？”图伊问道。

“嗯，我现在还在研究目标陈述。我还在寻找自己的优点，想知道如何利用优点取得更多进步。我明白优点和能力是不一样的。能力可以通过学习获得——就像掌握标准评估程序（SAP）或者掌握一门外语……”

“或者学着成为一名杰出的领导者。”图伊插话道。

“是啊，我很高兴那是能力，否则我会有麻烦的！”凯瑟琳笑着说，“P 也可以代表激情（Passion）和坚持（Perseverance）。”

“那 R 哪？”图伊追问道。

“建立或者维持健康的关系（Relationship）。我认为关键是维持关系需要花时间，就像你长期往存钱罐里存钱。在取出之前，你必须存下很多零钱。”凯瑟琳若有所思地说。

“储存感情！说得好。存下感情是为了赢得信任，是吗？这是我们必须赢得的。”图伊说道，“那么 I 代表什么呢？”

“注入能量。我一直都记得安娜办公室的门上写着的标语：‘为自己带入这间办公室的能量负责。’情绪感染的理论对我影响很大。

我现在依然不敢相信我的能量、我的态度，哦，还有我对下属的看法具有如此大的感染力。像 30 秒钟左右时间能影响到其他人，太不可思议了。”凯瑟琳一边说一边翻阅她的笔记本，那本笔记本一直随身放在外衣口袋里。她们继续往前走。

“很厉害，或者说简直不可思议，取决于你怎么看了。”图伊说，“那么，现在我们要讨论 S 了吗？”

凯瑟琳挥了挥笔记本和钢笔，表示她已经准备好记录了。

“我们的‘大黄蜂’项目帮助孩子培养品格和自信。我们希望在孩子们的心中播下金种子，在随后的人生中获得丰收。为此，我们开展发掘优点（Strength-Spotting）活动。”图伊解释说。

“棱镜模型中的 S 指的是发掘优点（Strength-Spotting）?”凯瑟琳问道，“继续说——我对你说的非常感兴趣！”

“发掘优点是有一些前提条件的，这些条件是‘大黄蜂’项目的核心内容：

“1. 我们致力于关注什么是对的，什么是管用的，从孩子哪些地方发掘优点。

“2. 我们相信每个人生下来都有优点，我们努力尊敬并承认它们。

“3. 为了发掘每个孩子真正的潜力，我们需要孩子们充分展示他们的优点。

“4. 如果说有什么最小的因素，但是对一个人产生最大的影响，那就是他（她）学会有意识地在合适的时间，以合适的程度发挥自己的优点。”

“那弱点呢？你们只是忽视它们并希望它们将来消失？”凯瑟琳问道。

图伊笑着继续说道：“这就是第 5 条的内容：如果可能，可以把弱点看作无关紧要的事。”

“无关紧要？具体含义是什么？”凯瑟琳问。

“嗯，首先是找出你的弱点。想一想哪些事情是你永远也不会做的。你推迟去做的，让你耗费精力的事情，永远排在你日程表最后面而且似乎从不会被认为是最急着要去做的事情，除非不做会受到处罚，或者令人讨厌的最后期限迫使你去做。我们要学着问这样的问题：它很重要吗？对我们实现自己的目标来说，那些事情真的是关键因素吗？如果不是，他们就是无关紧要的。如果它们很重要，我们首先要有意识地自律以处理这些事情，或者找到一些其他选项，比如授权或者重新定义工作总体的描述。”

凯瑟琳一边在笔记本上飞快地写字，一边思考自己的优点和弱点。“她习惯把哪些事情往后排呢？她害怕做哪些事情呢？”她陷入沉思。

“这是送给你的。”图伊拿出一个信封，打断了她的思绪。

凯瑟琳认出了她父亲的字迹，笑着问：“信这么快就到这一站了？”

“任何规则都有例外，不是吗？”图伊笑着把信递给凯瑟琳。

凯瑟琳打开信封，一片羽毛从折叠的信中滑出来，落到她的大腿上。她看了看图伊，脸上带着不解的表情。“快看看信上写了什么？”她催促凯瑟琳。

亲爱的凯瑟琳：

你的第四段旅程刚刚开始，我希望你与图伊和史蒂夫在一起度过充实而有意义的时光。随信附上基维鸟的羽毛，基维鸟因其独一无二和顽强生命力而著称。它在地球上生存了超过3000万年，早已学会了利用自身的优点。你也是独一无二的，你也有超级多与生俱来的优点等待着你去发现。当然，你在日常生活中也用到很多优点，要不然你的人生不会像今天这么出色。但是，我认为你的人生还有很多璞玉等待着被雕琢。

我当初发现基维鸟不会飞的时候非常震惊。你知道吗，从另外的角度看，你有一双强大的翅膀，它们带领你，当然，也让你展翅飞翔。还记得我讲过的暴风雨过后沙滩上那只悲惨的海鸥的故事吗？就是那只翅膀折断的海鸥，它在一段时间内养伤，几周之后，等能飞的时候，它头也不回地飞走了。你也在修复翅膀，我知道这段时间你做了大量笔记和思考，亲爱的宝贝，你一定会高高飞起！

我知道你希望我不要东拉西扯而是直奔主题。好吧，我的想法是：图伊的“大黄蜂”项目是面向青少年的，我坚信它有很多潜力可以运用到工作中。我看了很多发掘优点的文章，很多人都在研究如何把发掘优点运用到职场上。我希望你在新西兰和南极期间，思考如何把它运用到拜特欧菲尔德收割机公司的领导和员工身上。如果它能推广到所有地方，我会非常高兴，希望你充分利用这个项目。或许可以和人力资源部的弗兰克·惠泽尔顿和里克·克拉逊一起研究？你认为怎么样？你准备去做吗？

爱你的爸爸

凯瑟琳看着图伊，笑着说：“你猜怎么样，我爸爸希望我参与你们的新项目，让我们开始工作吧。”

不得其所

第二天吃过早饭后，凯瑟琳问道：“今天怎么安排？”

“你需要准备一个旅行包，能在外边过夜的那种，还要带上你父亲送给你的冲锋衣。3 小时后，我们要乘坐飞往阿贝尔 · 塔斯曼的航班。”图伊顽皮地说道。

“我们要前往这座岛的最北边，不是吗？”凯瑟琳追问道。

“哇，某人已经进入角色啦！是的，我们要坐一个小时的飞机，在那里停留两天，然后坐飞机到昆士敦，在昆士敦再待 3 天。”图伊解释说。

“昆士敦？”凯瑟琳问道。

“嗯，昆士敦距离蒂阿瑙国家公园有两小时车程。”图伊说。

“就是产麦卢卡蜂蜜的地方？”凯瑟问道。

图伊竖起大拇指说道：“完全正确！现在收拾行李，出发。”

四个小时后，他们乘坐的飞机飞过阿贝尔 · 蒂阿瑙国家公园的滨海区，降落在距离市中心 50 公里的尼尔森机场。凯瑟琳把脸贴在飞机舷窗上，欣赏绿松石般的海水和带有原始色彩的白色沙滩上。“太美了！这就是你工作的地方？”她难以置信地问。

“嗯，闪光的未必都是金子。”图伊情绪有些低落，“这里生活着世界上濒危的企鹅——黄眼企鹅。目前还有不到 3000 只，而且这个数字每年还在大幅减少。好了，不说这个，我们去租车，然后开车去研究中心。”

数小时后，图伊在研究中心的休息区泡了一壶咖啡，并把凯瑟琳介绍给她的团队伙伴。他们中大多数是寄住在研究中心的博士生，正为做博士论文进行科学研究。还有一些团队伙伴是全职的工作人员。

“嗨，麦洛，能否帮我们从支架上取下两条独木舟。我们准备去海边看看，你要不要跟我们一起去？其他人留下来照看实验，可以吧？”

“没问题，长官！”团队中的一个女孩大声回答，所有人都笑了。

走在沙滩上，麦洛低声提醒说：“右边不远处有一只黄眼企鹅。

我们不想惊扰它们，所以我们会与他们保持一定的距离。”

图伊靠近凯瑟琳问道:“你看到企鹅是有什么感受,请实话实说。”

“嗯，坦白地说，我看到的是一只穿着燕尾服的矮胖小鸟，它不会飞，走路摇摇摆摆，像快要生孩子的孕妇。有这样的体型，这样的鸟一定很痛苦。”凯瑟琳回答说。

麦洛听了凯瑟琳的话哈哈大笑，图伊用手臂轻轻碰了她一下，把手指放在嘴唇上，示意她保持安静。

“嗯，我们待会儿到了水上看看会发生什么。”图伊故作神秘地说道，“或许你会改变你的看法。之前坐过独木舟吗？”

凯瑟琳想起远在斯德哥尔摩的尼尔斯，他们分开前不久还一起划独木舟。“我想起在瑞典的一个湖上乘坐过独木舟。说实话，有些事情我永远不会忘记。”

“太棒了！有基础就好。今天我们带你到公海看看。不过不用担心，今天风平浪静，你可以一直待在船上。”图伊安慰她说道。

麦洛递给她一个救生衣,说道:“穿上它,只是预防发生危险——希望用不上它。”

凯瑟琳感激地从她手中接过救生衣套在身上，仔细检查每一个安全扣是否扣好。她们来到外海上后，图伊告诉她一些安全知识，以及如何应对海浪的颠簸。因为是顺风，她们的船行驶得很快。

几分钟后,凯瑟琳看到右边水面溅起水花,好奇地问:“怎么了？”

麦洛冲着波浪大声说：“嗯，那是一只小蓝企鹅！”

“速度很快，它很敏捷吧？”凯瑟琳也大声问道。

“世界上最快的企鹅是巴布亚企鹅，每小时可以游 22 英里。它们的身体在水中游泳就像是鱼雷发射一样。”

“我们今天能看到巴布亚企鹅吗？”凯瑟琳问。

“它们的自然栖息地在南极。等你到了麦克默多科考站的时候就能看到它们了。祝你好运。要是能去那里我愿意做任何事情！”

麦洛说道。

“是啊，希望能有好运气。”凯瑟琳心里想，只不过不确定她的感觉是期盼还是畏惧。

麦洛指着水中的企鹅对凯瑟琳说：“这只小蓝企鹅时速平均 7 英里。你之前提到的燕尾服一样的尾巴实际上是帮助它们生存的优点。”

“为什么呢？”凯瑟琳好奇地问。

图伊在旁边一边划桨一边说：“企鹅的尾巴事实上是一种伪装，帮助它们在过去 6000 万年生存下来。连恐龙也做不到这一点！体型大和凶猛并不总是有助于生存。”

三人都笑起来，图伊接着说：“燕尾样的尾巴从后面看是黑色的，与深蓝色的海水在一起一点也不突兀。从前面看尾巴是白色的，与闪亮的水面很好地融合在一起。这使它们在面对捕食者时能从各个角度很好地保护自己。很了不起，不是吗？”

凯瑟琳点头表示赞同，她惊奇地发现之前是多么小看它们的优点。“看问题真的不能只看表面。”她回应道。

“我完全同意。”图伊也点头说道。

日落时分，与研究中心成员吃过晚饭后，图伊和凯瑟琳出门散步。她们走在海滩上。“今天过得怎么样？”图伊问凯瑟琳。

“有收获，”她坦率地说道：“发掘优点让我很受启发。无论是人还是企鹅，如果人尽其能，物尽其用，事情将会很美妙。正如你昨天所讲的，不可能把弱点消灭掉。关于弱点你应该问‘它很重要吗？有关系吗？’看了今天企鹅的样子后，我认为最重要的是把你的优点用在合适的地方。”

“说得太对了！”图伊一边说一边与凯瑟琳击掌。

她们仰坐在沙滩上，看着夜幕降临，天上群星闪烁，像漫天的萤火虫在飞。

第二天早饭后，图伊说：“今天我全天都要待在实验室。又有一些企鹅的尸体被发现了，我们要找出它们的死因。这不是一个令人愉快的工作，但是很有必要。要不你今天就开始你爸爸的项目？”这时候她从桌子对面递过来一台笔记本电脑，凯瑟琳疑惑地看着她。“我知道你爸爸把你大部分电子产品都收走了，所以用这台电脑开始你的网上研究吧。从我对你的了解看，估计你迫不及待地想把油门踩到底吧。你不是一个虚度时间的女人，对吧？密码是 See Bea。”

凯瑟琳感激地接过电脑，找了一个安静的角落开始工作。当她再次抬头看表，吃惊地发现已经过去六个小时。“意之所在，能量随来。”她对自己说道。这时候图伊走进房间说道：“美好的时光是总是过得很快，是吧？”

“是啊，我刚才也在想同样的问题，”凯瑟琳提议道，“休息一会儿？”

“我在等毒性分析报告出来。它们的血液中塑料微粒的含量高得不同寻常，但是要等到最终实验结果出来才能定论。让我们换个话题吧，你今天有什么新的思考？”

“数据很多，大部分数据令人感到惊奇。”凯瑟琳说道，“我探寻在企业中如何发掘优点。首先，我找到 2019 年盖洛普发表的一份关于敬业和不敬业员工的调查研究报告。报告认为，促使员工敬业的最有效的方式之一是关注优点。如果优点不是能力，那它又是什么呢？我记得，我们在克莱斯特彻奇的木板路散步时讨论过如何看待弱点。”凯瑟琳说道。

图伊点点头表示理解：“我们查阅了很多资料，也做了很多研究。现在有很多不错的在线工具或评估软件，它们可以围绕你的优点生成一份报告。我当然不是贬低任何一个评估软件，史蒂夫和我发现亚历克斯·林利的研究和著作对我们很有帮助。他这样定义优点：优点是一种先天存在的能力，在某些行为、思想、感情上有特别的方式，对拥有这种优点的人是真实的、能带来正能量的，有助于更好地发挥作用和完成任务。”“很深奥，你能解释给我听吗？”凯瑟琳问。

“好的，首先看‘先天存在的能力’，亚历克斯·林利的意思是所有人都是有先天倾向性的——无论是生理还是心理上——在某种方式上拥有特定的优势。”图伊解释说。

“你是说从生下来就具有吗？”凯瑟琳问道。

“既是又不是。我们大脑中的连接线或许从生下来后就形成了，但是其他优点可以从孩童早期培养。”图伊解释说。凯瑟琳在笔记本上记录着，写完后又抬头看着她。“这个定义的另一方面是真实。当人们利用自身的优点时，他们感到真实或者踏实。他们天然地依靠自身的偏好，同时形成自我认同。他们认为这是合适的、正确的。”

“如果是这样，我想它对我们的健康和幸福有积极作用。”凯瑟琳说。

“那是一定的。真实性意味着你的生活和你的优点相得益彰，人们有成就感，总体上提升生活中的幸福感和满足感。”图伊说回应道。

“而且能减少皮质醇、应激激素和其他对人体有害的物质。”凯瑟琳补充道。

图伊点头表示赞同：“关于优点的定义中第三个关键词是能量。优点不会抽取能量。现在很多人讨论‘流动’（flow），当你利用自己的优点，全身心投入工作中时，时间过得飞快，这就是流动。当然，每个人都需要休息——我们的精力不是无穷的。但是，精力也不会枯竭。人们在工作中找到‘流动’，他们就会充满精力，不会感到疲倦。你有过这种经历吗？”

“今天就有！我喜欢收集并分析比较数据。我承认自己喜欢数字。”她笑着说，“说起数字，我能和你分享一些吗？”

“当然可以啊。”图伊答到。

“刚才说到盖洛普调查，报告中用到一个术语，积极性比率，在我的第二站瑞典旅程期间也听到过。它是关于正面的、建设性的、欣赏的语言与批评的、讽刺的、负面的评论之间的比率，后者对一个人或者一个团队造成伤害。我知道一个高效率的团队积极性比率是6比1。换句话说，就是有6条正面的评价才有1条负面的评价。所谓的临界点是一个团队或者一个人开始螺旋式上升所需要的最小值。临界，其实就像游乐场的跷跷板。高业绩团队积极性比率的最小值是3比1。比如说，任何团队如果积极性比率是2比1，那么这个团队的基础将会很不稳定，它游走在临界点上。也许不用做太多——一条讽刺性评价或者一个小小的挫折——将导致整个团队的工作走向螺旋式下降。走在螺旋式上升道路上的高效率团队，积极性比率是6比1。”凯瑟琳解释说。

“所以，如果我说得没错的话，问题的关键是人们之间是如何说话的？”图伊问道。

“完全正确。盖洛普研究报告说明了所谓的敬业度比率，也就是公司需要的敬业的员工与不敬业的员工的比率。研究显示员工敬业的公司比员工不敬业的公司运行状况要好得多，我想这是显而易见的事情。”凯瑟琳说。

“具体来说，他们如何比其他公司做得好？”图伊问。

“嗯，根据盖洛普的研究报告，”凯瑟琳边查看笔记边说道，“这些公司每股收益的增长比其他公司多四倍，但是顾客参与度和忠诚度、生产力和利润更高，事故比竞争对手更少。”

“如果这还不是关注优点的充分理由，我不知道其他什么才是。你有关于敬业度的更确切的数据吗？”图伊问。

“有的，比率是4比1。如果有1名不敬业的员工，需要有4名敬业的员工来抵消负面影响。”凯瑟琳说道，“我还找到盖洛普研究报告中的一篇精彩的摘要信息，出自《把你的优点运用到工作中》

（*Go Put your Strengths to Work*）一书的作者马库斯·白金汉姆（Marcus Buckingham）。马库斯说如果公司员工每天利用自己优点，将会：

“生产率高出 38%；

“客户满意度高出 44%；

“有 50% 的员工在公司工作时间更长。更高的在职率使公司知识性东西保持稳定，在招聘和培训新员工时大幅度减少成本。”

“令人印象深刻的数据，凯瑟琳。刚才你提到的数据主要是基于发挥优点的公司的情况，那么员工会怎么样？会对他们有什么影响？当然一定会给他们的生活带来积极的影响。”图伊推测到。

“你就像能看透我心思的好朋友！”凯瑟琳说道，两个人都笑了。

“谈一谈对个人的影响——如果员工在工作中利用自身的优点，会带来什么变化。”图伊问道。

“可以查到很多数据，信息太多了。不过我认为米歇尔·麦奎德的研究最权威，她是澳大利亚人，你们可以说是邻居了。”凯瑟琳说道。

“两个国家相距 2000 公里呢——也就是 1250 英里。但是笼统地讲，我们可以算作邻居吧。”图伊哈哈笑起来。

“嗯，回到米歇尔·麦奎德在这个问题上的研究。在她这篇题目为《优点实验室》（*The Strength Lab*）的报告中列举了关于员工的典型案例，并给出了在工作中发挥优点对员工带来的好处。”凯瑟琳说完拿出笔记本开始读起来。

“第一点，整体提升幸福指数。员工的快乐增加，烦恼减少。第二点，员工如果有机会发挥自己的优点，他们的压力也将减少。”凯瑟琳把笔记大声读出来。凯瑟琳停顿了一会儿，理了理父亲送给她的珍珠项链，那条项链还是在斯德哥尔摩的时候通过尼尔斯转交给她的。在传递领导力分部会议上，她了解到压力和否定对个人幸福指数的影响。压力会引起人体释放肾上腺素和皮质醇到血液中，警示人们注意危险，促使人体进入“战斗或逃跑”反应。这些实实在在地影响人们的视觉、冷静思考和保持头脑清醒的能力，创新性和解决问题的能力也减少了。在圣保罗与安娜见面时，她们也讨论过好的、坏的以及令人厌恶的能量，以及他们如何都具有令人惊奇的传染性。

“这些都与第一点紧密相连，也就是整体提升幸福指数。当人们开心时，他们释放不同的能量。他们压力更小，更有精力，更有合作意识，更能胜任工作，因为他们正在做本来就可以做好的事情。负能量带来压抑、紧张、疲倦、失眠和免疫力下降。”凯瑟琳一边翻阅笔记一边深思着说道。

“嗨，凯瑟琳，地球到了，快醒醒！”图伊开着玩笑，用肘碰碰凯瑟琳。

“哦，对不起，刚才有些走神了。感觉之前很多迷惑不解的地方开始变得慢慢有头绪了。”凯瑟琳答到。

“这可能就是你父亲请你参与发掘优点领导力项目的原因吧。他预感到你已经准备好了。”图伊说道，“所以，还有更多要解释吗？第三点给员工带来的好处？”

“第三点，根据这篇研究，人们更有精力。这一点很容易理解，他们做的事情不会耗干他们的能量，这些事情他们本来就很感兴趣，做的事情感觉能量‘流动’到身体中。”凯瑟琳说。

“明天晚上我们将到达蒂阿瑙国家公园，到时候我会带你看在‘大黄蜂’项目中如何做到这一点。我想它也会有助于找出什么事情耗费人们的能量。通过确定弱点，我们能找出什么事情是不相关的，什么是要关注的。”图伊说道。

“你的清单上还有其他要说的吗？”图伊注视着凯瑟琳说道。

“还有很多。”凯瑟琳说道，“第四点，米歇尔·麦奎德在报告中指出，如果人们在工作中利用优点，那么他们生活的总体满足感更强。我想是因为他们把正能量带回家，在生活中其他方面也产生连锁反应。他们更善于解决问题，很可能是因为他们压力更小和冷静思考的能力，从而对他们的自尊心、自我形象、自我效能产生正面影响。第五点，人们更自信。发挥优点有助于提升自信心。第六点，发挥优点让我们更快成长、成熟。挫折被看作是磨砺，或者是为未来的成功做准备的。”

“从一个生物学家的角度看，他们生命力很顽强，而不是弱不禁风。”图伊补充说道。

凯瑟琳点头表示赞同，并把图伊的话记在笔记本上：“‘生命力很顽强而不是弱不禁风’，我喜欢这句话。”她说道。

“接着说我的清单。最后四点也是关于对公司的积极影响。”凯瑟琳说道。

“员工请病假的少了，心理问题也减少了，这无疑符合公司的利益，对公司的盈利也有好处。”图伊补充说道。

“是的，”凯瑟琳说道，“米歇尔·麦奎德报告中的第七点认为员工在工作中利用优点会更机敏、更有创造力。”凯瑟琳继续说道。

“机敏？”图伊问道。

凯瑟琳看了一眼图伊，说道：“更确切地说，机敏是年度热词。每个人都努力‘机敏’地思考和行动。关于这个词我耳朵都听出茧子了。”凯瑟琳抱怨地说道，“比如说，机敏的行为是更好地应对未知的变化，它含有可变性、灵活性，当然还有愿意积极应对变化的意思。”

“我想如果人们有机会利用自己的优点，将会提升自信心，在处理遇到的未知的变化和事情时更从容。这势必在个人和团队中形成敏捷的特质。”图伊说道。

“你说的完全正确。第八点很有意思，它与意义的概念联系在一起。我曾与你的朋友若琪深入讨论过这个问题。”凯瑟琳点点头说道，“意义是我正在为团队做有价值的事情，同时我做的工作也让我很有成就感。如果我利用优点并取得成功，那么我的工作将变得更有意义。”

“生物研究这份工作对我很有意义。”图伊说道，“我知道它对未来几代人工作有积极的意义，而且我努力帮助我的团队成员理解他们正在做的不仅仅是获得博士学位。那只是个头衔和挂在墙上的一个文凭。我希望他们把目光放长远一些。每一个人的研究和他们收集的数据都特别有价值，为团队整体的成功做出贡献。”

凯瑟琳的思绪回到她在拜特欧菲尔德收割机公司时领导不同的团队的情形，重重地叹了口气。图伊靠近一些低声道：“不用担心，妹妹。记住，卓越领导力是一场马拉松，不是百米冲刺。”

“哇，睿智的人说出睿智的话。”凯瑟琳一边说一边想起她的父亲，“好的，我们继续。第九点也是倒数第二点，它吸引我注意因为有一些额外的数据。利用优点的员工的敬业度是没有利用优点的员工的敬业度的 6 倍。”

“这与盖洛普提出的 4 比 1 的敬业度比率相关，对吧？”图伊问道。

“完全正确。所以，所有的问题都可以归结为：‘一个公司不敬业的员工花费多少？’我们通过观察一个坚持守旧的、老派的公司花费多少从而讨论基于发挥优点的领导力的好处。”

“那就说费用吧。你有什么发现？”图伊好奇地问。

“嗯，在 2019 年 5 月福布斯发布了一组数据，内容如下。”凯瑟琳一边说一边把笔记本给图伊看。

“一开始，他们强调他们的数据是根据盖洛普的另一份调查报告。这份报告揭示了硬币的另一面——不敬业的员工对公司的影响——受调查的对象缺勤率高 37%，生产效率低 18%，利润率低 15%。”

凯瑟琳停下来让图伊消化这些数据，然后继续说道：“福布斯采用了这些数据并且让它们更直观。”

“我们讨论这些数据之前，我想问个问题。我如何确定哪些员工是不敬业的呢？”图伊问道。

“盖洛普的定义是，‘工作上不尽心，没有生产力，往往向同事传递负面情绪的人’。更确切地说，不敬业的员工不但工作不上心，而且不介意别人知道他（她）工作不上心。他们在团队中传播负面情绪，拖团队后腿，影响整体工作成绩。”

“嗨，听起来我可不像与这样的人一起工作。”图伊说道。

“我完全赞同，”凯瑟琳回应道，“问题还没讨论：负面情绪、拖后腿、不敬业究竟让公司花费多少，盖洛普的报告认为花费总计达到不敬业员工年薪的34%，也就是如果一名不敬业的员工每挣10000美元，有3400美元是公司要付出的代价。2019年美国平均年薪47000美元，福布斯据此测算出每名不敬业员工让公司付出额外的花费是15980美元。如果公司管理水平中等或者更高，那么用这个公式测算得出的数据将会更高。”

“如果你不介意，能否告诉我拜特欧菲尔德收割机公司有多少员工？”

“目前大概有16000名员工。”凯瑟琳说道，“根据2019年盖洛普调查报告，只有21%的美国员工是真正敬业的——也就是说79%的人不敬业。具体到我们公司这个数字是12640名，刚才说到公司为每位不敬业的人额外付出15980美元，如果把这个公式用到中高管理水平的公司，数值还将大增。”凯瑟琳一边说一边把数据输入计算器。

等到算出结果，她把计算器拿给图伊，图伊大声读到：“每年要花费201987200美元！就这还没把你们的管理水平计算在内！哇，这么多钱。”

凯瑟琳盯着数据，感觉到自己的脸色变得苍白。

“放松点儿，凯瑟琳！好在等你回去后，你将会找到解决这些天价花费的办法。”图伊鼓励她。

凯瑟琳点点头，把注意力转移到清单上最后一点。“第十点，当领导者开始关注员工优点，团队的表现将会更好，并且将获得更多的成功。最后一点将有助于团队形成心理安全。”凯瑟琳说道。

凯瑟琳想起在圣保罗与恩那福德公司研发中心主任里卡多的谈话。她翻看当时做的笔记，把里卡多的解释读给图伊听。“每个人能说出心里所想的话，问问题不会被质疑立场，团队鼓励冒险。可以尝试新办法，或者重新试验已经存在的东西。公开学习经验，分享教训，人们相互学习，互相补充，但是不在背后议论他人是非。不传播他人负面消息，不对别人翻白眼或者大声叹息。整个团队是安全地带。”

“哇，这样的工作氛围听起来太棒了！”图伊说道。

“是呀，艾米·埃德蒙森教授也认为心理安全不仅仅是好的状态。它是人们之间能够真心相待的地方。如果没有心理安全，人们私底下用掩盖问题避免冲突，这对团队是不利的。”凯瑟琳说道。

“你父亲把这个项目交给你，我觉得他做得对。这是显而易见的。”图伊说。

“只是压力有点大。”凯瑟琳一边翻笔记本一边说。

“凯瑟琳，我能问你一个问题吗？”图伊问。

“当然可以！请问。”凯瑟琳马上回答，

“如果要你吃大象，你怎么吃？”图伊尽量装出严肃的表情问道。

“什么？怎么吃大象？我不吃大象！”凯瑟琳辩解道。

“我是打个比方，凯瑟琳。”图伊大笑道，“答案是：要一点一点吃，不可能一口吃下头大象。”

“你和弗兰克·惠泽尔顿都拿大象说事。”凯瑟琳笑着说，她想起那次与弗兰克见面时，他试图解释大象和骑手的理论。她当时生硬地打断他，告诉他自己没有时间听故事。她回家后还专门记下来要请教他那个理论。或许现在弥补当时的遗憾还来得及。

“你正在学习的知识看起来很深奥，但是我肯定你一定能学明白。一步一个台阶。我认为你的优点之一就是做好计划，对吧？”图伊问。

“是啊，我喜欢计划并安排任务。我感觉只要有路线图，我心里就有底了，因为我知道了自己的方向。”凯瑟琳承认道。

“你的计划像点亮的圣诞树一样闪耀，这真的是你的重要优点，凯瑟琳，一定要利用这种优点。”图伊建议道，“说起利用，我们要利用好今晚上团队伙伴们组织的烧烤。如果去晚了，估计连面包屑都不剩了。”

图伊站起来，伸手把凯瑟琳从椅子上拉起来。“快点儿，我们快出发！”凯瑟琳笑起来，她很喜欢图伊随和的性格，也喜欢和她在一起。她们出发前往沙滩，与伙伴们度过前往蒂阿瑙国家公园的最后一晚。

“大黄蜂”的金种子

凯瑟琳乘坐的飞机飞临昆士敦上空，她完全被机窗外的美景惊呆了。她对自己说道：“我从没有见过如此美丽的风景！”极目远眺，雄伟的山脉覆盖着皑皑白雪，倒映在山脚下深蓝色的湖水里。

她看向图伊感叹道：“你们在这里工作还需要领工资吗？工作的地方一个比一个美！”

图伊笑着回答：“这是工作之外的福利！”

她们租过车后，慢慢驶向蒂阿瑙城。这座小城是根据小城所在的蒂阿瑙湖命名的。曲折蜿蜒的小路两旁风景怡人，凯瑟琳觉得从没看过如此壮观的景色。图伊的家紧挨着新西兰最大的国家公园——

风景如画的峡湾国家公园，这个家也是她主持的麦卢卡树保护项目的基地。每到暑假，大约30名“大黄蜂”项目的参与者从新西兰各地来到这座小镇度过他们的暑假生活。

“现在那些孩子们在这里吗？”她们往公寓搬行李时，凯瑟琳问道。

“后天孩子们才放春假，我们项目三位最优秀的申请人三天后将会在克莱斯特彻奇机场与我们会合。之后我们一起飞到南极麦克默多科考站。”图伊解释道。

“三天后我们去南极？和三个孩子一起？”凯瑟琳难以置信地看着图伊问道。

“既对也不对。对是因为我们三天后飞过去，不对是因为严格来说他们不是小孩，而是‘大黄蜂’项目最出色的三位毕业生。他们是中级学校13级的学生，也就是你们美国所说的高中生，都是17岁。再过几个月他们高中毕业，将接受更高层次的教育。”图伊说道。

凯瑟琳环视宽阔的房间，注意到角落里放着一些行李箱。“现在还有其他客人吗？”她好奇地问。

“有一位特别的客人，你马上就能见到。”图伊神秘地说道，“不过我们还有整个下午可以支配，现在先穿上工作装吧。”她拿出一套养蜂人的衣服，凯瑟琳想起她的第一段旅程，也就是在印度时的情景。似乎是很久以前的事了，这段时间经历了太多事情。她们刚上路，凯瑟琳问道：“我们具体要去哪里？”

“去往一个麦卢卡种植园，你将见到我在那里的工作伙伴。和在阿贝尔·塔斯曼一样，他们是攻读生物学博士学位的学生。一些学生的专业是植物生物学，还有一些是生物医学科学专业。麦洛和他的同事们是动物生物学的专家。一些当地志愿者也致力于保护这片美丽的土地。他们的信念是‘思考全球化，行动本地化’。”图伊一边说一边把车停到一个尘土覆盖的停车场，紧邻一大片农场的边缘。

凯瑟琳试着通过挡风玻璃看向外边，但是车身上下被一片灰尘遮住，什么也看不清楚。她勉强看到一些人向她们招手，用新西兰口音大声喊着："嗨，朋友。"在停车场的左边竖着一个牌子，上面写着："欢迎来到麦卢卡种植园——每一次都种下一颗金种子。"一位全身上下都穿着养蜂人衣服的人走上前，给图伊一个大大的拥抱。然后这个人脱掉养蜂帽，凯瑟琳揉揉眼睛，不敢相信自己的眼睛。

"若琪！"她脱口而出，"你怎么会在这里？"

若琪走过来热情地拥抱她："凯瑟琳，我不想错过再次见到你的机会！图伊和我正在合作研究麦卢卡树。我们现在要采一些土壤样本，看看能不能在印度种植。麦卢卡蜂蜜有利于健康是毋庸置疑的，我想让印度人也能享受它的好处。在印度，人们很看重用自然、整体的办法治疗疾病，所以麦卢卡蜂蜜的确是我们寻找的东西。麦卢卡树在加利福尼亚能长得很好，为什么不能在印度生长呢？"若琪笑着回答道。

"你和我们一起去南极吗？"凯瑟琳问。

"当然不去！"若琪笑着说，"亲爱的，我把地球最后的边界留给你去看看。"

"我多次邀请她也去，但是她每次都拒绝。"图伊走过来说道。

"我还是待在温暖、干燥的地方吧，不过还是要谢谢你。"若琪笑着说。

"这么说，我们在一起也待不了几天？"凯瑟琳问，看起来有些失望。

"是的，我们要好好利用这几天。"若琪说道。

若琪和凯瑟琳挽着胳膊，慢慢地走在麦卢卡种植园的小路上。若琪侧身看着图伊，挥手说道："接下来一个小时她归我啦。我们有很多问题要讨论！"

图伊也挥挥手去找她的伙伴们了，她还有事情要处理。

"好吧，说说自从上次我们分开后你又有什么新的收获？"若琪问道。

“若琪，我不知从哪里说起，真是一段奇妙的旅程！”凯瑟琳回答。

“那就从头说起吧。”若琪温柔地建议。

于是凯瑟琳与若琪分享了上次分开后她新的收获。就连她自己也很惊奇，居然不用看笔记本就滔滔不绝地讲起来。

两小时后两人回到停车场，图伊正在那里等着。“我正想着要不要派出一支搜救队找你们呢。”她开玩笑说，“准备出发吧，我都饿得能吃下一匹马了！”“好的，不过要找一家能供应素食的餐馆。”若琪说道。

“对，不能吃大象和马。”凯瑟琳也开起玩笑。

若琪不解地看着两人，图伊笑着说：“这是一个很长的故事，若琪，在你吃素食餐的时候，我们讲给你听吧。”

美美地睡了一觉后，凯瑟琳早上起床感觉神清气爽。她很好奇今天要干什么。早饭后她忍不住问道：“女士们，今天怎么安排呀？”

“嗯，”若琪说道：“我来这里不只为了土壤样本，同时还要了解更多关于‘大黄蜂’项目的情况。凯瑟琳，你今天可以参观我们同维韦克一起创办的学校。”

凯瑟琳笑了，她愉快地回忆起与维韦克在教室里的谈话。她对图伊解释道：“我那时候有幸认识到在 P 的公式中，第三个 P 代表的含义，也就是坚持不懈。坚持不懈是兴趣、实践、目标和希望的合成体。我从那段旅程中真正理解了你们的项目不仅是为孩子们建造房子、提供他们喜欢的食物和衣服，而且让他们每个人形成良好的性格。”

若琪笑着点点头：“我们在每个孩子心中种下金种子，真心希望这些种子能生根发芽，并且在他们长大成人后能枝繁叶茂。”

“这是我们能给他们的最好的礼物。”图伊补充道。

“你们说的‘种下金种子’是什么意思？”凯瑟琳问道，安静地做笔记。

“‘金种子’这个词来自爱尔兰作家和哲学家查尔斯·汉迪。他是管理学和组织行为方面的专家，还是全球50位最有影响力管理学领域思想家之一。”图伊解释说，“汉迪认为几乎所有取得巨大成就的人在20岁之前都被他人给予过金种子。”

凯瑟琳停止记笔记，看着两个人问道：“那么，这些金种子……”

“意思是发现某人的优点或天赋，并让他（她）本人认同这一点。但不止这些，为了使金种子，也就是天赋扎下根来并最终结出果实，种子的接受者需要真正理解与优点相关的事情。优点需要表现出来并付诸行动。”图伊解释说。

“亚历克斯·林利在研究中富有洞察力地提出了‘铅种子’的概念。像沉重的金属铅一样，这些种子对孩子们是沉重的负担。如果孩子们被告知他们不能做某事，他们没有能力或者什么事情是不可能的，那么不经意间就在孩子们心中种下了铅种子。这些固有的观念像强力胶一样不容易被除去，总是束缚孩子们生命中奋斗的脚步。”若琪停下来让大家理解她的观点，然后继续说道，“我们在孩子早期发掘优点，目的是规划孩子短期和长期的发展。”

“‘大黄蜂’项目致力于帮助6年级到13年级的孩子塑造自尊自信和乐观的态度。”图伊解释说。

“在印度我们大部分工作关注1年级到5年级的学生。”若琪补充说道，“两个项目的目标都是通过在孩子早期发现他们的优点、性格特点、天赋和能力来种下金种子……”

“当然也可能是在青少年时期发现。”图伊也补充说道。

“你们是怎么做的呢？”凯瑟琳问道。

“通过近距离观察和倾听。”若琪说。

“当然，也有很多不错的在线工具和调查问卷。大多数测试工具是需要付费的。因为孩子们太多，所以我们的经费还有点紧张。”图伊解释说。

“那么，你们认为哪种评价模式最好？”凯瑟琳问。

“我们喜欢亚历克斯·林利和特鲁迪·贝特曼采用的方法。他们提供一系列问题根据回答问题情况给出个性化的优点描述，在 www.strengthsprofile.com 网站上可以购买。我们只做了问题册，并培训我们研究人员掌握，他们在与‘大黄蜂’项目的参与者闲聊时会用上这些问题。每一名研究人员都是导师，他们在做博士论文研究时被分配一到两名项目的参与者。可以说，这是麦卢卡种植园的规定之一，如果想在这里做研究，就要有所付出。我也坚信这个辅导项目帮助每一位参与者塑造良好品质和性格。导师也是角色榜样，他们鼓励、训练、挑战参与者，在他们心中种下金种子。”图伊解释说。

“你们在寻找哪种优点？”凯瑟琳的好奇心还很强。

“嗯，就像我之前所说的，我们选择林利和贝特曼的模型。它把 60 种优点分为五种类型，我们把这五种类型都讲出来，并举出一些例子。”

凯瑟琳点点头，准备记笔记。图伊走到厨房墙上的一个白板前，擦去购物清单，画了一个大圆，并分为 5 个区域。

“我们看这里，”图伊说道，在第一个分区写下：“性格的优点：包括自尊、服务的勇气、好奇心和道德感。”

凯瑟琳点头表示理解，图伊继续说：“第二个分区是‘沟通的优点’：在这个分区有反馈、幽默和解释。”

图伊把记号笔交给若琪，若琪走到白板前在第三分区写上“激励的优点”。“求胜心、驱动力、行动和引起变革属于这一区间。”若琪解释说。

“行动？为什么把行动作为一种优点？”凯瑟琳问。

“行动的人会问：‘为什么等待？’越早开始越好。如果他们有什么不清楚的，他们会请教他人。以行动为导向的人没有制定详细计划的耐心。”若琪说。

“听起来好像是在说我弟弟内特。我们都是行动派，但是如果没有详细的计划，我会很不自在。过去我们总是为制定计划吵个不停。”凯瑟琳承认道。

“嗯，接下来是‘思维的优点’，这正是你的强项。”若琪说道：“细节、秩序、计划性、策略性和时间统筹属于这一分区。”

凯瑟琳笑着说：“是的，听起来很耳熟。内特一听到这些词头皮都要发麻了。”

“最后一个分区，”若琪说道：“是‘关系的优点’。根据亚历克斯·林利的说法，这一分区有同情心、沟通联系、构建亲密关系、加深关系等。”

“哇，你形容的这个人是弗兰克·惠泽尔顿！”凯瑟琳说道。

图伊点点头，笑着说：“这个模型因为太复杂所以有争议。当然，你还可以找到更多更简洁的模型。60个优点的确让人头疼。不过根据林利对优点的定义，‘那是我们能做和喜欢去做的事情’，当你为项目参与者种下金种子时，它们是很好的指南。”

凯瑟琳坐直身体开始研究白板上的内容，思考对优点的分类。

整个上午，三人把60个优点逐条讨论了一遍。吃过午饭后图伊建议道：“女士们，今天下午去划独木舟吧？从独木舟上看蒂阿瑙湖的景色非常震撼。明天是新的一天，凯瑟琳，我们很乐意向你介绍发掘优点时间问题的类型。你爸爸让你开展建立在优点的基础上的领导力项目，我想这对你的项目可能有帮助。”

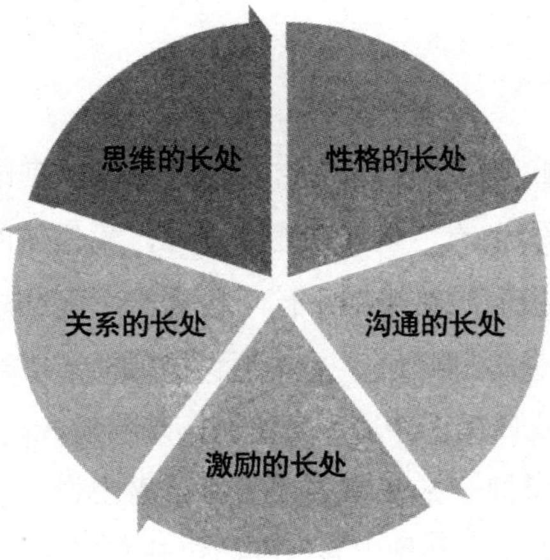

三人穿上冲锋衣走向岸边的独木舟。凯瑟琳问：“蒂阿瑙是不是有什么特别含义？”

“问得好，凯瑟琳。”图伊说道，“它的字面意义是‘流出带漩涡水流的洞穴’。事实上，那是一个庞大的地下洞穴网，遍布旋涡和瀑布。但是最特别的还在于，这些洞穴在黑暗中还会发光。”

若琪与凯瑟琳对望一眼，脸上都写满疑惑。

“洞穴里有成千上万的萤火虫，所以从外面看起来闪闪发光，非常神奇！”图伊感慨地说。

“哇，那我们还等什么？我要去看萤火虫！若琪，你也要去看，对吧？”凯瑟琳开玩笑道。

若琪双手竖起大拇指，三人出发前往海边。她们穿梭在洞穴和瀑布之间，被洞穴中闪烁的萤火虫光和雄伟的瀑布震惊得合不拢嘴。当她们回到岸边换上干衣服，凯瑟琳已经筋疲力尽。“感觉超负荷，但绝对震撼。”她感慨道。

“喝杯热咖啡怎么样？”图伊建议说。

“那再好不过了。”凯瑟琳说道，三个人都大笑起来。

第二天早上吃过百吉饼，喝过咖啡后，图伊向凯瑟琳介绍她们用以发掘优点和弱点的一系列问题。“嗯，我们的问题看起来有一点点不同，因为我们面向的是小孩子和青少年。在拜特欧菲尔德收割机公司你要与员工打交道，所以若琪和我商讨出一套更容易辅导的方法，或许更适合在工作环境使用。”她解释说。

这时候，若琪把一张便笺纸递给凯瑟琳说道：“这是一些初步的建议，问题也没有全部列出来，随后再补充吧。”

“另外，”图伊说道，“这么一个团队项目，并不是只有你一个人负责。其他人参与的越早效果越好。”

凯瑟琳一边阅读便笺纸上的问题，一边暗暗思考自己应该如何回答。

发掘潜在优点的问题：

1. 在工作上什么事情让你觉得是真正有意义的一天？请描述一下。
2. 工作中做哪种事情带给你力量？
3. 工作中什么时候你感觉到“真正的自我”？
4. 工作中你更喜欢做哪些事情？
5. 你状态最好的时候在做什么工作？
6. 当你设想未来半年到一年的工作，你希望在状态最好的时候做什么？我能通过哪种方式帮助你呢？

发现弱点的问题：

1. 工作中哪些事情是你确实不愿意做的？哪些事情完全是在耗

费你的精力？

2. 哪些事情总是被归入你最后要做的事情？

3. 工作中有没有你认为总是推迟或者避免要做的事情？

4. 哪些任务是你不情愿去做而不得不去做的？

凯瑟琳看完抬起头说道："非常感谢！根据管理者和领导者来设计发掘优点的问题，这将会非常有帮助。"

"我们也很乐意这样做，凯瑟琳。现在我们要向你提问了，你做好准备了吗？"图伊笑着说道。

"我想我会打出'好胜心'这张牌。我不是一个拒绝挑战的人。"凯瑟琳轻松地说道。

"写下 5 个在工作中总是惹你生气的人的名字。也就是说当你与他们一起工作时，就像把两只猫放在一起抚摸它们的背。"图伊说道。凯瑟琳写下 5 个人名，开玩笑地说道："只用写 5 个吗？"

"5 个刚刚好。"图伊也笑起来，然后又递给凯瑟琳一张纸。凯瑟琳看上面写着：

人名	我什么时候发现这个人能量满满？他（她）为什么喜欢做那件事？	我从这个人身上看到哪些天生的优点和天赋？	我能从这个人身上学到什么？

"在工作中发掘优点意味着要有意识地寻找他人的优点。这很有必要，因为存在所谓的消极偏见。作为人类，我们潜意识中的消

极因素总是多于积极因素，批评比表扬多。创伤性的经历往往挥散不去，而愉快的经历易于消失。对和我们打交道的人，我们关注他们的弱点或者奇怪之处，远比关注他们的优点或者欣赏他们的地方要多得多。如果某个人让我们很不开心，激怒我们或者让我们很抓狂，我们的大脑总是过滤掉所有关于他（她）的正面看法，留下负面的看法。最后的结果就是偏见固化。我们的大脑一直在搜索并发现我们对某人的看法是正确的证据，而事实上从一开始我们的看见就是建立在偏见之上的。所以说，凯瑟琳，我们的大脑选择我们相信的并加深这种印象，这不是一个好习惯。”

图伊有意识地停下来，然后继续说道：“是的，选择。总是选择——关于自己和他人，你选择你相信的。这是一个恶性循环，但是下面这个联系可以打破这种循环。”图伊解释说道。

“如果对某人的负面看法已经形成应该怎么办呢？”凯瑟琳问道。

“你可以在会议上改变，特别是当你知道这些人要参加的会议。”若琪解释说，“在某些或者所有你不喜欢的人参加的会议之前试一试这种办法。你以完全不同的心态走进会议室，你是在寻找优点而不是恐惧与某些人见面。”

“我带着完全不同的能量和心态走进会议室。”凯瑟琳重复道。她心里已经打定主意回去后要与安娜分享这个练习。

“完全正确。”图伊打断了她的思绪，“建议你接下来几个小时好好想想这些问题。若琪和我要去实验室查看土壤分析数据。今天晚上晚些时候我们的飞机要飞回克莱斯特彻奇。在出发之前我们要好好享用美味的午餐。”

极地航线

当天下午，在与若琪道别后，凯瑟琳和图伊乘飞机飞回克莱斯特彻奇。在图伊的指导下，凯瑟琳打包好行李准备前往南极洲麦克默多科考站。第二天早晨，她们在机场值机后，在一家咖啡馆与其他成员会合。

图伊向坐在一张舒适的木桌旁的4个人挥挥手，热情地同他们打招呼。“伙伴们，大家好，这位是凯瑟琳。凯瑟琳，这些是我们的伙伴。首先我来介绍下‘大黄蜂’项目的3位参与者。”

“这是亚历克斯。”图伊指着一个瘦高个的少年说道。亚历克斯与凯瑟琳握握手，说道：“欢迎，很高兴见到你。”

“这位是杰西卡。”图伊继续说道。“你可以叫我杰西。”她热情地握着凯瑟琳的手说道。

“这位是伊莱，他来自北岛，和我是老乡，也是毛利人的后代。”图伊的语气中有一丝丝自豪。

“这位是简，‘海洋蜜蜂号’项目的厨师，要是没有她我们将会有大麻烦。”图伊开玩笑地说道。

凯瑟琳注视着简，总觉得在哪里见过她。“哇，上次在飞机上你坐在我身边，告诉我关于基维鸟的知识！”凯瑟琳忍不住喊道。

“世界太小了，不是吗？很高兴又见面了。”她一边与凯瑟琳握手一边友善地说道。

“太巧了！你们俩互相认识。”图伊说道，“我们现在出发吧。”

过完安检后，每个人都穿上超厚的御寒服，坐上摆渡车，然后登上一架C15运输机。图伊拍了拍凯瑟琳的手问道：“很兴奋吧？”

“应该说是紧张吧。”凯瑟琳回答，“我们坐飞机还要穿御寒服吗？”

“当然需要。这是运输机，飞行需要六个小时，等我们降落到麦克默多科考站时一定要穿暖和。这就是为什么一上飞机你就要穿上超厚的夹克、靴子，戴上护目镜、手套和帽子。在南半球现在是春天，南极白天的气温是零下15度。8月份是那里最冷的季节，所以我们很幸运，那里还不太冷。”图伊随意说道。

“是啊，我们当然不是在堪萨斯了。”凯瑟琳心里想道。

她们走下飞机，穿过旅客通道来到迎客区，一位红头发的高个子男士快步走到图伊身边，拥抱亲吻她。等两人分开，图伊说道：“凯瑟琳，这是我丈夫史蒂夫，史蒂夫，这是凯瑟琳。”

史蒂夫与凯瑟琳热情拥抱表示欢迎，然后向亚历克斯、杰西、伊莱和简打招呼。图伊说道：“7 月到 9 月史蒂夫在麦卢卡种植园工作。那时候这里最冷，所以他暂时离开并在种植园继续研究工作。我们在暑假期间一起组织‘大黄蜂’项目，他和这3个孩子在一起超过6年了。”

“那简呢？”凯瑟琳问道。

“简在‘大黄蜂’项目做志愿者超过 15 年了。她在暑期为大家做饭，同时也教项目参与者厨艺。他们都在厨房帮忙，共同承担做饭任务。简可以说是孩子们的生活老师。”图伊解释说。

史蒂夫把大家带到一个由集中箱改建的营地，为每个人分配铺位，告诉大家注意事项。大家的工作有条不紊，像加满油的机器，凯瑟琳能感觉到彼此信任和尊重。

当天用过晚饭后，史蒂夫宣布第二天的日程安排。“明天早上我们先坐船去看‘海洋蜜蜂号’项目，来回要两天，重要的是每个人在船上都要完成好自己承担的任务。”

他注视着亚历克斯、杰西和伊莱说道：“你们三位在麦卢卡种植园时已经对任务了解得很清楚了，现在很高兴你们能上船亲自体验。这可是千载难逢的机会。”

三个人都笑起来，脸上带着自豪的表情，与史蒂夫顶拳庆祝。

“凯瑟琳，很开心也很荣幸你也能参与我们的项目。你是领导力领域的专家，我们相信也能从你身上学到很多知识。”史蒂夫说道。

凯瑟琳笑着说：“非常感谢你们让我参与进来。如果你们不介意，我想问下这次出行的任务是什么？”

“主要任务是收集水和冰的样本以检测塑料颗粒和危险化学品的含量。我们还要测量磷虾的数量。”史蒂夫解释说。

伊莱抢着说道：“磷虾也许很小，但他们是构成生态系统的基础。过去 30 年中磷虾的数量一直在下降，这对整个食物链造成毁灭性的影响。”“小磷虾这么重要？”凯瑟琳问。

“虽然它们个头小，但是不能低估它们的重要性。像鲸鱼、企鹅、海豹、海鸟和鱼类都把磷虾当作主要食物来源。”杰西卡补充说道。

“从食物链的角度看，如果它们灭绝，很多动物都将挨饿。”亚历克斯说道。

“它们的消失和塑料污染有关吗？”凯瑟琳问。

“不知道。”图伊回答，“去年我们在捕获的磷虾中发现了塑料颗粒。对所有人来说这是一个令人难过的发现。我们要采集更多样本，还要与之前的研究数据比较。”

气氛变得有些凝重，简开口说道：“好了，让不开心过去吧。还记得思考全球化。行动本地化吗？我们正在为解决这一问题贡献自己的力量。明天早上还要早起出发，所以现在早点休息吧。”

第二天天亮得很早，图伊等人匆匆吃过早餐，和其他研究人员一起登上“海洋蜜蜂号”考察船的甲板。凯瑟琳印象最深刻的是大家的合作是多么亲密无间。进行安全和应急疏散提示后，为期两天的出行开始了，计划安排是乘船经过像摩天大楼一样矗立在南极洲的冰川、冰山和冰架。

当天下午晚些时候，简来到甲板上找到凯瑟琳问她：“凯瑟琳，能否到厨房来帮忙？史蒂夫和我可以继续与你在厨房探讨发掘优点的课程。”

下到船舱，她们来到一间宽阔的、不锈钢制成的厨房间，里面现代化厨房设备一应俱全。“请坐在高脚凳上休息一下，史蒂夫马上就到。”简说道。

她冲了一壶咖啡，凯瑟琳告诉她拜特欧菲尔德收割机公司和自己这段时间游历的情况。史蒂夫像一阵风似的走进来，对自己迟到表示抱歉，端起咖啡和两人聊起来。

“好的，凯瑟琳，我知道图伊和若琪已经告诉你很多关于优点的知识了。”史蒂夫说道。

“是的，这是我能做也是我爱做的事情。”凯瑟琳回答道。

史蒂夫喝了一口咖啡，向凯瑟琳竖起大拇指。“简和我想从团队工作的视角与你探讨发掘优点。我常常听到人们在讨论相互误解，但他们没有认识到，自己正在让听他们倾诉的人感到沮丧或者受到伤害。谈话对象将会做出错误的假设。”史蒂夫解释说。

“错误的假设？”凯瑟琳问道。

“他们认为对方是在伤害他（她），或者把对方贴上自大、粗鲁、胆怯、百事通、悲观主义者等标签。这些内在的标签经常是负面的。”简解释说。

“然后他们的偏见加深了。”凯瑟琳说道。

“是的！”史蒂夫点点头，“我们想聊一聊沟通偏好，因为你参与的项目是发掘优点，所以这一点应该对你很有启发。这些偏好往往是先入为主甚至做出判断。事实上，我们天生就有这种倾向，而且它强有力地影响我们沟通和认识真相的方式。”

“这也不利于团队发展。”凯瑟琳说道。史蒂夫和简都点点头。随后简走进冷藏室开始打开水果和蔬菜的包装。她把它们按颜色分成四类——红色的西红柿和灯笼椒，黄色的南瓜和香蕉，绿色的青豆和生菜，还有蓝莓和李子。

“有没有听说过外向型人格和内向型人格？”史蒂夫问凯瑟琳。

凯瑟琳点点头道：“外向型人格很喧闹，内向型人格很安静。”

“没错，不过问题的关键是他们倾向于如何思考，倾向于如何自我充电。一个人有多喧闹或者安静也许是一种表现形式，但是除了声音大小，还有更多决定因素。”史蒂夫说着从上衣口袋中掏出一卷美纹胶带，然后在案台中间竖着粘出一条线。“凯瑟琳，我是视觉型学习者，所以我把我的观点直观地展示给你。”

“在这条线的左边是内向型人格。”他说道。简把蓝莓和绿色的果蔬轻轻地放在左边，仔细地分类，把蓝莓放在上边，绿色的放在下边。她做完这些，史蒂夫接着说道：“如果你问内向型人格的人一些问题，他们倾向于花时间在头脑中思考答案。记住，我们是在讨论偏好而不是能力。他们反复思考自己要说的话，还要字斟句酌。当筋疲力尽时他们喜欢独处。他们不是反社交，仅仅是因为感觉经常处于很多人中间或者噪音中感觉很累。他们宁愿选择安静地思考。”

凯瑟琳点点头，继续记笔记。

“在这条线的右边，”简说道，“是外向型人格。”她一边说一边把红色和黄色的果蔬放在右边，其中红色在上，黄色在下。“如果你问外向型人格的人一些问题，为了思考他们倾向于听觉输入。”

“什么是听觉输入？”凯瑟琳停下笔，看着简问道。

“他们需要听见他们自己的声音，以便于思考清楚。与需要在头脑中思考一会儿的内向型人格不同，外向型人格会马上说话——有时候甚至在你的问题说完之前。等待别人开始讲话，哪怕是等一小会儿对他们来说也像等了一个世纪。这种沉默很难受，是吗，史蒂夫？”简说着用肘碰了下史蒂夫，开玩笑说道。

“是啊，是啊，我承认我是这种类型的人。”他说道。三个人都笑了。

简继续说道：“一个外向型人格的人开始几秒钟甚至几分钟说的话，不一定是你需要的答案，这些话只不过是他们的想法和思考。他们需要听到他们的思考，以便于内心对自己的想法再考虑考虑。

当他们精气神不足时，如果有人在他们身边听他讲，他们很快就精神满满了。不过我还是想强调史蒂夫说过的——我们正在讨论的是偏好而不是能力。”

“一个人是不是要么是内向型，要么是外向型人格？”凯瑟琳问。

“问得好。答案当然是否定的。”史蒂夫举起双手解释道，“正如你的左手或者右手，你两手都可以使用，但是你又习惯用其中一只手，你感觉用起来自然并且更容易。你能不能用另一只手？当然可以！不过你可能要更有意识地使用它，并且用起来可能感觉有一点点不顺手。”

“当两种沟通偏好相遇，比如说在同一个团队中，可能会导致误解并误判某人的行为和意图。”简说道。

“我猜内向型人格的人会把外向型的人看成聒噪的、自大的、有支配欲的、以自我为中心的、粗鲁的和声音很大的人。”凯瑟琳说道，“他们认为直接说话和频繁的互动会让人心烦意乱，甚至有些不尊重人。”

“完全正确！那么你认为外向型人格的人是如何看待内向型的呢？”简问道。

“可能是觉得他们乏味、愚钝、傲慢、刚愎自用甚至缺乏自信。”凯瑟琳回答道，“我能想象得到彼此都非常看不惯对方。外向型奇怪为什么问内向型的人问题，他们什么也不说；内向型也纳闷什么时候外向型的人能最终闭上嘴巴。”

简和史蒂夫都大笑着点头认可。“而且两种偏好的人听的方式也不一样。”史蒂夫继续说道，“内向型的人听的时候不说话，全神贯注地听他人讲话。他们通过这种方式表达尊重，并且传递一个清晰的信号，即讲话者吸引了他们全部的注意力。”

“与之相对应的是，”简说道，“外向型的人常常接对方的话，以此表明他们正在用心听。他们认为讲话人说上句，他们说下句，表明双方观点一致，而且也体现出他们能真正理解讲话人的意思。有时候一位内向型的人停下理一理思路，这时候外向型的人会善意地插话，他们认为这些话就是内向型的人想要表达的。”

“我也承认我是这样的人！”凯瑟琳举双手说道，所有人都笑了。

“两种人的意图都是好的，他们都希望表现出他们正在倾听，但是因为偏好是如此不同，人们最终相互误解，感情受到伤害。”史蒂夫说道。

凯瑟琳看着案台上的果蔬问道：“刚才是不是说右边果蔬代表外向型，左边果蔬代表内向型？那么颜色又代表什么呢？”

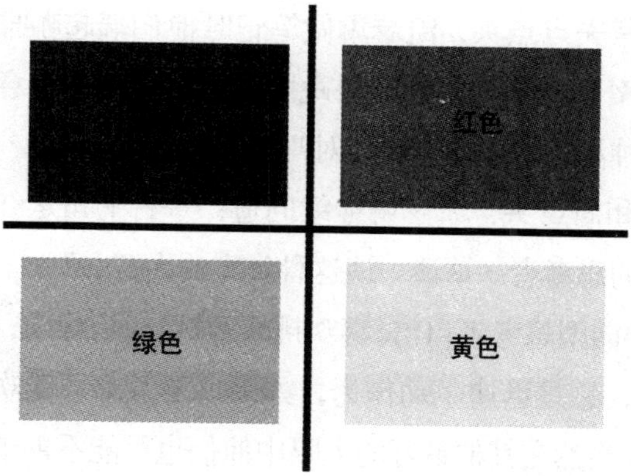

“哦，我马上就讲到它。”史蒂夫回答道，他拿出美纹胶带在中间横着贴出一条线。

“现在我们看横线上半部分——蓝色和红色。第二条沟通偏好是关于人们倾向于如何做决定的。横线上面的人被称为思考者。他们看待问题能经常做到黑白分明，不让感情因素掺杂其中。”简说道。

“听起来简直说的就是我！”凯瑟琳感叹道，“横线下面是什么偏好？”

“这些人被称为试探者。试探者总是做出有利于团队的决定，而且常常容易做出妥协。他们相信自己的直觉，能高度依赖直觉获取知识。他们也很看重和谐和建立关系。”史蒂夫说道。

“嗯，听想起很像我弟弟内特。”凯瑟琳说道。

“要知道，我们讨论的是偏好。这不是你能或者不能做的问题。你有偏好，并且你也可以走出舒适区，根据身边人的偏好和需要改变自己。关键是强化考虑他人感受的意识。”史蒂夫说。

“我猜思考者会认为试探者多愁善感、无力、情绪化并试图讨好所有人。试探者认为思考者冷漠、无情、不考虑别人感受。”凯瑟琳大声说道。

简和史蒂夫点点头，凯瑟琳做笔记时他们端起咖啡品尝起来。凯瑟琳指着案台上不同颜色的果蔬问道：“这是不是意味着，每组颜色代表两种沟通偏好的结合，对吗？”

史蒂夫和简点头，凯瑟琳继续问道：“右上角是红色，沟通偏好是外向型的思考者。请谈一谈这种类型的人吧。”

“嗯，外向型思考者自信，喜欢挑战，以目标为导向，很关注行动。他们很果断，总是迅速主动作为，如果需要做出不受欢迎的决定也有足够勇气。当然在其他偏好的人眼中他们也可能不善于倾听，傲慢，固执，没有耐心。”史蒂夫解释说。

“听起来说的就是我。”凯瑟琳说道。“绿色在左下角，”她一边说一边查看笔记，“是内向型试探者。请谈一谈这种人。”

“内向型试探者很善于建立长久、深入的关系，是天生的倾听者。他们倾向于稳定，尊重他人，避免直接的对抗和冲突。他们在做决定之前会听取双方的意见，有足够的智慧让观点分歧的双方达成一致。他们可能会被其他人看作反应迟钝，做决定比较慢，老好人或者独自承受挫折的人。”

“听起来像是在形容弗兰克·惠泽尔顿，”凯瑟琳说道，“难怪这么多年我们总是误解不断。那么右下角的黄色代表什么呢？”她问道。

“外向型试探者待人友善，爱社交，能发表鼓舞人心的演说，迅速建立关系，有灵活性。他们能避开冲突，试图达成妥协。在其他人看来他们也许是无条理的，肤浅的，不善于计划，专注力不足，因为他们对事物的兴趣只有三分钟热度。”简解释说。

“那说的肯定是我弟弟内特！”凯瑟琳说道，“最后一个，左上角的蓝色有什么含义呢？”

“内向型思考者很看重全面跟进，有见识，注重细节，会问很多细节性问题，要求很高，能迅速抓住争论中的优点和弱点。他们可能被看作是爱挑剔的，不容易亲近的，冷漠的，不容易沟通交流的人。”简说道。

“我妈妈和奶奶就是这样的人。”凯瑟琳自言自语道。

“请记住，”简继续说道，“每个人内心都有4种偏好，没有人是非此即彼的。但是，你最偏好的那一种影响你思考和做决定的方式，同时它也影响你是如何看待不同的偏好的。凯瑟琳，事实就是——如果了解这些知识将有助于你以新的视角看待他人，并且更好地理解正面的意图是如何驱动他们的行为的。”

史蒂夫又从上衣口袋中拿出一个三棱镜放在水果和蔬菜正中间。“发掘优点是让员工参与并鼓励他们在工作中发挥优点——或者广义地说是在生活中发挥优点。它还意味着发现属于先天优点范畴的沟通偏好。外向型思考者——红色组——能做出艰难的决定，富有远见；外向型试探者——黄色组——非常灵活，无论做什么，他们的热情都富有感染力。内向型试探者——绿色组——能建立信任，在做决定之前真正考虑每个人的感受；内向型思考者——蓝色组——能坚持独立的、客观的观点，即使当团队其他成员非常情绪化的时候。

他们无论做任何事情都会准备得很充分。”

凯瑟琳点点头表示理解，并在心理回顾她在图伊的纸上记下的5个人，这5个人总是设法让她生气。她想，他们所有人都具备其他沟通偏好以及她之前没有发现的优点。

简坐直身体低声说道：“要原谅自己没有先见之明，不知道现在看起来是显而易见的事情。现在我们来洗菜吧，今晚上要让大家把肚子填饱，是吧？”

接下来的两天在船上忙得晕头转向，时间过得飞快，凯瑟琳还没有来得及好好感受，“海洋蜜蜂号”科考船已经慢慢返航回到港口。期间史蒂夫带她乘坐了一次小型潜水艇。让她感到很兴奋的是，她看见企鹅像鱼雷一样游过他们身旁。“他们充分发挥了自己的优势！”她暗暗想到。在船上时，她近距离观察研究人员的工作，对他们的交流和聆听方式产生深深的敬意。她和图伊甚至乘坐一艘救生艇来到一座小冰山前，看到企鹅轮流着跳出水面觅食，场面令人震撼。

等到“海洋蜜蜂号”停泊在麦克默多港口，研究人员一起卸船，把样品小心地存储在实验室中。回到陆地几天后，凯瑟琳直觉告诉自己应该继续往下走了。第二天她和图伊飞回克莱斯特彻奇。史蒂夫和‘大黄蜂’项目的3位成员要多待上两周时间，然后一起返回新西兰。

当天晚上他们品尝过一杯红酒后，图伊拿出一封信送到凯瑟琳面前。凯瑟琳看到信封上父亲的熟悉的字体，笑着打开信。

亲爱的凯瑟琳：

你的第四段旅程马上要结束了，我能想象得到，最近这些天的经历对你来说肯定是难以忘怀的。我一直都想去南极看看，但是一直没有时间。或许等我真正退休后，我和你妈妈就能成行了。

发掘优点是棱镜模型的第四项内容，对打造公司敬业文化、提升自我认可度、促进健康和生活水平都很关键。这对员工、对他们的家庭以及对公司的利润都有好处。我很好奇你将如何把在“大黄蜂”项目中学到的知识运用到拜特欧菲尔德收割机公司中来。我是了解你的，你已经制定了一个计划吧？

图伊她们已经为你准备好了下一段旅程的机票，3 天后你将离开克莱斯特彻奇，或许你可以抽时间再去划一次独木舟，在打包行李回家之前，好好利用你的防寒服。对了，最后一段旅程是回到印第安纳州，我都等不及要再给你一个大大的拥抱了。

爱你的爸爸

凯瑟琳读完信抬起头，眼角湿润。“我要回家了！”她轻声告诉图伊。

“是啊，你爸爸让我转交给你一件礼物。”图伊说道。

她递给凯瑟琳一双棒球手套。

凯瑟琳看起来很疑惑，问道：“我需要棒球手套吗？什么意思？”

图伊耸耸肩说道：“我也是一头雾水。不过我乐意用这双棒球手套来换一件防雪服。

“哈哈，没问题，我愿意。”她说道，两人都大笑起来。

个人思考——关于发掘优点的知识点

凯瑟琳在这一章节的任务是聚焦领导者和管理者在员工身上发掘优点。

第一个因素：要解决的任务是根据林利的定义确定优点的定义。

“优点是一种先天存在的能力，在某些行为、思想、感情上有特别的方式，对拥有这种优点的人是真实的、能带来能量的，有助于更好地发挥作用和完成任务。”

本章稍后总结优点是能做＋喜欢做的事情。请再下面横线上写下你能同时满足这两个标准的任务：

____

____

为了探讨发掘优点的作用，研究人员指出它为工作带来 10 个方面的作用：

1. 整体提升幸福指数。员工的快乐增加，烦恼减少。

2. 员工如果有机会发挥自己的优点，他们的压力也将减少。

3. 人们更有精力。他们做的事情不会耗干他们的能量，这些事情他们本来就很感兴趣，做事情感觉能量“流动”到身体中。

4. 如果人们在工作中利用优点，那么他们生活的总体满足感更强。

5. 人们更自信，因为发挥优点有助于提升自信心。

6. 发挥优点让我们更快成长、成熟。挫折被看作是磨砺，或者是为未来的成功做准备的。

7. 员工在工作中利用优点会更机敏、更有创造力。

8. 员工利用优点并取得成功，他的工作将变得更有意义。

9. 利用优点的员工的敬业度是没有利用优点的员工的敬业度的 6 倍。

10. 当领导者开始关注员工优点，团队的表现将会更好，并且将获得更多的成功。

第二个因素：展示优点的类型并给出例子。

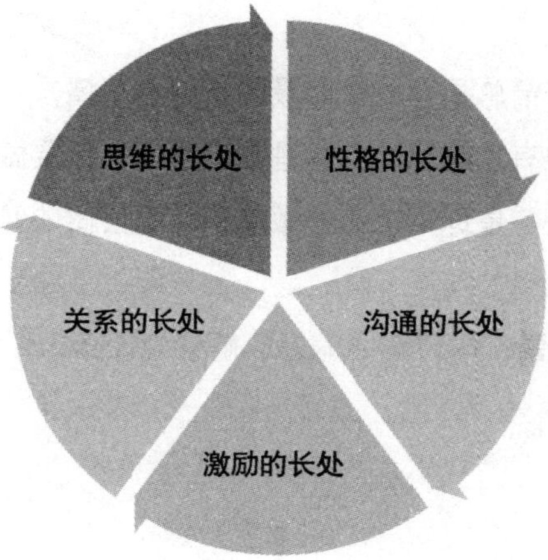

第三个因素：建议采用更多的培训方法，与员工谈论他们的优点。如果带着诚恳和欣赏的态度，一次长时间的面对面的发掘优点和弱点的谈话能建立信任和良好的关系。

发现潜在优点的问题

1. 在工作上什么事情让你觉得是真正有意义的一天？请描述一下。

2. 工作中做哪种事情带给你力量？

3. 工作中什么时候你感觉到"真正的自我"？

4. 工作中你更喜欢做哪些事情？

5. 你状态最好的时候在做什么工作？

6. 当你设想未来半年到一年的工作，你希望在状态最好的时候做什么？我能通过哪种方式帮助你呢？

发现弱点的问题

1. 工作中哪些事情是你确实不愿意做的？哪些事情完全是在耗费你的精力？

2. 哪些事情总是被放在你最后要做的事情？

3. 工作中有没有你认为总是推迟或者避免要做的事情？

4. 哪些任务是你不情愿去做而不得不去做的？

第四个因素：探讨沟通偏好，解释为什么人们会相互误解。

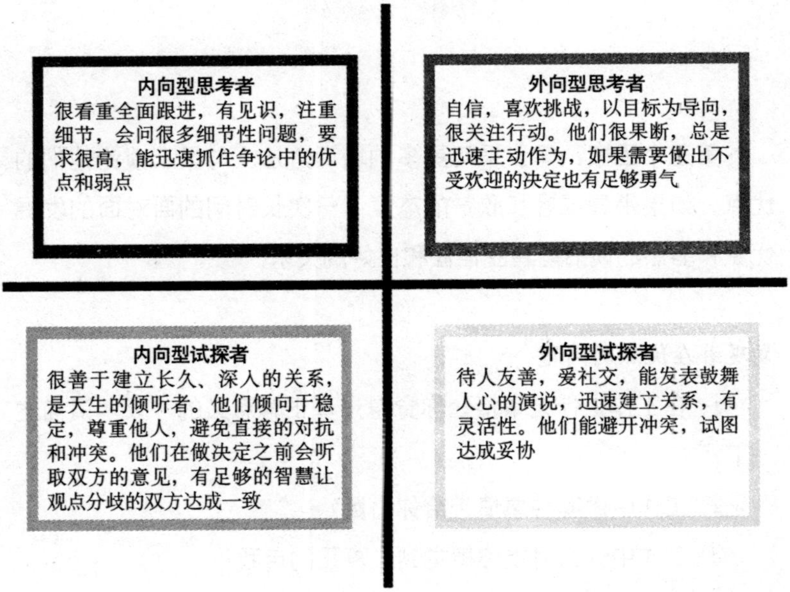

你认为自己在这个矩阵中的哪个位置？

____

你最大的偏好是什么？

____

哪一种偏好能让你走出舒适区？

____

下图是其他人如何看待这些偏好的：

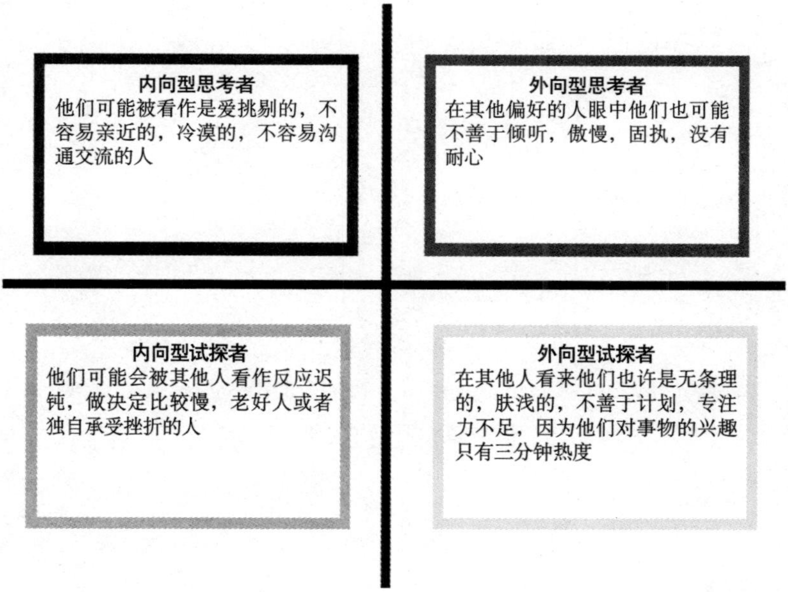

根据沟通偏好的定义，试着填写下面的表格，列出你的同事——特别是经常惹你生气的人。

人名	我什么时候发现这个人能量满满？他（她）为什么喜欢做那件事？	我从这个人身上看到哪些天生的优点和天赋？	我能从这个人身上学到什么？

第六章

印第安纳州拉斐特市——安全抵达

回到温馨的家

在克莱斯特彻奇最后的几天里，凯瑟琳享受着那里宁静和美丽，每天远足、划船、晨跑。一直行走在户外帮助她整理思路，想清楚自己究竟要做什么工作。“我应该留在研发中心还是接任 CEO 的位子？我是否已经准备好展翅飞翔？我真的想好了吗？”她陷入沉思。

与所有人真诚地道别并表示要保持联系后，凯瑟琳登上了回家的飞机。她的思绪回到第一段旅程中与若琪在印度的交流，当时她正努力寻找自己的目标。她依然没有完全实现，但在与图伊和若琪的讨论中发现了自己的两个关键优点：分析技巧和对变化的渴望。她在生活中反复用到这些优点，现在想知道它们如何对身边的人产生更大的影响。她希望早晨起床后有一个清晰的目标，为拜特欧菲尔德收割机公司做自己应该做的事情。诚然，关注产品发展和长期战略性增长符合所有人的利益，但是在内心深处她知道要做的应该更多，仿佛身上有个痒的地方但是她一直抓不到那里。

飞机终于降落在拉斐特，凯瑟琳深深地叹口气，不知道有没有人来迎接她。领取行李后，她走出旅客通道，远远地看到弟弟内特挥舞着“欢迎姐姐回家”的牌子，开心地看着她笑。凯瑟琳也笑着走向他。

内特给她一个大大的拥抱，然后退后一步上下打量着她。“姐姐，你变了，我说的不仅仅指小麦色，总之是全身上下透出不一样的气场。”他说道。

凯瑟琳笑道：“气场？让我展示给你看！”她开玩笑地在内特胳膊上打了一拳。

内特赶忙换了个话题：“估计你也饿了吧？我自作主张在市里你最喜欢的那家饭店定了个位置，要是你不介意，我们去那里吃晚饭吧。”

“嗯，听起来像是专门为我安排的。爸爸会来吗？”她的声音中充满期待。

“爸爸当然想来，但是后来决定还是让你正式完成所有行程再见面，他让我转达他的爱意。”内特觉察到凯瑟琳有些失望，他又强调道，“爸爸真的为你感到骄傲，凯瑟琳，而且他希望尽快见到你。”

用过晚餐后，凯瑟琳在餐巾纸上画出她去过的地方，与弟弟分享她在每个地方的收获。说完这些后她注视着内特说道：“在过去几个星期中我对我们之间的关系有了很多新的认识。内特，我们为什么不能直视对方？为什么过去这些年很多事情越来越糟糕？过去我没有真正倾听你的想法，没有倾听你的意见背后的含义。更像是一头闯进瓷器店的牛，现在我才认识到过去毁坏了那么多的瓷器。我希望我们一起修复它们。我想弥合裂缝，并找到尽可能利用不同方法和视角看待问题。到最后，至少在工作上我们能做到同样的事情。我们都希望拜特欧菲尔德收割机公司做到最好。你是怎么想的，弟弟？”

“你说的这些听起来就像音乐一样美妙，凯瑟琳。”他回应道，“但是我想说，请不要自责。我知道公司没有你肯定不行。我们两人也许从来不会完全一模一样，但是你说得有道理，如果我们找到一种团结协作的方式而不是互相针对，那么没有什么事情能阻挡我们。想一想那将有多厉害！”内特充满激情地说道。

凯瑟琳轻松地笑了，内特身子往前靠，从桌子对面伸手握住凯瑟琳的手。“姐姐，现在不要对我说这么肉麻的话，要不然我鸡皮疙瘩都要出来啦。”他笑着向她眨眼睛。

凯瑟琳调皮地踢了桌子下面弟弟的腿。“我说嘛，你还是喜欢这种方式！”他说着看了看手表，“现在已经很晚了，再加上有时差，你又去了这么多不同时区的地方，体内生物钟可能全紊乱了。明天早上 9 点你要赶到文体中心。爸爸说让你去找 TJ。哦对了，他特别交代要你穿上跑鞋和运动服。最后一点，他说要提醒你带上图伊送给你的棒球手套。”

凯瑟琳还想套出更多信息，但是内特回答说：“我只能说这么多了，姐姐，我什么也不知道，我就是捎个信。”

一起打棒球

凯瑟琳晚上休息得一点也不好，第二天早上 7 点整，她不得不爬起床，冲了一杯浓咖啡。新西兰和印第安纳州相差十八个小时，凯瑟琳还没有倒过来时差。

差几分钟 9 点，凯瑟琳开车来到市区文体中心外满是尘土的停车场，看到一辆老旧的雪佛兰小货车停在那里。因为时间还早，她发现四周空无一人，感觉像来到一座鬼城。文体中心位于城市的贫民窟，平时她都不敢一个人来。“TJ，TJ，到底谁是 TJ？”她一边进入文体中心一边念叨着。身后嘎吱作响的门关上了，走道上日光灯开着，她眯着眼适应光线。

“喂，有人吗？”凯瑟琳大声喊道。

从建筑物的某个地方传来一位男性的声音：“凯瑟琳，马上就来！”过了一会儿，苏珊的爱人汤姆 · 威尔逊从角落里气喘吁吁地跑过来。“嗨，很高兴再次见到你，凯瑟琳。不好意思，我刚才在装货。明天晚上我们要在这里比赛，所以要把队服洗得干干净净，衣服染上青草汁可不好洗了！”

“你好，汤姆，见到你我也很高兴。你从拜特欧菲尔德收割机公司退休多久了？”凯瑟琳很有礼貌地同他闲聊起来。

“哦，差不多有两年了。明年苏珊也要退休了。20多年来她一直是你父亲的得力助手，他们一直是大家眼中的‘动感二人组’。他总是说如果不是苏珊组织力强，事情将变得乱糟糟。”

凯瑟琳报之以微笑，但心里在琢磨：“为什么我不知道这些事情？”她微微皱眉，换个话题问道：“嗯，我被告知要来这里找TJ。你知道谁是TJ吗？”

“就是站在你面前的这个人，如假包换！”他指着头上戴的棒球帽说道，帽檐上缝着“TJ”两个字母。“我是小汤姆（Tom Junior），我父亲老汤姆（Tom Senior）一直叫我TJ，后来这个名字就叫开了，至少在生活中大家一直是这么称呼我的。后来在拜特欧菲尔德收割机公司，同事们称呼我汤姆或者威尔逊先生。”

凯瑟琳瞠目结舌地盯着他，几乎说不出话来。过了一会儿她回过神来说道：“你是我的棱镜之旅的最后一位导师？”

“是的，”他眨眨眼睛答道。他摸索着从口袋中掏出一个小三棱镜。“看着有些眼熟吧？”他问道。

凯瑟琳笑着点点头，不知道该说什么。汤姆打破尴尬的气氛，开口说道：“要不来杯浓咖啡和刚做好的美式甜甜圈？新鲜出炉的！听苏珊说你喜欢原味的，所以早晨在来的路上我买了半打。满世界走了一圈后，我想你也许想念家乡的味道了。”

“热咖啡和甜甜圈？好贴心啊！”她笑着说道，跟着他来到后勤办公室。

享用美食的过程中，凯瑟琳介绍她去过哪里，关于P、R、I、

S 她都学到了什么。“别让我蒙在鼓里了，汤姆。我去过世界很多地方，不过看起来最后的谜底要在我自己的家乡揭开了。M 代表什么呢？”她问道。

“M 代表思维模式（Mindset）。”他实话实说，“说得更具体点，它代表成长型思维。”汤姆边说边走到一块破旧的黑板前，拿起粉笔写下“思维模式”一词。凯瑟琳赶快拿出笔记本开始记笔记。

“汤姆，我洗耳恭听。开始吧！”她鼓励道，并且很高兴终于进入主题了。

“嗯，关于思维模式的研究主要基于卡罗尔·杜依克博士的著作。我承认我是她的超级粉丝，她的著作确实对我的工作帮助很大。我在这里主要做青少年工作，他们都没有机会在良好的环境中成长，而良好的环境对个人的成长和智力发展有着至关重要的作用。”

“你在这里具体做什么呢？”凯瑟琳打量着房间的环境问道。她看到相框中有很多照片是关于汤姆与不同年轻人的合影，还有很多比赛获胜的奖杯，还有墙上挂着的亨利·福特的名言警句。凯瑟琳大声读出来：“无论你认为自己能做到，还是不能做到，你都是对的。”

“是的，那是我的座右铭。至于你的问题‘我们来这里做什么？’嗯，很简单：打棒球！”汤姆笑着说。看到凯瑟琳脸上疑惑的表情，他接着说道：“好吧，我们不只是打球。我的人生目标是通过我在棒球上的技术和对上帝的信仰从而与孩子们联系在一起，赢得他们的信任，以便于帮助他们成长为有责任心的、自信的年轻人。这就是我们要做的事情，我已经做了 40 多年了。”

凯瑟琳还在思考汤姆的话，她突然想起来说道：“安娜和沃瑞西莫！我在圣保罗见过他们。你和苏珊资助过他们，是吧？”

汤姆的眼神立刻像点亮的圣诞树一样明亮，他点头说道：“我很为他们两人骄傲。听说你与他们待过一段时间，苏珊和我都很高兴。如果我没有弄错的话——这就是注入能量——你旅程的一部分。

他们确实为他们的公司恩那福德新能源公司注入了能量。”他讲完这个自编的笑话就笑起来。

凯瑟琳点点头也笑起来。

“2006年，卡罗尔·杜依克（Carol Dweck）出版《思维模式：新成功心理学》（*The New Psychology of Success*）一书后，思维模式的概念开始流行。”他一边说一边把书沿着桌面推到凯瑟琳面前，然后从左边底部向上画一条箭头，写上“固定型”，又从右边底部向上画一条箭头，写上“成长型”。

固定型思维的人相信或者在成长的过程中被灌输一种说法，即智力和天赋是成功的两个主要因素。他们不认为勤奋或者努力工作是必须的。要么有天赋，要么没有。他们的性格、天赋和智商是固定的。出生拥有什么就是什么，全凭运气。杜依克的研究显示固定型思维的人总是逃避挑战，因为他们可能会输。遇到挫折和挑战时，他们往往在一开始就缴械投降，不会付出真正成功所需要的努力。他们也总是把所有批评都当作人身攻击，躲在角落舔舐伤口而不是从中总结经验。其他人取得成功，他们不是感到高兴，而是感觉受到威胁或者产生嫉妒心理。”

汤姆停下来等凯瑟琳记完笔记。“这种思维模式是从哪里来的呢？”她问道。

“嗯，问得好，我待会儿再回答你。我们先来看一看硬币的另一面，成长型思维。”他说道，凯瑟琳点点头。汤姆问她：“凯瑟琳，你认为与固定型思维相对应的是什么？”

“嗯，完全对应意味着成长型思维的人相信智力能随着时间增长，不是‘要么从出生就有，要么没有’。成长型思维的具体含义是成长。从练习、从学校、从受到批评后的改变中成长，加倍努力获得成功。”凯瑟琳猜测道。

“你说道点子上了！”汤姆感叹道。

“成长型思维其实就是征服，对吧？不断取得进步，并且相信自己有潜力做得更好。”凯瑟琳说道，想起她在印度的学校与若琪的丈夫维韦克讨论的情景。

“是的。成长型思维的人遇到困难时不认为他们失败了。他们把战胜困难当作学习的过程，并且坚信他们的天赋不是一成不变的。我觉得他们在某种程度上就像园艺师一样。”

“为什么说像园艺师一样？”凯瑟琳问道。

“因为他们坚持不懈培养天赋和技巧。这正是我们在文体中心开展的课余项目‘助力人生’。在孩子们童年时期就在他们心中种下金种子，剔除故步自封的思想，树立展翅飞翔的志向，从而帮助他们实现人生的成功。我们也会训练给予和接收反馈，这是成长型思维的基础。这些年轻人在学校接收反馈，参加工作后也会接收反馈。如果他们能从中学到什么而不是逃避责任，或者受到挫折、犯下错误、遭遇不幸时归咎他人，他们的人生将会出彩。”汤姆总结道。

金种子的说法让凯瑟琳马上想起在新西兰时听到的“大黄蜂”项目。“成年人还有没有可能打造成长型思维？”她问汤姆。

“嗯，”汤姆解释道：“你越早培养成长型思维，显然你的人生取得成就和成功的机会越大，卡罗尔·杜依克称之为‘未定的力量’。当一个人被告知‘你没有做到某件事’‘你失败了’‘你的聪明才智不足以让你做某件事’或者‘你没有做某件事的天赋’，那么……”

“那么，这个人的心中就种下了一颗铅种子。”凯瑟琳接着说道。她这次又抢话了，因为她想起在新西兰时同图伊和若琪的讨论。

“是啊，这些铅种子像杂草一样在人们的思想中发芽。卡罗尔·杜依克在‘未定的力量’的观点中指出：当人们被教导说‘你还没有完成某件事’‘你还没有成功’‘如果你努力去做，你能学会’或者‘只要去尝试，天赋是可以培养的’……”

“那么就会在他们心中种下金种子，发展出成长性思维，人生也将辉煌。”凯瑟琳再次抢着说道。

汤姆点头认可，说道：“你说出了我想说的话。”

“不好意思，这是个坏习惯。我是外向型性格——这种性格往往如此。”凯瑟琳说着笑起来，她想起在“海洋蜜蜂号”上关于沟通偏好的课程。

汤姆笑着继续说道：“没关系，我也总是做同样的事情。有时候惹得苏珊很生气。”

他们品尝着甜甜圈和热咖啡，汤姆继续说道：“刚才你问我成长型思维是从哪里来的？”

“是啊。固定型思维的人是不是如同天生的悲观主义者一样，对自我形象总是持有否定态度？”凯瑟琳一边拭去嘴边的面包屑一边问。

“不，”汤姆回答道，“卡罗尔·杜依克认为固定型思维的人如果没有经历失败和挫折，他们和成长型思维的人一样愉快、乐观和开朗。但是一旦遇到挫折，他们立刻坐立不安，惊慌失措，不知道你是否理解我的意思。突然间，障碍和困难变成悲剧，他们因此变得过度紧张起来。”

“当他们有压力时，就不能清楚地看或者思考，视野像管道一样狭窄。”凯瑟琳一边说一边回想与尼尔斯在斯德哥尔摩时的讨论。“他们找到解决问题办法的眼界和能力被限制了。”她又对汤姆说道。

“正是如此！从此他们的人生每况愈下，”他回应道，“现在回到你的问题：固定型思维是从哪里来的？研究人员认为即使长大以后，人们也相信孩童时期成长的环境和听到的话语。我想你现在最想知道的是：成年后能改变这种思维模式吗？研究人员的看法是‘可以’，能够改变。每个人的确还有选择。思维模式不过是一种信念，当然，是一种强有力的信念。但它们都在你的心中，可以被改变。正所谓有志者事竟成。”

“嗯，这可真是好消息！”凯瑟琳说道。

“当然是的。思维模式其实就是智力和性格。这是关于智力的表述，看看你最认同或者不认同哪一条。”

汤姆说着交给凯瑟琳一张纸，凯瑟琳从头读起来：

1. 智力是一个人最基本的特质，基本上不能被改变。

2. 一个人可以学习新东西，但是人的智力水平其实不能被改变。

3. 无论一个人的智力水平如何，总是可以在很大程度上依赖它。

4. 一个人可以大大改变智力水平。

“是的，这四个问题不仅仅关于如何看待智力。你也可以用能力或者天赋来替换智力这个词。”汤姆解释说。

“你的意思是说运动能力、艺术才能或者……”凯瑟琳说道。

“或者领导力。”汤姆接着说道。

凯瑟琳不好意思地笑了，问道：“那一个人只属于一种类型还是存在交叉混合的情况？”

“嗯，可能有混合的，但是卡罗尔·杜依克的研究显示一个人总是更多地表现某种类型的特征。接下来是四个关于性格的问题。我们要讨论的是一个人的个性和性格特点。”汤姆解释说。

1. 你是某种类型的人，这一事实几乎无法被改变。

2. 无论你是哪种类型的人，你总是能发生很大的变化。

3. 你可以做不同的事情，但影响你的类型的关键内容不会变化。

4. 你总是能改变影响你的类型的基本内容。

“我猜问题 1 和 3 指向固定型思维，问题 2 和 4 指向成长型思维。”凯瑟琳说道。

“正解！”汤姆赞许地说道。

“我在圣保罗见到安娜时，她告诉我她是如何克服不敢在公众面前演讲的心理障碍的。这是不是你们提出的关于能力或者天赋的局限性认识？”凯瑟琳问道。

“是呀。安娜具体是怎么克服的？”汤姆感兴趣地问道。

凯瑟琳笑着继续说道：“安娜说她过去的一些局限性认识，例如‘我不能在公众前演讲’，已经引起其他负面想法。”

“比如说呢？”汤姆问。

“比如像‘我感觉站在台上就像个傻瓜’‘没有人对我的演讲感兴趣’或者‘我讲的会让他们感觉乏味得走神’。”凯瑟琳说道。

汤姆点点头，凯瑟琳继续说道：“这些负面想法导致恐惧、压力、紧张或者焦虑等负面情绪。负面情绪又会影响到行为。当她带着这种感觉站在舞台试图做专业演讲时，可能结结巴巴、头脑一片空白，满头大汗或者不能无法应对刁钻古怪的提问。糟糕的演讲导致所谓的偏见固化，总体上加深她的自我认知，即自己的确不善于演讲。”

凯瑟琳站起来在黑板上写下事情的演化过程：

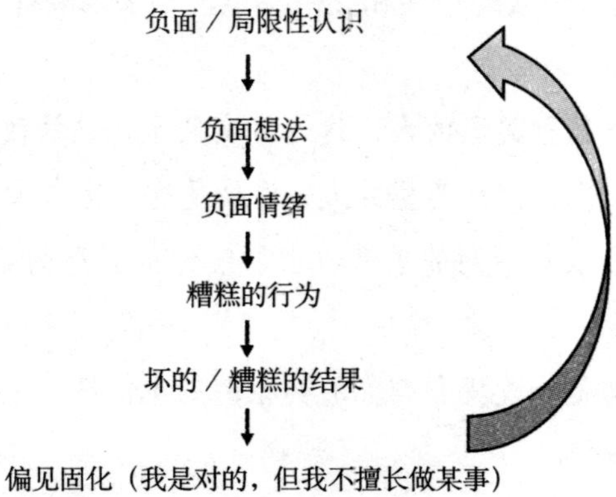

“最初的局限性认识是铅种子。它毒害随之而来的一系列事情。”凯瑟琳对汤姆说道。

“思维模式的理论认为这些铅种子都是可以被改变的认识。越早改变越好。即使是成年人也能去除负面的认识，树立正面的认识从而促进个人的成长。”汤姆说道。

“未定的力量的确很强大，”凯瑟琳附和道，“所以，你的工作是帮助青少年？能否谈一谈你的工作。”

“我一直喜欢打棒球。这是一项非常需要团队配合的运动，但是个人表现也是关键因素。我带了几个不同年龄段的队伍，而且我很看重体育精神、团队协作和精益求精——不断提高，学会把挫折当作未来进步的阶梯。”汤姆解释道。

这时候有人敲门，汤姆喊道：“请进！”

一个男孩把头探进来说道：“早上好，威尔逊先生。”看到凯瑟琳也在房间，他又说道：“哦，对不起，希望没有打扰到你们。我来是想说我们都到齐了，现在在场地上做热身。”

汤姆站起身招手让这个男孩走进房间。“乔，这是凯瑟琳，接下来的一段时间她将协助我训练球队。她在一个新项目上有研究，我需要她帮助我管理。”汤姆解释说。

“很高兴见到你，女士，你能加入就太好了！”乔笑着说。

凯瑟琳也笑着说道：“谢谢你的欢迎。”

男孩离开后，凯瑟琳对汤姆说道：“我对棒球一窍不通。我是说，我只是对规则有大致的了解，比如说有 1 支球队有 9 名队员，场上有 4 个垒，但仅限于此。我不知道我能做什么。”

“我不需要你很懂棒球，凯瑟琳，有我呢。现在穿上运动鞋跟我去场地上看看吧。”汤姆说着吃完最后一个甜甜圈，有些淘气地笑着。

在场地上站着一群年龄从 13 岁到 16 岁不等的男孩子。汤姆为大家逐一介绍后说道：“凯瑟琳将训练你们的冲刺和跑步姿势，她是这一方面的专家，俗话说老狗学不来新把戏，今天我要看看你们能不能学到新把戏！”汤姆说着，所有人都笑了。

“凯瑟琳，现在我把他们交给你了。我要离开一个小时左右，去看看干洗的衣服。”他说着转身向办公楼走去。

凯瑟琳接受了任务，很快调整思路开始训练。她马上让孩子们排成一排，分析他们的跑步姿势，纠正错误姿势并称赞他们的进步。孩子们认真听她讲解，两个小时后汤姆回来时，大家都发自心底地感谢凯瑟琳。

“教练，他们的表现如何？”汤姆问道。

“很有潜力，也很有天赋，他们都很渴望学习。”她一边回想与汤姆讨论的成长型思维一边说道。

“听你这样说很欣慰！”汤姆说道，“午餐已经准备好了，在休息室。孩子们，去享用潜艇堡和冷饮吧，现在解散！”

男孩们奔向休息室，凯瑟琳和汤姆也跟着一起去吃午饭。下午是汤姆的训练课，凯瑟琳和大家一起参加训练。凯瑟琳依旧不知道能帮什么忙，所以她干脆放松下来，全身心投入训练。到目前为止旅程中所有活动都是有意义的，所以她在直觉上相信，即便是在家乡一个棒球场地边的休息区，与一群满头大汗的男孩子坐在一起也是值得的。

下午，大家正在做练习时，有两个孩子起了冲突，一开始只是争吵，很快演变为推搡和言语上的辱骂。汤姆飞身跑去拉开他们。

“嗨，怎么回事？你们为什么发生矛盾？”他冷静地问。

“瑞恩没做值日。”一个男孩子抱怨道。

“怎么了，萨姆？”汤姆问道。

“小屁孩！”萨姆还没开口，瑞恩不屑地说道。

“午饭后我们两个收拾厨房，擦桌子、洗碗，把调味料放回冰箱。瑞恩一直坐在那刷手机，所有活都是我一个人做的。”萨姆抱怨道。

“是这样吗，瑞恩？”汤姆问道。

凯瑟琳看到瑞恩的脸一阵发红，意识到萨姆说的是实话。“我爸爸说，在厨房干活的都是女孩子，真正的男子汉从不进厨房。”瑞恩闷闷不乐地说。

“所以，萨姆说的都是真的了？虽然轮到你值日，但是你没有做应该做的事情？”汤姆问道。

瑞恩双臂交叉在胸前，坐在原地不说话。汤姆也一动不动，耐心地等待。好像过了一个世纪，瑞恩终于咬着牙说道：“好吧，事实就是这样，你们开心了？”

“不，我不开心。”汤姆说道，“我们的值日表规定得很清楚，你加入团队时也同意值日。今天你一直坐在那里看手机视频，让你的队友一个人干活。我很难过，因为我很看重公平。我希望你以后能承担你应该承担的值日工作。”

瑞恩脸更红了，双臂依然倔强地交叉在一起，低头看脚，汤姆再次停下说话，直到瑞恩开口说道：“好的，教练，对不起。”

汤姆对其他队员说道：“你们去冲澡吧，我还要在这里处理这件事。不要忘了你们的伙伴，你们中的一些人还在水深火中啊。”他开起来玩笑。

其他队员都走后，汤姆对瑞恩说道：“你是否认为自己应该向萨姆道歉？我还想知道你怎么弥补这件事。”

瑞恩转向萨姆说道：“哥们儿，不好意思让你一个人干活了。如果你愿意，明天和后天我一个人值日好了。”

萨姆想了一会儿然后说道：“那明天你来做吧，后天我们还是一起值日吧。不管怎么说谢谢你的提议。”萨姆伸出手，瑞恩也伸出手握在一起。

“瑞恩，谢谢你的道歉。你能承认做过的事情并主动提出值日两天，我为你感到骄傲。这正是我欣赏的团队精神！”汤姆赞许地说道，“好了，你现在可以走了。明天下午见！”

瑞恩走向休息室，汤姆转身对萨姆说道："萨姆，我很高兴你没有接受瑞恩后天一个人值日的提议。我认为公平真的很重要，你对这个问题处理得很好。"

萨姆咧嘴一笑说道："没什么，教练！明天下午见！"他又对凯瑟琳说道："另外还要谢谢你今天的指导。晚安。"

"这是我的荣幸！明天见。"凯瑟琳笑着说道。

汤姆和凯瑟琳慢慢走向文体中心的休息室，她极力忍住没有打哈欠。时差还没有倒过来，她的头脑已经有些迷糊了。她看了看手表，现在是下午 4 点钟。"今天就到这里吧？"汤姆建议道。

凯瑟琳竖起大拇指笑着问道："明天还是在这里？还是老时间？"汤姆双手竖起大拇指回答道："晚安，睡个好觉！"

凯瑟琳胡乱吃了点东西，很快洗漱完，一头扎在床上睡着了。

全垒打

第二天早晨，凯瑟琳把车开进文体中心停车场，车身后一片尘土飞扬。汤姆的皮卡车已经停在那里，她走进大楼的时候喊了一声他的名字。"在厨房！"汤姆回答道。凯瑟琳看到汤姆正在搬食物和饮料，走过去帮忙。他们都不说话，但是配合默契。干完活后，汤姆问道："来点咖啡和甜甜圈？"

向咖啡中加了一些奶油后，他问道："昨晚睡得好吗？"

"睡得昏天黑地。"凯瑟琳回答，"对了，今天怎么安排？"她有些好奇。

"反馈——接收并给出反馈。这是成长型思维的重要方面。"他一边指着桌子上的棱镜一边解释道，并顺手端起咖啡啜了一口。

凯瑟琳从包中拿出笔记本，在空中晃了晃表示可以开始讨论了。

汤姆笑着说："不是在这里。这节课程我们去棒球场上。"

“在室外？在棒球场上学习反馈？”她疑惑地问道。“女士，相信我没错的。”汤姆开玩笑地说道。

她露齿而笑。吃过早饭后，他们一起来到棒球场，站在本垒。汤姆胳膊下夹着一个挂纸白板，问道：“当你听到反馈这个词的时候脑子中想到的是什么？”

“嗯，我想它的字面意思是表达你对某人所做某件事的感受，或者告诉某人他（她）做的事情或者说过的话。”凯瑟琳一边思考一边回答，“反馈可能是积极的，也可能是消极的，在我看来，在给出反馈之前需要认真思考。”

“是的，我同意你说的。我就着你说的继续谈，反馈是关于其他人的行为并且对你的影响。反馈不是针对个人的，一旦它降低到个人的层面，很快就成为一种攻击，人们会被分门别类或者贴标签。”汤姆说道。

凯瑟琳回想过去的反馈谈话，无论是与团队领导，直接下属还是与家人，谈话常常搞得一团糟。“以前我认为我给出的反馈是正确的。”凯瑟琳承认道，“但是最后人们常常说我不近人情或者冷血，从那以后与大家的关系也直线下降。即使到现在我也不知道我错在哪里。”

“凯瑟琳，也许我可以帮忙。你已经踏出了第一步。”汤姆鼓励地说道。

“为什么这么说呢？”凯瑟琳很好奇。

“嗯，你自己认识到有问题，而且我想你也想解决问题。”汤姆回答道。

凯瑟琳笑着点点头。

“顺便说一下，这就是成长型思维。”汤姆向凯瑟琳眨眨眼睛说道，“反馈可能是任何团队中最关键的技巧。说是技巧，是因为可以通过学习掌握它。我个人认为人们不可能生下来就知道如何给出有效的反馈。如果一个团队成员想成功，他（她）需要学会与其他人讨论事情而不是在背后议论人。要知道：团队可以是一支球队、公司的一个部门甚至是一个家庭——一对夫妻或者一个大家庭。团队是两个或者更多的人在一起并且有共同的目标。一对夫妻的目标可能是拥有快乐的、能彼此成就的关系。商业团队的目标可能是金融、生产或者其他衡量成功的指标。问题是，当人们在一起开始互动时，肯定有不同的需求需要满足。”汤姆解释说道。

“需求？需求和反馈有什么关系？”凯瑟琳不解地问道。

“嗯，好问题。我一会儿回答你。”汤姆回答道，“我今天要讲的反馈方法起源于心理学家马绍尔·罗森博格（Marshall Rosenberg）的研究，20 世纪 60 年代他在南方学校中做种族融合工作时提出的方法。今天这种方法被称为非暴力沟通（Nonviolent Communication），简称 NVC。有时候也有人称之为协作沟通。”

“非暴力。暴力或者非暴力和反馈为什么联系在一起？”凯瑟琳停下记笔记，抬头惊奇地问道。“嗯，罗森博格调解过世界各地的冲突，他得出的结论是：世界上有两个游戏，人们总是在玩其中的一个。他称第一个游戏为‘谁是谁非’。你知道这个游戏的结果是什么吗？”汤姆问道。

凯瑟琳苦笑道：“结果是相互指责和逃避责任。”

“完全正确。”汤姆说道，“其中包含大量的伤害、批评和羞辱。争辩谁是谁非，争来争去导致关系一步步恶化。”

汤姆等着凯瑟琳做完笔记，然后总结道：“顺便说下，这就是罗森博格对暴力沟通的定义。”

“那么另外一种游戏是什么？罗森博格怎么称呼它呢？”凯瑟琳好奇地问道。

汤姆笑着说：“估计你听了会很振奋。他把第二种游戏叫作‘我如何让生活更精彩’。”

凯瑟琳眼神放光，说道：“汤姆，对我来说，第二个确实令人很舒适。”

汤姆大笑道：“我猜你也是这种感觉。罗森博格的做法是达到对双方都有利的结果。远离谁是谁非，远离高人一等的想法，努力做到与人为善，努力做到化解冲突，建立互信和健康的关系。”

凯瑟琳评论道：“我曾经看过吉普·盖恩斯说过的一句很有意思的话：受伤的人伤害他人。换句话说，如果一个人深受打击，他（她）也选择伤害他人。这种伤害可能是感觉不被欣赏、倾听、认可或尊重等。他们不谈论这些事情，而是报复性地伤害他人。如果发生这种事情，那么关系肯定好不到哪去。罗森博格是不是这个意思？”

汤姆点点头重复道：“受伤的人伤害他人。我觉得你说得简直太好了。嗯，罗森博格的理论认为每个人的行为都是受满足普遍的人类需求愿望的驱动。他还认为如果人们满足愿望的策略受挫，冲突就增多了。”汤姆解释说。

“哇，需求和策略？我可能有些没听明白。”凯瑟琳承认道。

“需求就是刚才你提到的，凯瑟琳。就是像尊重、欣赏、认可或者被看重——诸如此类。我们马上讨论它们。我第一次看罗森博格的书，真的让人茅塞顿开。”他说，“我们来看四步程序，我相信你很快就能明白。”

他示意她跟着走，他们来到投球区。“好了，我知道你对棒球了解不多，不过我想问你一个问题：如果击球手击球后直接跑向二垒或者三垒会怎么样？我是说——他正好经过一垒。”

“嗯，肯定犯规了，他会被罚出场，他的队友必然很生气。”凯瑟琳回答。

“是的。就像这些垒一样，”汤姆一边转身指一垒、二垒、三垒和本垒一边说道，“有效的反馈是根据正确的顺序依次到达四个垒，否则你会使自己在关系的游戏中被罚出场，而且伤害到其他人。”

“使自己在关系的游戏中被罚出场？”凯瑟琳好奇地问道。

“嗯，就是说你和你给出反馈的人之间的关系更糟糕了，没人有会赢。这是罗森博格提到的第一个游戏。”汤姆解释说。

凯瑟琳点点头，看着笔记本说道：“这就是谁是谁非游戏。”

汤姆点点头接着说：“有效的反馈能加深关系并建立互信。这是第二个游戏。”

“哇，是让生活变得更美好的游戏。”凯瑟琳插话道。

“如果可能，你也许称它是‘让工作更高效’游戏。如果正确地给出反馈，那么在团队中将建立高质量的关系、互信和心理安全，还有助于创造性地思考解决问题的方案。”汤姆解释道，“一旦你跳过一个垒，游戏方案改了，变成谁是谁非游戏，心理安全也瞬间没了。”

汤姆停下来等凯瑟琳记完笔记，然后右脚踢了踢投手土墩，激起一小撮尘土。他说道：“游戏就是从这里开始的。投球手投出球，击球手击球。”接下来他在一张纸上为凯瑟琳画了一幅示意图：

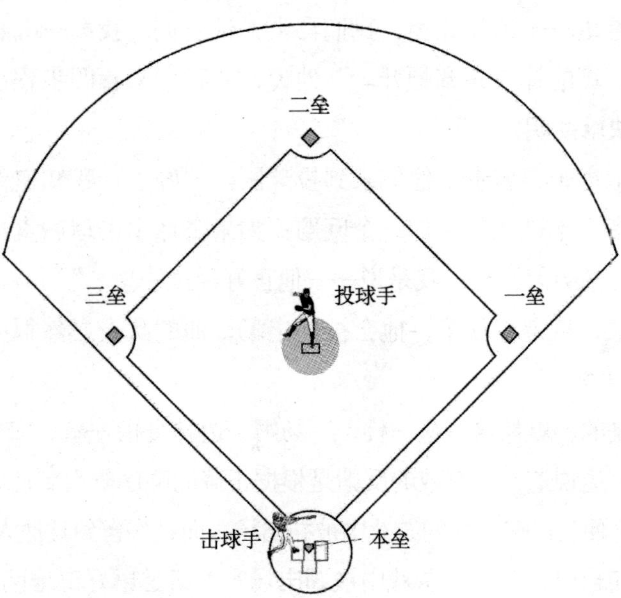

汤姆示意凯瑟琳跟着他来到击球区。他捡起地上放着的一根球棒，向一个想象中的球挥去。“这是对发生的事情的一种隐喻——出现了某种状况。有人说了或者做了挑战我底线的事情，这就是被掷出的球，我是击球手或者沟通交流的一方，而我的底线被挑战了。”“换句话说，就是造成伤害了。”凯瑟琳说道。

“完全正确。好了，我面临如何处理这种伤害的选择。我应该用语言攻击对方，并向他（她）提出警告吗？”汤姆开玩笑地问凯瑟琳。

凯瑟琳笑着摇头表示不应该。汤姆接着说道：“我应该完全忽视，假装这种事情没发生吗？”

“很多人都是这样做的。他们选择视而不见，假装一切正常。”凯瑟琳说道。

“可是一切正常吗？”汤姆反问道。

“一点都不正常。这就像房间里闯入一头大象，里面的人却装作看不见。问题是大象就在那里，所有人都看到了。这头大象对良好的关系带来负面影响，同时对信任造成伤害。”凯瑟琳说道。

“好了，我们回过头来说说。有时发生挑战底线的事情，但是对方甚至都没有意识到。他们没有注意到我受到了伤害。所以只有我看到了大象。”凯瑟琳接着说道，“因此，第一个选择是语言攻击对方；第二个选择是忽略伤害并希望它消失。我的第三个选择是什么呢？”

汤姆笑了笑，指着球场上 4 个垒说：“这 4 个垒代表你要沟通的对象，用 4 步法跟四个垒聊天。”

他的手指在下巴上随意敲着，思考能展示这些步骤的现实例子。“啊，”他打了一个响指说道，“我想起一个绝佳的事例。我在拜特欧菲尔德收割机公司担任轮班经理时，曾经发生了一件让我很恼火的事情。部门开会时有一位轮班经理总是迟到 5 到 10 分钟，而且不只发生了一两次。他总是急匆匆地走进来说：‘不好意思，刚才有事耽误了。’有时候我们等着他，有时候等不到就直接开会了。如果他没来就开始，大多数情况下我们不得不倒回去重新讨论我们已经讨论过的事情。其他轮班经理——也包括我在内——选择忽视他的行为。”

“这就是房间中的大象吗？”凯瑟琳问道。

“是的，我们的上司也没有说什么，所以我们作为团队成员都推卸责任，也没有表示异议。没有人让他对自己不专业的行为负责。”汤姆答道。

“哦，我非常在意是否守时。如果我在场早就对他提出警告了。”凯瑟琳承认道。

汤姆笑着说：“嗯，非暴力沟通迟早能用得上。我们现在用这个事例来说明反馈的步骤吧。”

凯瑟琳点点头，汤姆继续说道，“跟我来一垒。”他们来到一垒后，汤姆解释道：“根据罗森博格的模型，有效反馈的第一步是客观、中立地向惹你生气的人解释情况。就像你之前所说的，他们的思维雷达屏幕甚至都没有显示异常，他们也许对问题毫无察觉。”

“或许他们知道发生了什么事，不过他们假装没看到房间有一头大象。”凯瑟琳补充说道。

“正是如此。罗森博格指出，无论什么事情，重要的是你的观察——客观准确地描述发生的事情。双方都需要让事情的经过在头脑中放映一遍，而且放映的是同一部电影。我觉得有点像去电影院看电影。”汤姆详细解释道，“想象一下：你和你要给出反馈的人都去买同一部电影的票。电影开始时，你看了看四周，发现另一个人突然走了。他（她）正坐在别的电影院观看另一部完全不同的电影。你们需要看同一部电影——同样的故事、同样的情节，否则你们双方的说法可能不一致，演变成互相指责和抱怨。只有当你的描述是中立客观的，而且描述的是你观察到的，你们双方才可能看到同一部电影，否则对方不可能与你走进同一个电影院。你们同样需要谈到具体的时间，不要用概数词，不要解读，真实描述你所看到的。”

“概数词？”凯瑟琳停下笔抬头问汤姆。

“就是像每次、有时候、从不或者总是——诸如此类的词。它们是没有意义的话，没有所指，我觉得这些话是很危险的。如果你用了概数词，对方头脑中将响起警报，心理安全感也降低了。如果谈话建立在压力上，对方将开始玩‘我是对的——你是错的’游戏。”汤姆解释道。

“你能为我举一个例子吗？”凯瑟琳问道。

汤姆说：“好的，还记得我刚才提到的我的前同事吧。有一次会议结束后，我找到他对他说：‘部门开会你总是迟到。’他回答说……”

“你说的不对，上上周我准时参会了。”凯瑟琳笑着说。

“太对了。他会找证据证明你错了。罗森博格的模型是基于一种假设，即反馈是对你和你的需求的影响。它应该是以‘我’而不是以‘你’开头的信息。一旦沟通变成关于谁是谁非的争论，那么这个事情很快变得糟糕。”汤姆解释说。

“好的，我理解用概数词的危害，但是为什么说不要解读呢？”凯瑟琳问道。

“哦，它们是邪恶的小魔鬼。”他笑着说道，“我用内向型和外向型来举例子。设想一下，如果一次团队会议结束后一个人走过来对你说，‘在今天上午的会上我正在介绍项目方案时，你打断我了。’你会做何反应？”汤姆问道。

“打断？我怎么打断你了？”凯瑟琳几乎是脱口而出。

汤姆配合她说道：“我正在说话时你插话了。”

“这就是你说的打断？”凯瑟琳戏谑地说道。

汤姆两只手掌垂直交叉做出暂停的手势，继续说道：“明白我的意思了吧？”

“那么，‘打断’这个词就是一个关于解读的例子吗？”凯瑟琳问道。

汤姆点点头继续说道：“比如说，在内向型人格看来是打断，但是在外向型人格的人看来是表示感兴趣。”

凯瑟琳也点点头补充道：“内向型人格可能通过什么也不说来表示感兴趣和全神贯注。但是这在外向型人格的人眼中表示不感兴趣或者很傲慢。正是因为如此，所以罗森博格建议最好实事求是，只描述你看到的，避免个人解读。”

“是呀！”汤姆回答道，然后问，“我们回到刚才的例子，也就是某人声称他（她）讲话被打断了。如何更好地描述这件事情呢？记住，沟通双方应该观看同一部电影，否则收到反馈的人将拒绝与你一起进入电影院。你是否意识到，如果你听到的反馈中有个人的解读，你是有多么想尽快逃离电影院。”

“嗯，是的——我不等对方说完就离开了。”凯瑟琳笑着说，“那个人本来应该说：‘今天上午我讲话时，你插话了两次。’如果这样说，我想我应该还会待在那座电影院。”

“太棒了！你现在知道为什么第一步如此关键，为什么说的时候要字斟句酌了吗？”汤姆问道。

凯瑟琳点点头感叹道：“过去我做过多少类似的事情！我原以为我在描述事实，好像我眼睁睁地看着事情发生的全过程。”

“嗯，正如人们所说，都是事后聪明。凯瑟琳，事后聪明为我们提供了一种新视角。所以，第一步是，”汤姆边说边踏入一垒，打响指提醒凯瑟琳注意听，“请求对方抽出几分钟时间听自己说一件事——无论是什么事，你的讲述都要客观、中立且时间具体，不用……”

“不用概数词和解读。”凯瑟琳马上插话道。

“年轻人，幸好我是外向型人格，否则我可能认为你在打断我，而不是表示听我讲话。”汤姆用假装责备的语气说道。

她用肘推了推汤姆，两人都笑起来。

“好的，让我们再回到职场上。连续两个会我迟到了5分钟。第一步你应该怎么说？”汤姆说着指向一垒。

凯瑟琳停下来思考一会儿，然后说道：“我可能在一开始说道：‘嗨，汤姆，你现在有时间吗？’然后我会等一小会儿，这说明你确实有时间听我讲完。”

汤姆赞许地笑笑，说道：“好的，我有时间，怎么了？”

“今天上午部门会议9点整开始，你是在会议开始5分钟之后进来的。上周也发生了同样的事情。”凯瑟琳说道。

汤姆继续演下去说道：“哦，不好意思，一个客户打来很重要的电话，我被耽误了一会儿。你知道，顾客是上帝。”

“汤姆，8个人坐在那里等你5分钟。”凯瑟琳大脑飞速转动着回答道。

汤姆从角色中退出来，说道：“很好。记住，不仅仅是你在这里说什么，如何去说也很重要。我认为找借口是人类的天性。关键是在你给出反馈之前要把事实问清楚。”

汤姆又回到团队成员的角色，说道：“正像我说的，我被耽误了一会儿。顾客很重要，不是吗？”

“现在怎么办？我是说他为迟到提供了一个正当的理由。因为他给出一个合情合理的借口，我的反馈是否已经结束了？”凯瑟琳希望找到答案。

“不一定，因为反馈是对你的影响，现在我们去二垒，我来为你做更多解释。”汤姆说道。

他们来到二垒，汤姆解释道：“二垒是关于你的感觉的。”

“我的感觉？你是说对方给我的感觉？”凯瑟琳问道。

汤姆拿出挂纸白板，在一张纸的中间画上一条竖线。

“有两种类型的感觉。一种是所谓的真实感觉，另一种是非真实的感觉。”他说着在左上角写上“真实”，在右上角写下“非真实”。

凯瑟琳疑惑地看着他，然后说：“汤姆，我不理解。”

“别担心，不理解的人不止你一个，”他说道，“很多人完全不明白非真实感情隐藏着的危险。”他指着挂纸白板上的“非真实”一词说道。

“严格意义来讲，”汤姆继续说道，“它们不是真正的感情。首先，它们可能是你对某人行为或者某种情形的解读。”

“比如说？”凯瑟琳问道。

汤姆想了一会儿说道：“比如，办公室里一群同事正准备去公司餐厅吃午饭，但是没有邀请我加入。”

“哇哦！”凯瑟琳回应道。

“现在，”汤姆解释道，“我想给召集大家伙一起吃午饭的同事一些反馈：‘昨天中午你们去用餐，但是没有问我要不要一起去。’

“这是一垒——描述发生的事情。到这一步没有问题。”凯瑟琳说道。

汤姆点点头继续道：“现在到第二步。现在假如我对你说‘你们不带我一起去吃午饭，我感觉被忽略了。’”

“是的，这是典型的非真实感情。它们隐藏在你的叙述中。我说‘我感觉被忽略了’，但是我真正想表达的言外之意是什么呢？”汤姆问道。

凯瑟琳想了想说道：“你们不邀请我一起去吃午饭就是忽略我的存在。”

“但是作为反馈接收者，你如何回应呢？”汤姆提出一个新的问题。

“我感觉你是在责怪我，当然要用理由为自己辩驳。然后我们又回到谁是谁非的游戏上来。”凯瑟琳回应道。

“非真实感觉会因为我们感觉如何而责怪他人，而且对发生的事情做出错误的假设。如果这样做会出现什么后果？”汤姆又提出一个问题。

“我们要辩解，并努力证明我们想的事情真实发生了。”凯瑟琳说道。

汤姆点点头继续说道：“如果以‘我觉得’开始一句话，那么并不代表一种感觉。‘我觉得’可以被用来说明一种观点，比如说‘我感觉你错了’或者‘我觉得我们该应再吃一个甜甜圈’。两个人都笑了。”

“再讲一个关于非真实感觉的例子？”凯瑟琳问道，摆好笔记本准备记录。

汤姆在非真实感觉下面草草写了一组词，然后拿给凯瑟琳看。她手指点着词语一个一个往下看：

真实感觉	**非真实感觉**
	被忽视 被误解 被指手画脚 被利用 被欺骗 被不公平对待 不被重视 不受尊重 失望 受人摆布 被激怒 被胁迫

“凯瑟琳，请记住，非真实感觉隐藏在你的叙述中。这种陈述抱怨、指责他人。就像你刚才说到的，它们很可能体现在你的面部表情上。”汤姆提醒道。

“那么，我应该怎么表达我的感觉呢？”凯瑟琳一边看表格一边问道。

“马绍尔 · 罗森博格认为，大多数成年人已经没有真实的感觉了。在成长的过程中我们被教育要考虑别人感受。我们常问自己类似这样的问题：‘其他人希望我怎么做？’”汤姆解释道。

“可是在反馈中感觉为什么如此重要？我们为什么不能直接告诉对方我们想要他们以后应该怎么做？”凯瑟琳反问道。

“好问题。罗森博格指出如果我们表达真实的感觉，我们在一定程度上示弱。正是这种示弱能帮助我们解决矛盾。”汤姆解释道。

“真实的感觉让我们示弱？”凯瑟琳问道。

“是的，因为真实的感觉——否定因素中的积极因素——来自需求，这种需求要么被满足，要么没有被满足。”汤姆说道。他注意到凯瑟琳似懂非懂，指向三垒提议道：“三垒要谈到的是需求，我们现在去那边吧。”

“你能给我列出一些关于真实感觉的例子吗？”凯瑟琳问道。

“当然可以！”汤姆说着拿出挂纸白板在中线左边写出一组词：

真实感觉	非真实感觉
生气	被忽视
迷惑	被误解
失望	被指手画脚
焦虑	被利用
发怒	被欺骗
紧张	被不公平对待
关心	不被重视
担心	不受尊重
警惕	失望
悲伤	受人摆布
受伤	被激怒
烦恼	被胁迫

凯瑟琳看完名单说道：“那么，回到最开始的例子，同事在团队会议上迟到那件事，如果是你，汤姆你会怎么对他说呢？”

汤姆示意她跟着走，他们在二垒和三垒中间的“死区”停下来。他指着三垒说道：“三垒和二垒有密切联系。需求的例子可以是欣赏、尊重、自主或者构成。如果需求被满足，那么我们的感觉是正面的，比如说，如果你需要被欣赏、被认可，当上司给你正面的反馈，你有什么样的感觉？”“我感觉很开心、很骄傲。”凯瑟琳说道。

“如果上司没有对你的工作表示欣赏或者认可会怎么样，这种情形下你的需求没有被满足吧？”汤姆问道。

“我感觉很受挫折，”凯瑟琳承认道，“所以，如果我没有理解错，你是说我们的需求——无论是否被满足——将触发我们的真实感觉。”

汤姆为凯瑟琳的话双手点赞，补充说道：“这就是诚实和示弱发挥作用的地方。反馈是关于我、我的感觉和对我重要的事情——或者说我的需求。很多人已经忘记了自己的真正需求。他们忙着证明谁是谁非，也不专心于建立关系。但不要担心，凯瑟琳，反馈过程并不全是情绪化的或者感情上的事情，而是重新与自己、与对自己重要的东西建立联系。还有就是需要勇气。”

“所以，”他继续指向二垒和三垒之间的地方说道，“我们回到同事连续两周迟到 5 分钟的例子。他给出的理由是因为顾客的事情被耽误了。如果让他轻易糊弄过去，下回还会出现这种事情。而且……”

“而且我的失望将升级成愤怒。”凯瑟琳说道。

“哦，你很失望？”汤姆反问道。

凯瑟琳若有所思地点点头表示同意。

“你为什么感觉到失望？这个‘为什么’就是对你重要的东西。”他解释道。

“因为效率和公平对我很重要。”凯瑟琳说出心里话。

“所以，如果同事对你说‘我说过，我有事走不开。顾客是上帝，不是吗？’你如何把你很看重的东西融入你的回应中？”汤姆继续提出难题。

凯瑟琳沉思了一会儿，然后说道：“我承认顾客的事情很重要。我们现在就来讨论下将来遇到类似事情应该怎么做，这样你就有可能做出最好的决定。今天上午开会你迟到 5 分钟——而且是连续两周，我感觉很失望，因为效率和公平对我很重要。”

汤姆点点头，凯瑟琳问道：“现在应该做什么？从哪里开始呢？”

汤姆指向本垒然后说道：“从那里开始。跟我来。”

他们来到本垒后，汤姆说道：“最后一步是请求。请注意我没有用‘要求’这个词。请求暗含着选择。最后一步也是讨论选择的机会。所以，你会请求迟到的同事做什么呢？”

“下周，如果你按时到会，我会很感激。大家都很忙，而且所有人都要联系顾客和供应商。我们最好讨论一下下次如果打电话时间太长而赶不上开会时的选择。”凯瑟琳建议道。

“我想这样说是可行的。这是平级之间，而不是上下级之间的对话。对话的大门打开了，而且从沟通的角度看，还不仅仅是单向度的交流。”凯瑟琳说道。

凯瑟琳回头看着三垒又问道：“我们能回到第三步吗？我想了解一些关于需求的例子。”

他们又回到三垒，汤姆说道：“我第一次了解到这些步骤时，很快认识到我弄丢了我的需求。这份备忘表可以帮助我找到了它们。”他说着从挂纸白板的纸夹上取出一张纸递给凯瑟琳。“上面只是举了一些例子，事实上还有更多，不过这是一个好的开始。”

凯瑟琳从头到尾看了一遍：

范　畴	例　子
自主权	自由，自主，选择，空间，自发，独立
身体需要	空气，水，运动，营养，休息（睡觉），距离，住所，暖和，健康，康复，能量
正　直	真实，协调，单纯，与本人价值观相一致，身份，个性
安　全	保护，边界，私人，隐私保护，体系，稳定性
联　系	感激，亲近，归属感，爱，支持，诚实，群体，亲密无间，（自我）尊重，联系，接受，交流，开放，信任，认可，友谊，关注，关心，宽容，合作，同情心沟通
放　松	恢复，安静，合作，轻松
心　理	和谐，启迪，秩序，体系，内心平和，快乐，幸福，幽默，变化，平衡，审美
价　值	贡献，成长，希望，认可，反馈，创造性，有效性，效力，个性，哀伤，教育，参与，学习，发现，自我表达，能力

“无论这些需求是否被满足，都能触发我的真实感觉吗？”凯瑟琳问道。

“是的。这正是罗森博格指出的底线是诚实，而且要避免批评、伤害或者侮辱的原因。”汤姆说道，“我们举一个你的例子来试着说明这个问题，怎么样？过去有什么事情是现在回头看，你也许会采取不同处理方式的？”

“哦，这样的事情太多了。”凯瑟琳承认道。

“最先想到的是哪件事？”汤姆问道。

“我头脑中立刻想到的是不久之前在领导团队会议上发生的一件事。团队中的一个人叫弗兰克·惠泽尔顿，开始讲一个大象和骑手的故事。他声称这是解释利益相关者抵制的比喻。”凯瑟琳说道。

“嗯，我告诉他我们在印第安纳，不是在巴厘岛，我们没有时间听故事。我把他的故事扼杀在摇篮中，以便于会议能按照议程进行。”凯瑟琳承认道。

“你这样说之后发生了什么事情？”汤姆问道。

“房间里死一般沉寂，我还以为这说明我是对的，所以从那之后我接管了会议。”凯瑟琳解释道。

“那现在回头看呢？”汤姆平平静地问道。

“不是谁是谁非的问题。弗拉克的需求更多的是联系、幽默和归属感。他通过某种方式让别人理解他的观点。我的需求更多的是效率、体系和清晰。我使用另一种方式让他人理解我的观点。有时候他的故事扯得有些远，我觉得我们失去了专注点。”

“如果你有机会重新处理这件事，你会怎么做？”汤姆一边问一边示意凯瑟琳跟随他来到本垒，“按照步骤从头到尾说一遍，可以吗？”

“投球手投出球，事情发生了，弗兰克开始讲一个故事。这一次我不会在团队面前让他颜面扫地，我会等会议结束后与他一起坐下来喝杯咖啡，然后再聊聊这件事。”凯瑟琳说道。

他们走到一垒，凯瑟琳说道：“好了，现在是事情发生后的第二天，我看到弗兰克一个人在休息室喝咖啡。我已经让他讲这个故事，像以前一样，花了很长时间。所以，我可能在一开始说：‘嗨，弗兰克，你有时间吗？我想与你一起谈谈昨天的会议。’”

汤姆扮演弗兰克说道：“可以啊，怎么了？”

“昨天会上我正在做利益相关人分析，你站起来给我们讲了一个关于大象和骑手的故事。”凯瑟琳说道。

“只不过是一个比喻罢了，凯瑟琳，不要生气。”汤姆继续扮演弗兰克的角色。

他们走到二垒，凯瑟琳看了一下笔记说道："弗兰克，说实在的，我有些生气……"

"不过是讲个故事嘛，凯瑟琳，有什么大不了的？"汤姆继续刁难。

凯瑟琳示意他一起来到三垒，继续说道："我很生气，因为体系和公平对我很重要。在团队中讲解并讨论这个故事用了 15 分钟时间，可是它不在会议议程中。我们有些拖延，而且没有讨论完所有议程列出的事项。弗兰克，有些团队成员没有汇报他们准备好的内容。我们不得不准时结束会议，因为紧随其后还安排有其他会议。"

汤姆继续角色扮演，说道："哦，我没有认识到这一点。"

在走向本垒的路上，凯瑟琳思考如何说出请求。"你首先要考虑故事是否值得讲，你为什么想分享它以及需要多长时间来讲，如果以后你能这样做，我会很感激，我们也可以一起讨论如何把它加入议程中。我欣赏你的创造性和看问题的角度，同时我也很看重其他所有人的贡献。我希望与你一起找到一个平衡点。"凯瑟琳说道。

凯瑟琳停下来让汤姆思考她说的话。

"天哪，我多么希望在那次会议上这样说而不是粗暴地打断弗兰克。"凯瑟琳喃喃自语道。

"学习领导力就像是参加马拉松……"汤姆说道。

"而不是冲刺跑。"凯瑟琳抢着感叹道。

"我能用下它吗？"她指着汤姆的挂纸白板问道。

"请用吧。"他把挂纸白板递给凯瑟琳。

凯瑟琳说道："如果你不介意，我们来总结一下反馈的四个步骤吧。"

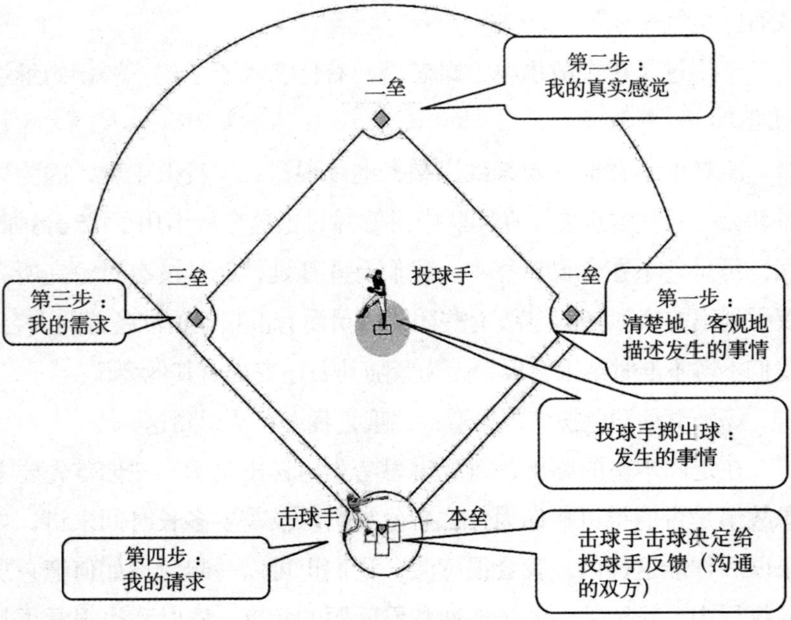

汤姆看着挂纸白板开心地大笑。“完美！在我看来就像是一份比赛取胜方案，”他看了一眼手表说道，“美好的时光总是过得飞快！孩子们马上就要来了。在他们来之前喝杯冷饮怎么样？”

“现在这个提议对我来说就是比赛取胜方案！”凯瑟琳说道。

“看谁先到休息室！后到的人明天早上买甜甜圈！”汤姆说完飞奔起来。

“嗨，不公平！你抢跑了！”凯瑟琳也笑着跑起来。

计划有变

汤姆正在为晚上的大赛做赛前部署，他的手机响了。他从口袋中掏出手机，看是谁打来的，接通说道：“嗨，亲爱的！”然后对着队员们轻声道："是我妻子的电话。"之后继续对着手机道："什么？……不是吧？……她还好吗？……当然，我们会照看的……我找人来帮忙吧……好的……待会儿见！"

打完电话他对队员们说道："约翰的妻子快生孩子了，比预产期提前了，所以他不能和苏珊一起照看小卖部了。我要找个人帮帮忙，苏珊一个人忙不过来。"

凯瑟琳不由自主地举手示意，脱口而出道："我去帮忙吧，告诉我什么时间，去哪里？"

"非常感谢，凯瑟琳，一个小时候你去厨房找苏珊吧，她从那里带你去小卖部。"汤姆松了一口气。

一个小时后凯瑟琳沉思着走向厨房。过去的一小时中她不仅帮助整理队服，在孩子们热身的时候为他们讲解冲刺知识，同时她的内心也在整理思绪。她欠苏珊一个道歉很长时间了，凯瑟琳想补上。

她看了下手表，意识到是时候了，于是走到厨房，发现苏珊正在卸一箱箱的热狗、面包和饮料。她一看见凯瑟琳走进来就笑起来，说道："凯瑟琳！你怎么来了？汤姆没有告诉我谁来帮忙，让我好好看看你。"

她往后退一步，盯着凯瑟琳看了一会儿，说道："你看起来……嗯……很快乐。是的，我想说的词是快乐。最近怎么样？"

凯瑟琳也笑着回应道："是的，我很快乐。我感到很开心，我终于倒过来时差了。"

苏珊笑着说道："是啊，所有的时区都会在你的生物钟上留下印记。"

"苏珊，我想说的，在你给我讲解注意事项之前，"她指向成箱的食物和饮料说道，"我想说出一直藏在心中的话，我早就想说了。我们能坐下来说吗？"接着，凯瑟琳指了指厨房角落里的两个高脚凳。

“哦，亲爱的，不需要那样做。”苏珊温柔地说道。

“嗯，一定要的，我为过去那些年的不近人情道歉，你为我、为公司做这么多而我却少有感激，我不知道你是如何忍受我的，”苏珊想示意她不要这么说，但是凯瑟琳制止了她，继续说道，“你的耐心和忠诚让我很感激，苏珊，这对我很重要，而我直到今天才有机会说谢谢你。”

“首先，我接受你的道歉。”苏珊微笑着说道，“其次，我也要感谢你。”

“感谢我？为什么呢？”凯瑟琳问道。

“你是非常有天赋、有抱负的女性，自从大学毕业加入拜特欧菲尔德收割机公司后，你拼命工作，可能比公司其他任何人加班都要多。更重要的是，你倡导变革，依我个人浅见，公司早就需要变革了。”苏珊说道。

“但是我现在认识到在整个过程中做了很多得罪人的事情。”凯瑟琳懊悔地说道。

苏珊想了一会儿说道：“嗯，我不知道得罪了谁，听起来好像不能挽回似的，更确切地说，可能伤害了很多人的感情。但是有一点是确定的，凯瑟琳，我坚信只要你的出发点是好的，这些关系都是可以修复的。”

苏珊停顿下来让凯瑟琳体会她的话，然后握着她的手说道：“你有巨大的潜力，凯瑟琳，你有精力、视野，遇事很果断，我相信你能领导好拜特欧菲尔德收割机公司。”

然后她犹豫了一下问：“能给你提一条建议吗？”

“当然可以！”凯瑟琳欣然同意。

“如果你想得到更好的结果，建议你问更多的问题并用心听他人的回答。我总是对我外向的丈夫说：‘上帝让我们有两只耳朵、一张嘴，就是让我们听到的比说出的话多两倍。’”

凯瑟琳笑着点头表示理解，苏珊继续说道："无论你推行任何变革，让他人尽早参与进来，放权让他人做决定。如果你能做到，你将有两只翅膀带你飞翔。"苏珊温柔地说道。

"你也知道两只翅膀飞翔的故事？"凯瑟琳笑着想起在父亲办公室里的那次谈话。她本以为父亲会把公司交给她管理，但是苏珊递给她的却是一些旅行资料。她摔门而出，内心很生气、很受伤。她想到父亲讲的沙滩上折了一只翅膀的鸟的故事，那只鸟一飞就跌倒。按照父亲的说法，两只翅膀代表着情商和智商。

智商，现在在她看来不仅仅是能被衡量的智力程度。智商与成长型思维有关，意味着专注于精益求精，从经验中学习。它是一种"一切还没定"的态度，是在能力和技术的坚固基础之上做出好的、战略性决定的状态。

另一只翅膀是情商，是领导力中关于情感智力的部分。它是同理心而不是同情心，是真正关心人，欣赏他们在会议上呈现出的建议、勇气和不同的视角。还有就像苏珊建议的，它也是真正欣赏他人的观点，而不仅仅是容忍或者接受他们。

凯瑟琳的思绪被苏珊的喊声带回到现实："呀呼——有人在家吗？凯瑟琳回来啦！"

"噢，不好意思，"凯瑟琳说道，"刚才走神了。"

苏珊看了一眼挂在厨房墙上的钟表，站起来说道："时间过得飞快，凯瑟琳！再过半小时就有人嚷着肚子饿了，我们在路上再讨论问题吧。"

两人都站起来迅速准备食物。整个晚上都在忙着向客人供应热狗、玉米饼和饮料。在小卖部还见到了很多熟悉面孔——来自公司不同部门的同事，当大家看到站在柜台后面的是凯瑟琳时，都忍不住仔细确认了一番。

比赛结束后，汤姆走过来看看这边怎么样。凯瑟琳看见汤姆靠在柜台上拿起剩下的热狗吃起来，说道：“汤姆，祝贺你们今天晚上赢得比赛。”

“双方实力很接近，不过还是我们赢了。”汤姆嘴里塞满热狗说道。

“我们还需要把检票口关上，然后今天晚上的工作就算结束了。”苏珊说道。

“凯瑟琳，我们今天晚上要举行比萨饼庆祝会，你能来吗？半小时后我们在托尼比萨屋见面。”汤姆说道。

凯瑟琳竖起大拇指说道：“听起来很对我的胃口。等苏珊这边忙完后我就赶过去。”

“哦，如果今天晚上我忘记提醒你，请确保明天上午带上你的身份证，驾驶证之类的也可以。”汤姆说道。

“嗯，没问题。我想问原因是没有意义的，对吧？”

“是的，没有意义。明天早上 9 点半我准时来接你。”他笑着走向货车。

超越自我

第二天早上，凯瑟琳在门前台阶上等候，看到汤姆的货车驶入她家的私家车道。

“早上好！”凯瑟琳跳上卡车，汤姆向她打招呼道。他指着两杯咖啡继续说道：“自己拿吧，我们两个一人一杯。”

“早上好，太感谢了！”她说着取了一杯咖啡。

“今天有什么安排？”她四处看了看问道。

“我们要去开展一些实地考察，”他神秘地说道，“记住，耐心就是美德。”

“汤姆，我的耐心被高估了。”她回应道，两人都笑了。

他们驶出城，走了大约20分钟。当凯瑟琳看到路牌上显示“前方3英里——女子监狱”的路牌时，她的好奇心更强了。汤姆说道：“嗯，快到了。”

“我们要去监狱吗？”凯瑟琳惊奇地问道。

“是的。”汤姆平静地答道，眼睛还盯着前方的道路。

“哦，为什么呢？”凯瑟琳难以置信地问道。

“亲爱的，耐心一些。”他开着玩笑道。

当汤姆把车驶入访客停车区，凯瑟琳看到苏珊坐在树荫下的条凳上。汤姆把车停在条凳附近的车位后熄火。他转向凯瑟琳说道：“还记得我说过你能帮助我的话吧？”

“当然记得。我以为你指的是帮助训练孩子们跑步呢。”凯瑟琳说道。

“是的，那算一项，不过我还想让你帮助我做其他事情。”他说着调皮地眨眨眼睛。

“在监狱里吗？”凯瑟琳有些紧张地问道。

“是的。”他依旧冷静地回答。

“具体做什么呢？”凯瑟琳问道，希望他给出更多信息。

“多年以前，苏珊和我决定把精力从全球事物转向本地事物。”汤姆说道。

“思考全球化，行动本地化？”凯瑟琳问道。

“正确。不要误会我，”他说道，“我们在教会事务上依然很活跃。我们知道安娜和沃瑞西莫的项目对成千上万人产生积极影响。过去40年我一直在文体中心培训年轻人，我也看到他们心中已经种下金种子，很多人长大后有责任心，生活过得很好。你知道的，苏珊再有一年左右时间就退休了，她希望创立一个面向女性的辅导项目。你想详细了解一下吗？”“嗯，没问题。”凯瑟琳说道。

“那你到凳子那里去问苏珊吧，她会告诉你更多细节。”汤姆说道。

凯瑟琳跳下车，来到苏珊身边。“嗨，谢谢你来这里见我，”苏珊热情地说道，“我让汤姆为我保密，从你惊奇的表情来看，我想他做到了。

凯瑟琳笑着说道：“是的，对一个如此外向的人来说，能做到这一点很了不起！”

苏珊也跟着笑起来，然后说道：“过去 40 年在文体中心，汤姆的精力和关注点一直是两件事：棒球和社会底层的年轻人。这些年他作出了了不起的成绩，改变了很多人的命运。但是你猜怎么样？”

“什么？”凯瑟琳很好奇地问。

“这些年轻人大多都有姐妹，她们没有幸运地拥有像汤姆那样的导师。我退休后想把时间和精力好好利用起来，发起一个辅导项目叫作‘里程与人生（Miles and More）’。”“你具体有什么设想？”凯瑟琳好奇地问。

“我想一开始做即将被刑满释放女性的工作。当然，如果能帮助她们不被判刑入狱则更好，问题是我的工作需要从某个地方开始。很多女犯人服刑期间已经拿到一般同等文凭（GED）或者接受过其他形式的培训。但她们出狱后常常找不到工作，租不到房子，在方方面面都不受待见。她们常常不堪重负，最终再次犯罪从而成为监狱的常客，重复之前的生活轨迹。我希望能帮助她们打破这种轨迹。”苏珊说道。

“你有什么计划吗？”凯瑟琳问道。

“我想让女性导师结对帮助女性犯人，导师应该是行为榜样和陪练，要性格泼辣，能挑战辅导对象。这些女犯人不需要被同情，她们需要的是公平的机会。”苏珊解释道。

“那为什么叫作‘里程与人生’呢？”凯瑟琳问道。

“因为我想请你负责她们将要开始的‘0 到 26’项目，同时把长跑和锻炼身体结合起来。她们中的很多人从来没有真正设定过人生目标，更别说经历过真正的成功了。打个比方说，我认为她们中的大多数人在很小的时候就在心中种下了铅种子，现在结出了果实。”“跑步能改变这种现状吗？”凯瑟琳问道。

“你在拜特欧菲尔德收割机公司开展的‘0 到 26’项目令人印象深刻，凯瑟琳。它不仅仅是跑步，对吧？”苏珊提醒她。

“是的，它同时也考验耐力、毅力、决心以及清晰的目标，也是关于勇气和成就。”凯瑟琳说道。

“说得太好了。这正是这些女犯人需要的，想不想试一试呢？”苏珊问道。

“等我上班后将会有大量的工作要做，我不想让任何人失望。”凯瑟琳回应道，不确定是否应该参与这个项目。

“亲爱的，所有人一天都只有 24 小时，关键是优先做什么事情。另外，这样的事情也会促使你平衡工作和学习。在我看来，过去这些年你的工作和生活有一点点不平衡。”苏珊说道。

凯瑟琳思考苏珊的话，她知道苏珊说得有道理。毕竟她不是邀请她领导整个辅导项目，而是负责“0 到 26”项目。凯瑟琳在这个项目上已经积累了经验，可以说非常成功。随着思考的深入，她愈发认为应该把两个项目合在一起开展。为什么不能让员工在下班后或者周末训练课上与女犯人一起结对训练呢？是否能在拜特欧菲尔德收割机公司为女犯人提供实习或者实地培训的机会呢？她的头脑中闪过一个又一个想法，她感受到精神百倍、兴奋无比，这种感觉好多年都没有过。突然，她在无意间找到了自己的目标。

她忽然激动地站起来，吓了苏珊一大跳。“亲爱的，你还好吧？”苏珊问道。

“好得不能再好了！我愿意支持你，而且我也想好了具体怎么做！”凯瑟琳兴奋地说道，她把自己的想法解释给苏珊和刚好走过来的汤姆，他们一听说这些女犯人出狱后还能找到工作也很高兴，更让他们感动的是凯瑟琳还愿意负责“0 到 26”项目。

“既然来这里了，”苏珊指着女子监狱访客入口处说道，“我们进去看看怎么样？我想让你见见特里西亚。”

“特里西亚是乔的姐姐，”汤姆介绍说，“你第一天到文体中心时见过乔，还记得吗？”

“乔的姐姐？她是因为什么进来的？”凯瑟琳问道。

“因为伪造支票，”苏珊解释道，“她下周就服刑期满了。她原来在高中练习田径，但是高三那年辍学了。”

“为什么呢？什么事情能让一个人在高中，特别是高三辍学？”凯瑟琳问道。

“乔跟我说过，”汤姆说道，“他们的妈妈不能再照顾他们了。具体细节我不清楚，总之特里西亚离开学校后找了一份工作养家糊口。当她挣的钱不够时，为了弄到食物，就伪造支票。”

大家都陷入沉默，直到凯瑟琳开口说道：“我想说，是时候校正这艘小船的航向了。就像苏珊说的，她需要的是引导和同理心，而不是同情心。我想见见她。”

“你有没有带我昨天晚上提醒你的身份证？需要身份证才能进去。”汤姆说道。

凯瑟琳掏出钱包晃了晃，示意她已经准备好了。“太好了，我们走！”苏珊说道，“现在去最合适了。”

凯瑟琳与特里西亚在会客室里聊了两个小时，特里西亚的果断和对家庭的付出给她留下深刻印象。“当然，我曾经做的事情是错误的，”她在聊天中告诉凯瑟琳，“那时候我只关注三件事：不要露宿街头，不要断水断电，填饱肚子。当然还有就是不要被抓到。我现在知道当时不应该那样做。我已经服完刑，我想重新开始我的人生。”

正是特里西亚的忠诚和活跃吸引了凯瑟琳的注意力。“我想特里西亚和我有很多共同点。”在去往停车场的路上凯瑟琳说道。

“为什么这么说？”苏珊惊奇地问道。

“一样的人生态度，一样的思维模式。唯一不同的是成长的过程中她心中种下的是铅种子，而我得到的是金种子。如果我们对换一下，结果很可能完全不同。”凯瑟琳想了一会儿说道。

接下来的两天里，凯瑟琳和苏珊在文体中心商量着制定“里程与人生”项目的初步方案。苏珊长年担任拜特欧菲尔德收割机公司CEO的助理，她充分利用自己的人际网进行项目的试点，联系了当地有影响力的女性导师，并挑选了8名女性犯人进行结对辅导。

凯瑟琳根据实习对象的特点，初步拟定实习和培训方案。等到她回到公司上班，她计划联系人力资源部的主任，请她一起制定“里程与人生”的计划并推进项目实施。如果说外出这一路上有什么收获的话，那就是不能、也不应该单独做事情，关键是要让员工参与进来。

第二天下午快下班时，汤姆敲门走进凯瑟琳的办公室，用托盘端着咖啡和甜甜圈。他拉过一张椅子，靠近会议桌微笑着坐下来听她们制定的计划。“非常了不起，”他回应道，“这将在很大程度上改变很多人的命运。”

凯瑟琳靠着椅背上，满意地笑着。她正在做的事情对身边人有如此积极的影响，认识到这一点的感觉很好。而且她也很清楚，这样做对公司也有好处。

汤姆从口袋中掏出一个信封，抚平展后隔着桌子递给凯瑟琳。她看出是爸爸的字体，立刻知道意味着什么。苏珊和汤姆站起身来，苏珊说道：“如果你愿意，我们先出去一下。”

凯瑟琳点头同意，她打开信封开始读起来：

亲爱的凯瑟琳：

第五段，也是最后一段旅程就要结束了。我唯一能想到的是在过去的几周，情感的过山车带着你周游世界。

棱镜模型的第五个因素是思维模式。我相信拜特欧菲尔德收割机公司需要打造的是成长型思维。我们需要员工通过学习和总结经验成长。正是“一切还没定”的态度带给他们勇气，帮助人们从批评性反馈中奋起，而不是躲在角落里舔舐伤口，让他人承担本应由自己承担的责任。成长型思维是精益求精，不断取得进步。它还在出现问题的时候与每个人交流，而不是议论每个人。

我希望听听你是怎么想的。

爱你的爸爸

凯瑟琳感到很疑惑，她把信纸翻到背面，想找到更多的话。有人敲门，她抬头张望，以为是汤姆和苏珊又回来了。

“我能进来吗？”门口传来熟悉的声音。

“爸爸！”凯瑟琳一边喊一边跳起来，冲到门口去开门。

个人思考——关于成长型思维的知识点

凯瑟琳最后一段旅程主要关注领导者和员工都需要拥有的成长型思维。

第一部分：如何区分固定型思维和成长型思维？

固定型思维认为：	成长型思维认为：
如果我想成功，我需要很聪明，有天赋。	如果我想成功，我需要“一切还未定”的态度。
成功既不需要刻苦工作，也不需要付出努力。它全凭运气。	我从经验和学习中成长——这些需要努力工作。
性格、天赋和智商是一成不变的，要么天生就有，要么就没有。	智力、性格和天赋是可以日积月累形成和改变的。
因为害怕失败，所以最好避免挑战。	我解决前进道路上的挑战，或者找到绕开障碍的路。
如果障碍和挑战挡住前进的路，放弃更容易些，同时把不能成功的原因归咎他人。	为了获得成功我可以付出比别人多。我不责怪他人，而是集中精力不断进步，精益求精。
批评是个人攻击。	批评性反馈是成长的机会，为我提供推行变革的机会。
如果他人成功，我会感到妒忌，或者感受到威胁。	如果他人成功，我在思考我能从他们身上学到什么。

个人思考：

你拥有哪种思维模式？它是如何形成的？

____

____

你的下属拥有哪种思维模式？从领导者的角度看，你对下属思维模式的形成起什么作用？

为了在团队中打造成长型思维，你能做出哪些变革？你将会怎么做，如何达到目标？

第二部分：根据马绍尔·罗森博格的非暴力沟通模型给出反馈

根据罗森博格的理论，有效的反馈靠合作完成的，并且避免玩“我是你非”的游戏。有效的反馈通过沟通四步法避免攻击、侮辱或者批评他人。通过棒球规则的类比，汤姆向凯瑟琳提供了给出反馈需要按照正确的顺序依次跑过四个垒。

步　骤	固球场上的位置	内　容
0	投球区	发生了某件事，某人投出球，他（她）知道或者不知道造成的伤害
0	击球手（击球）	被伤害的人决定给出反馈，询问对方是否有时间。这是一种私人讨论，并不想让哪一方在众人面前尴尬（为了确保心理安全）
1	一垒	对发生的事情给出中立、客观的描述，不用概数词，不用解读，有具体时间，建立在实事基础之上
2	二垒	给出反馈的人说明自己对事情的感觉，要说出真实感觉
3	三垒	在这一步用真实感觉激发你的需求。对你来说什么是重要的？你看重什么？
4	本垒	表达你的请求——而不是要求

下表给出的是关于批评性反馈的真实事例。请在右边空格填

入你的事例。

步　骤	他人事例	自己的事例
0	在昨天的项目推进会上，当你汇报项目进展时，你的同事比尔问了很多细节性、批判性问题。	
0	你决定给比尔反馈，第二天上午你路过比尔办公室，你说："嗨，比尔，这会儿有时间吗？我想同你谈谈昨天的项目推进会。"他同意了，你在办公桌前坐下来。	
1	比尔，昨天在会上我汇报项目团队的进展以及下一步工作的设想。在我汇报过程中你指出一张PPT上有个打字错误，还有另一张PPT上的计算错误。然后你追问了一些细节问题，但是这些问题超出我们项目范围。	
2	我感到很懊恼，很生气。	
3	因为听讲和认可对我很重要。比尔说道："我只是指出错误。对我来说，不是谁对谁错，关键是要把事情做对。我问问题，因为我需要更好地理解你们的未来计划。"	
4	比尔，我真的很感激你对我们的未来计划感兴趣。我只是不想在汇报结束之前就指出错误并提问问题。我很看重别人的倾听，而且为了让别人理解我们的项目，我投入大量时间和精力。我有个提议，下次在我汇报之前，能否请你和我一起先浏览我的PPT，或许你能发现一些我没有注意到的东西，而且我们还可以互相帮助查看。	

在这个例子中，反馈建立在合作交流基础上，并且能够彼此

学习。它在两人之间打开了坦诚对话的大门，同时建立了互信，形成团队精神。

个人思考：

你上次给出反馈是在什么时候，效果怎么样？本章学习的知识中，哪些是你之前不知道而现在知道的？

____

____

在给出反馈的时候你要做出什么改变？具体要做哪些不同的事情，如何做到这些事情？

____

____

第七章

印第安纳州拉斐特市——展翅翱翔

决定

凯瑟琳热情拥抱爸爸，过了一会儿，斯宾塞退后一步看着她。“嗯……有变化……你看起来……很快乐……是的，快乐，我要说的就是这个词。”他手扶下巴仰起头说道。

“真有意思，苏珊见到我说了同样的话。”凯瑟琳回应道。

“别误会我的意思，亲爱的。不要对我说你的旅程只是欢声笑语，激情四射。不要兴奋过头变得太情绪化。”他对着凯瑟琳眨眨眼睛说道，“我想从你身上看到的是一种满足感和内在的清醒。”

“爸爸，你说得太对了，”凯瑟琳承认道，她叹了一口气，继续说道，“感觉我已经离开几十年似的。”

“两个月的时间足以发生很多事情。”斯宾塞点头表示同意。

“两个月了，我完全没有了时间概念！每件事情都一闪而过。遇见的人像走马灯一样换，理论和实践上的思考层出不穷。我出发的时候你给我的笔记本都快记满了。”凯瑟琳晃着笔记本说道。

“我们从哪里开始呢？要做的事情太多了。”斯宾塞说道。

“嗯，先说说我做的一个决定吧。我知道我想做什么。”凯瑟琳坐直身体正色道。

“是吗？快告诉我吧！”斯宾塞催促女儿道。

“要妈妈一起听，因为这也与她有关。我也想得到她的支持。”凯瑟琳回应道。

斯宾塞站起来打开门。“琳达，”他喊了一声，“你有时间吗？有人想见你！”

“妈妈在这里吗？为什么刚才你没告诉我？”凯瑟琳立刻从座位上站起来说道。

“凯瑟琳！”妈妈把凯瑟琳搂进怀里激动地喊道，“感觉有几个世纪没见到你了。”

“我也是！”凯瑟琳感叹道。

“亲爱的，凯瑟琳做了一个决定，她希望得到我们两个人的祝福。”斯宾塞看着拥抱在一起的母女说道。

“嗯，我还想告诉内特。这是一件家庭事务，需要大家一起商量。”凯瑟琳解释道。

斯宾塞从口袋中掏出手机说道：“这也不是问题。他在跑步呢，我想这会儿应该在跟着汤姆做击球练习。”

琳达附在凯瑟琳耳边轻声说道：“我猜你弟弟一定想着叫他来是出去吃饭以庆祝你回来。他从来不会拒绝一顿免费的大餐。”

“那简直是一定的。”凯瑟琳同意道，两个人都笑起来。

内特气喘吁吁地走进房间，与姐姐击拳问候，问道：“这一星期在文体中心过得怎么样？汤姆说你与球队相处得很好。”

“让人大开眼界，”凯瑟琳承认道，“令人意想不到的是在家乡的球场上还学到这么多知识。真是处处有学问，我以前都没发现。”

“内特，”斯宾塞说道，“你姐姐说她做了一个决定，希望与我们商量商量。”

“你去瑞典该不会全是因为尼尔斯吧？”内特打趣地问凯瑟琳。

凯瑟琳半开玩笑地在内特小腿上踢了一脚，眼神慌乱地对父母说道：“别听他乱讲。”

“我不得不承认，”琳达说道，“我看过尼尔斯的照片了，很帅气。我不反对你们……”

凯瑟琳眼神慌乱，赶紧接话道：“不反对，我们继续讨论工作吧。”

琳达边叹气边点点头，问道：“亲爱的，怎么了？告诉我们你的想法。”

凯瑟琳示意大家围坐在桌子旁，她打开笔记本宣布说：“这就是我的建议。”

接下来的两个小时里，一家人一直在讨论活动策略和各种实施方案。讨论结束后，斯宾塞靠着椅背上拉着妻子的手问道：“你支持这项工作吗？”琳达笑着点头同意。

“内特你呢？你也赞成吧？”斯宾塞问儿子。

内特也点头同意，这时候他的肚子发出咕咕叫声。“不仅是我，就连我的胃也同意。”内特戏谑地说道。所有人都笑了，凯瑟琳伸出右手放在桌子上问道：“我们是不是该达成协议了？”

大家把手叠放在一起，一起说道：“让我们拜特欧菲尔德收割机公司来做。”

印第安纳州的一头大象

第二天早上 8 点整，凯瑟琳和父亲斯宾塞热情问候公司 IT 部门主任内特，首席信息官弗兰克·惠泽尔顿，全球人力资源部主任佐伊·迈鲍姆，首席财务官辛西娅·罗德里格斯，所有人聚在斯宾塞的办公室开早餐会，苏珊还特意为大家准备了自制的英格兰松饼、肉桂面包、鲜果和热咖啡。

“看起来很丰盛，苏珊。非常感谢你为大家精心准备的早餐。”凯瑟琳说道。

“乐意为大家效劳，如果你们还有其他需要，请告诉我。”苏珊笑着回应道，在离开房间时随手关上门。

斯宾塞环视围桌而坐的公司核心团队说道：“感谢大家接到通知后在很短时间内来到这里。我想你们很好奇为什么把大家召集在一起。首先，我想感谢你们所有人为公司所做的一切，正是因为有你们的付出才有拜特欧菲尔德收割机公司的今天。你们的激情和专业不仅让我引以为傲，而且发自内心地感激。从技术、经验、性格和激情四个方面来衡量，你们这个领导团队正是我梦寐以求的。”

内特举起咖啡杯，脸上带着灿烂的笑容说道：“祝贺我们这个优秀的团队！”

所有人都举起咖啡杯一起说道：“祝贺我们自己！”

斯宾塞等大家都放下咖啡杯，继续说道：“如果你们不反对，从现在开始，我准备把公司交给凯瑟琳负责。”

凯瑟琳环视一周，然后说道：“谢谢爸爸。在我开始讲话之前，我有一个比较急迫的问题想问弗兰克。”

“是说我吗？”弗兰克刚好满嘴食物。他左右看了看，有一些疑惑，停下正在吃肉桂面包的动作。

“嗯，”凯瑟琳一边说，一边从一个棕色大纸袋子中掏出一只13英寸（30厘米）高的陶瓷象，“几个月前我粗暴地打断了你，真是对不起。当时你正准备讲大象和骑手的故事，我制止了。”说完她又从包里掏出一个貌似马戏团团长的玩具木偶。她把玩具木偶轻轻放在大象背部，然后说道：“这是骑手，如果你不介意，我想听你讲这个故事。”

“现在吗？”弗兰克正在舔粘在手指上的糖衣，有些不解地问道。

“是的，就是现在。”凯瑟琳笑着鼓励他。

“好吧，那我恭敬不如从命，”弗兰克说道，“斯维奇·吉普和丹恩·希思在书中指出情感和理智的边界是可变的。如果情感是大象，那么理智就是骑手。”他小心翼翼地拿起桌上的大象，确保大象背上的骑手不掉下来，接着讲道："骑手稳坐在大象的背上，他认为大象受到自己控制，因为缰绳被握在自己手中，但是骑手的位置也不稳固。每当大象不愿意沿着骑手指出的方向走时，它可以轻松地把骑手甩下来。面对 6 顿重的大象，骑手几乎不可能赢得这场斗争。"

"嗯，那么骑手如何让大象沿着自己设定的方向走呢？他需要讨好它吗？"佐伊问道。

"或者打它？"辛西娅问道。

"哦，问得好。我认为都不用。当然，大象有优点，也有弱点，挑战在于大象是被情感和本能驱动，例如，它喜欢即时满足，有时候懒惰或者焦虑对它也是一种享受。"弗兰克解释道。

"那它的优点是什么？"斯宾塞问道。

"嗯，情感也是大象的优势。具体来说，它富有同情心、忠诚、聪慧、拥有长时间记忆和凶猛的本能。它还有很多的能量和动力，这就是驱动变化的原因。"弗兰克解释道。

"那么骑手呢？他想要什么？"内特问。

"嗯，骑手喜欢长远考虑，某件事即使没有短期回报也会去做。为了完成目标——可以克服任何困难。骑手更愿意依靠自身的计划，有时候太忙于分析数据、处理数字而停滞不前，从而陷入困境。"弗兰克解释道。

"是不是人们经常说的——多谋而不断导致一切都瘫痪？"

"正是如此！"弗兰克肯定地说。

"这样说来，大象是好的，骑手是坏的？"斯宾塞问道，他更喜欢依赖直觉。

"不，不，它们与好坏没有任何关系，"弗兰克回答道，他稍微停下来整理思路，然后继续说道，"在希思兄弟的书中，他们认为如果要想进行变革，必须同时借助大象和骑手的帮助。"

"就像用两只翅膀飞翔？领导力中代表理性和感性的两只翅

膀？”凯瑟琳问道。

“没错！”弗兰克附和道，“骑手看得远，负责计划、策略和清晰的方向。大象有精力、激情、专业和实施变革的力量。”

“弗兰克，如果你不介意，我想就此多说几句，”她伸出手，从他手中接过大象和骑手，继续说道，“我太长时间内都在做骑手，我想向大家道歉。我一直都拿着缰绳，挥舞着鞭子，把数据丢给你们，固执地坚持我心中清晰的愿景，但从来不倾听或者请大象，也就是我们的员工参与进来——在拜特欧菲尔德收割机公司，他们才是最有价值的资产。从某程度上说，大象被拉拽、鞭打和戳刺，都快被耗得力尽了。我原来把这种疲力看作是懒惰，现在我想真诚地说声‘对不起’。我没有动员、鼓励员工充分参与——某种意义上我们之间变成了一场拔河比赛。”

房间里一阵沉默，内特终于说道：“接受你的道歉，凯瑟琳。谢谢你的坦诚。”

大家都点头同意，凯瑟琳继续说道：“过去的两个月真的是坐了一次情感上的过山车。我经历了欢乐、内疚、丢脸和认识升华等各种时刻，它不仅是一场世界范围内的旅行，也是探寻内心的心灵之旅。在得到这次去旅行的机会之前，我认为自己已经完全能胜任公司CEO的职位。我自以为无所不知。”

“你不准备接受这个职位吗？”弗兰克问道。

“目前还不接受，但我有一个计划——典型的骑手综合征。”说到这，每个人都笑了，凯瑟琳继续说道，“你们想听我说出计划吗？”

大家都又点点头，凯瑟琳站起身走到活动挂图前面说道：“在上周末经过家庭会议集体商议，我们想提出的方案是：

“第一，父亲在未来一年半的时间里依然担任公司CEO，在这期间他是我的辅导老师，担任我的顾问。凯瑟琳从纸袋中掏出一个三棱镜，放在会议桌的正中间。

“第二，在这期间——在你们的帮助下，我计划在全公司推行棱镜模型。我们可能从印第安纳的公司总部开始实行，一年左右时间推广到世界各地的分公司。

“我们将在下一次会议上讨论棱镜模型的细节，但我想与大家分享我做这件事情的目的。我用了两个月的时间才想出来的。”她笑着对大家说。

凯瑟琳掏出笔记本翻到最后一页。“这是我笔记本的最后一页，再没有还能写字的地方了，我想这不是巧合，”她笑着说道，继续大声读道，“我用我的热情寻求变革，用长远的思考对身边的每个人产生影响。我让自己对能量和思维模式负责，并且知道它对我接触的每个人都产生连锁反应。”

“亲爱的，你说得太好了。”一阵沉默过后，斯宾塞开口说道。

“谢谢爸爸，我感觉这样做很好，”凯瑟琳回答道，“我想用这种模式训练公司领导层所有成员和经理。另外我想更多地听取公司员工和客户的意见，无论是本地的还是世界其他地方的员工和客户。员工工作的动力是什么，他们正面临什么挑战，我们的顾客真正需要什么……”

这时会议室中爆发出一阵掌声。掌声停止后，凯瑟琳笑着继续说道：“现在继续说我们的计划。

“第三，一年半后，爸爸退休后，我将担任 CEO（首席执行官），但是有一个条件，由弗兰克担任 COO（首席运营官），成为我的战略合作伙伴。我们一起领导公司。”

凯瑟琳停下来让大家理解她的话，然后问道：“弗兰克，你对我的提议有什么看法？”

弗兰克思考了一会儿，笑着站起来伸出手，说道：“听起来是很不错的计划。”他和凯瑟琳热情地握手，凯瑟琳继续说道：“那我可就放心了！我原来还不确定你是否愿意容忍我的坏脾气。谢谢！好了，现在继续说我的计划。

“第四，内特将担任 CIO（首席信息官），在未来的 18 个月里，弗兰克将指导你的工作，并逐步让你负责相关工作。”

内特向她敬了个礼，说道：“是，长官！”弗兰克提醒他说道：“用心干，兄弟，要不然她可是要让你走人的！”

凯瑟琳也笑起来说道：“第五，辛西娅，我们知道你现在忙着照顾三胞胎，我们愿意为你保留 CFO（首席财务官）的职位。我们比以前任何时候都更感激并需要你的专业知识。我们来一起商量如何安排你的工作时间，希望能兼顾你、你的家庭和部门的需要。

“第六，佐伊，你还继续担任全球人力资源主任，不过我想应该改名为员工部主任，因为我们需要更关注员工，他们对我们、对我们的成功至关重要。我们将和佐伊一起设立新的职位，其中有变革和沟通主管，首席革新官，全体活动志愿官。

“我还要和苏珊一起在公司开展‘里程与人生’项目。佐伊和我已经讨论了一些想法，等这个项目正式实施后，她也会加入进来。”

凯瑟琳说完后，所有人都鼓掌致意。弗兰克说道：“变革就在眼前，我有些等不及了！”

这时凯瑟琳的手机响了，大家都盯着她看。她的脸微微发红，慌乱地关着手机不自然地说道：“哦，不好意思，忘记调静音了。”

会议结束后，凯瑟琳回到自己办公室，她偷偷看了一眼手机，机票预订平台推送了大量航班提示信息。她反复查看自己的日程安排，然后点击“现在预订”健。

“嗯，我的日程安排上有这一项，暑假已经预定好了。”她对自己说道，笑得很灿烂。打开最底层抽屉，她拿出一顶牛仔帽，那还是她离开瑞典时尼尔斯送给她的。她把帽子轻轻地放在头顶，看到手机上刚收到的电子邮件，邮件中写道：感谢您预订飞往瑞典斯德哥尔摩的航班。祝您旅途愉快。

她深吸一口气，低声说道：“我想一定会愉快的。”

第八章

总 结

棱镜模型

这些年来，员工的心理需求和自我激励的方式都没有发生本质的改变，然而，我们对他们的了解显然发生了很大改变。由于在过去的20年中，人们对积极心理学领域的开创性探索，我们现在对于什么促使人类行为的产生，什么促使动机的产生以及人们需要什么来实现发展，或者我们应该说，蓬勃发展，都已经越发了解。

棱镜（PRISM）模型是针对这些重要发现的一个总结，用以促进领导者的职业成长。它也表明，领导员工并不像常常看起来的那么复杂。

五个工具及技能组合如下：

P：**目标**（Purpose）、**激情**（Passion）**和坚持**（Perseverance）。

R：**培养健康的人际关系**（Relationships）。

I：**注入能量**（Instilling Energy）。

S：**发现优点**（Strength Spotting）。

M：**成长型思维**（Growth Mindset）。

这五个工具及技能是每一个领导力工具箱的重要组成部分，因为它们为领导者提供了自我领导及领导员工实用、高效及必要的方法。

接下来几页内容将为你呈现棱镜模型总结，本书中讲到的工具以及一些建议，助你实现你想要在自身或者领导方式方面做出的改变。

工具1：P^3=目的、激情和坚持

目标至关重要，因为人们有一种内在需求，就是想要知道，他们夜以继日做的事情对自己和他人都具有意义；以及他们所做的事情在本质上对他人具有积极影响。杰出领导者按照自己的核心价值观来对待自己的个人生活和职业生涯，从而使员工接收清晰、稳定、透明和一致的目标。

激情为人们提供工作的燃料，它就像内心的指南针，能帮助你走在正确的轨道上，哪怕是在你周围的事情模糊不清或混乱不堪时。人们常常把激情描述成一种持续的感觉：由于太专注于喜欢做的事情，以致忘记了时间。激情就是你能够过滤掉让你分心的事情、背景噪音或者其他一切干扰，一直埋头于所做之事的时刻。

坚持是以下四者的结合：兴趣（热爱自己的工作）、精通（努力不断提升自己）、目标（遵循自己的价值观生活）、希望（“明天会更好”的内心平和感）。坚持能给他人灌注希望，是动机的宝贵来源。

针对找到目标、点燃激情、践行坚持的建议：

★ 定义你的目标并和团队分享。牢记目标，为自己的行为负责。

★ 帮助员工找到工作的意义。他们为团队做出了什么贡献？他们如何为团队的成功做出贡献？

★ 基于芭芭拉·弗雷德里克森博士的研究，存在10种积极的情绪：快乐、感激、平静、希望、自豪、敬畏、愉悦、鼓舞、积极和爱。

当我们有意识地关注这些情绪时——比如注重积极性比率、积极的反馈或者不经意间的善行——它们就会照亮我们的生活——无论工作中还是生活中——从而使螺旋上升得更快，帮助我们做到坚持。

这些情绪不仅能帮助我们积极地思考，实际上，它们扩展了我们大脑工作的方式。处于一般或者消极情绪之中时，你的视力就像进了隧道一样，只能看到周围环境的 15%。经历积极的情绪能够扩展你的视野，这时你能看到 75% 的周围环境。当处于积极的情绪之中时，你的大脑中充满了五羟色胺和多巴胺，这两者都有助于制造更多的神经连接。这样，你就可以更快速、更有创造力地进行思考了，你愿意接受各种可能性，因此，能够更加灵活地解决问题，同时，也能虚心接受新的信息。在这个状态下，你的员工会感觉很安全。领导者需要培养的正是这种安全感。

工具2：R=培养健康人际关系

卓越领导力意味着和自己、员工及同事建立健康的关系。它也意味着在员工之间帮助培养健康的关系。正如第一个工具所描述的，这些健康的关系促进了心理上的安全感，有助于建立信任。

卓越领导力也意味着负责建立一种员工愿意来上班的氛围。在这个氛围中，他们不仅觉得可以安全地表达自己的观点，更为重要的是，他们的观点能够得到你以及同事的欣赏和重视。这当然不意味着每个人的观点总是一样的。

在这个氛围中，不存在针对他人的负面八卦或者线上闲聊，而是问题会得到公开、礼貌和及时的解决。从周一到周五，团队成员在一起的时间超过跟自己家人在一起的时间。工作场所可以被看作是一个大家庭。如果员工日复一日地待在一个有毒环境中——八卦满天飞、缺乏信任、彼此伤害——他们就不会拿出最好的状态工作。

与员工培养健康的关系对于建立信任至关重要，尤其是在带领他们经历变革之时。这要求：

★ 突出的交际技能。

★ 通过你的激情和热忱提高员工敬业度。

★ 让员工及早加入变革。

★ 增加存在感，通过言行一致为员工提供支持。

★ 平易近人并且随时能为员工提供帮助。

针对培养健康的人际关系的建议：

★ 提高你的“积极性比率”：关于表现优秀的团队的研究表明，相对每一个消极陈述，他们拥有 6 个积极、鼓励性的陈述（积极：消极 = 6 ： 1）。这不仅仅适用于在开会的时候员工之间如何交流，它也体现在其他的场景：电子邮件、休息室、自助餐厅、办公室以及线上聊天。

★ 提高开放式问题和以“我”开头的陈述的比率。表现优秀的团队的比率为 1 ： 1，意思是针对表达的每一个个人观点，都存在一个开放式问题。开放式问题反映了对他人所讲内容的兴趣、欣赏和关注。探讨一个话题时，当所有的团队成员都以“我建议，我们为什么不，我认为”等来表达他们的个人观点时，团队之间就产生了安全感和信任感：合作关系（Partnership）、共情（Empathy）、认可（Acknowledgement）、尊重（Respect）、合理性（Legitimization）和支持（Support）。这种“PEARLS 法”和本书第六章提及的马歇尔·罗森伯格的“非暴力交际模型”是一致的。

工具3：I=注入能量

我们的能量是有影响力的——要么影响他人，要么受他人影响。

研究显示一个人的能量和情绪在30秒内传播到周围人身上。这将严重影响团队成绩，因为员工以领导者为榜样，所以领导者在进入房间之前要检查自己能量如何。

记住长时间持续的负能量对人的健康造成严重伤害。沮丧，焦虑，浑身无力，睡眠出现问题，免疫力下降等。

注入能量的建议：

★ 从早晨开始进行5分钟自我反思，对你的能量产生积极影响。5分钟的练习和下面4个问题将对你大有裨益。

——确认：我是……

——我怎么做才能比昨天进步一点点?

——我今天能做的一件善行是……

——设定优先事项：今天最重要的事情是……

★ 通过三种途径增加你的存在感：

——实地查看：在不同部门走动，让员工看到你。

——关心电话：与团队或者管理层通电话或者开视频会议。

——一线办公：坐在某个部门空置的办公桌前办公。

★ 通过专注的方法减少多重任务。多任务工作模式比单任务工作模式所用的时间多30%。专注的方法指的是每天用60到90分钟时间完成单项工作任务而不被打扰。也就是说不打电话、不发邮件、不聊天——无理由执行。

★ 本书揭示谷歌公司研究高业绩团队成功的奥秘以及相关研究成果。从这5个关键因素看，你的团队表现如何?

——心理安全：团队中形成的这样一种安全氛围——每个人能说出心里所想的话，问问题不会被质疑立场，被鼓励冒险。可以尝试新办法，或者重新试验已经存在的东西。公开学习经验，分享教训，人们相互学习，互相补充，但是不在背后议论他人是非。不传播他人负面消息，不对别人翻白眼。

——影响：每位团队成员知道他们的工作对公司有积极影响。

——意义：每名团队成员理解他们对团队大目标和公司总体目标的贡献和价值。

——可靠性：团队成员按时完成任务。

——角色和目标。每名团队成员都知道自己的角色，在职责范围内他们的自主权受到尊重。团队有清晰的所有人都认可的目标。

★ 说同事的好话，用 THINK 法决定你应该说点什么。

T——是真的吗（True）？我谈论的关于其他人的事是真实的吗？

H——有帮助吗（Helpful）？我说的事情对我谈论的人有帮助吗？

I——有激励作用吗（Inspiring）？比如说，它是否激励其他人做同样的事情？

N——是必要的吗（Necessary）？我的意思是说，我的谈话对象有必要听到我谈论的内容呢？

K——是善意的吗（Kind）？我的出发点是否是善意的？

工具4：S=发掘优点

研究发现当员工在工作中能用到优点时：

★ 整体幸福感提升，低落情绪减少。

★ 压力更小，精力更充沛。

★ 更机敏，更有创造性。

★ 整体上对生活更满足。

★ 更有自信，敬业度是不能在工作中发挥长处的员工的 6 倍。

发现员工优点的建议：

★ 在面试、员工交流或者闲聊中用下面这些问题发掘优点：

——在工作上什么事情让你觉得是真正有意义的一天？请描述。

——工作中做哪种事情带给你正能量？

——工作中什么时候你感觉到“真正的自我”？

——工作中你更喜欢做哪些事情？

——你状态最好的时候在做什么工作？

——当你设想未来半年到一年的工作时，你希望在状态最好的时候做什么？我能通过哪种方式帮助你呢？

★ 在沟通偏好的基础上发掘优点。通过把偏好当作优点能避免为员工贴上错误标签，或者降低为员工分门别类或者误解员工带来的负面影响。

——内向型思考者：很看重全面跟进，有见识，注重细节，会问很多细节性问题，要求很高，能迅速抓住争论中的优点和弱点。

——内向型试探者：很善于建立长久、深入的关系，是天生的倾听者。他们倾向于稳定，尊重他人，避免直接的对抗和冲突。

——外向型试探者：待人友善，爱社交，能发表鼓舞人心的演说，迅速建立关系，有灵活性。他们能避开冲突，试图达成妥协。

——外向型思考者：自信，喜欢挑战，以目标为导向，很关注行动。他们很果断，总是迅速主动作为，如果需要做出不受欢迎的决定也有足够勇气。

★ 根据本章提供的图表（第 179 页）评估与你打交道的人（同事和下属）的优点和弱点。这也将帮助你消除偏见固化，从全新的角度看待他人。同时对你的能量和思维模式也将有连锁反应，从而带来更好的结果和更高水平的领导力。

工具5：M=成长型思维

固定型思维和成长型思维的区别决定了一家公司是否兴旺发达，

有创新意识，从错误中总结经验，把挫折当作为成功做准备，有健康的反馈文化。

打造成长型思维的建议：

★ 人们成年后，深深地受到童年时期种下的种子的影响，无论它是金种子还是铅种子，因为人们的行为建立自个人信念体系之上。在人生的任何阶段，也就是说无论人岁数有多大，他（她）的局限性认识都可以被根除或者被改变。就像在汤姆的办公室里悬挂着的亨利 · 福特的名言警句："无论你认为自己能做到，还是不能做到，你都是对的。"我们的信念最终让我们得到人生想要的结果。

成长型思维源自丰富的、积极的信念系统，并影响我们如何看待失败：是当作一次学习的机会还是当作指责别人的开始？如果你的局限性认识阻碍你（或者使你阻止你的员工）去学习，你应该重新思考并改正你的认识，重新形成对自己的肯定或者辅导你的员工来形成新的认识。

★ 接受，角色榜样，在团队中树立"一切未定"的意识。

★ 员工冒险，尝试新方法或者勇于挑战未知的领域时，给出赞扬和积极反馈并表示感谢他们。

★ 在非暴力（合作）沟通中用下列 4 步法给出反馈：

——对发生的事情给出中立、客观的描述，不用概数词，不用解读，有具体时间，建立在实事基础之上。

——给出反馈的人说明自己对事情的真实感觉（避免跌入非真实感觉的陷阱）。

——把你的真实感觉与需求联系在一起（与你的价值观保持一致，想明白对你来说什么才是真正重要的）。

——最后说出请求（而不是要求）并使对话成为双向的沟通。

结 语

卓越领导力是一场马拉松而不是冲刺跑。事实上为了实现可持续的改变，需要在较长时间内实践一些小小的举措和原理。

也许从这些方面入手对我们是有帮助的。实事求是地回答下列问题，明确自己需要在哪些方面发展，然后制定计划：

★ 你的目的是什么？你为什么做现在做的事情？你的工作，你的决定，你的态度和你的思维模式对与你接触的人产生哪些影响？

★ 你对什么保持激情？你的工作动力来自哪里？

★ 如果遇到困难你是否坚持？你是否努力做到精益求精？

★ 你的员工信任你吗？你是否与团队成员建立了健康的关系？

★ 你关注的是员工的优点还是看到他们犯的错误和不能做到的事情？

★ 你是否让团队形成“一切未定”的意识和成长型思维？你是否鼓励其他人创新并相互学习？你是否在团队中形成健康的反馈，人们当面交流而不是背后议论人？

请记住：“领导力从你开始。”

惠特尼·布瑞尔

2020 年 4 月

致　谢

本书是我在过去的 25 年间作为一个领导者、高管教练以及顾问 / 教员在组织成长方面实践经验的总结。很多人对我及我个人成长有积极影响，我深表感激。

这本书是献给我父母的，他们一直是我的楷模，并且帮助我取得今天的成就。我感激他们，他们对我的爱，他们的基督教的价值观和信仰，无论我生活在世界上的哪个角落，无论我们之间相隔多远，都是我始终如一的支持。在我面临困难和挑战时，他们对我总是仔细聆听，怀抱开放的心态，一直给予我力量。谢谢你们所做的一切。你们是最好的父母。

同时，感谢迪特尔 · 弗兰岑（Dieter Frantzen）——我的前老板、导师及灵感来源，我成为今天的演讲家、培训师和顾问，其中少不了你的帮助。三生有幸，你出现在我的生命中，感谢你教给我的一切。甚至在我们中的任何人了解积极心理学之前，迪特尔就以事例说明了棱镜模型的内涵。同时自己也很感激拥有机遇，能够亲身学习真正卓越领导力是什么。

尼科尔 · 达尔让（Nicole Dargent），我的一位同事兼好友，你在生活中表现出来的快乐和积极乐观是我认识的人中无人可及的。你太棒了！

托马斯 · 格拉克（Thomas Gerlach），我的妻子及人生挚爱。你是我幸福和灵感的来源。你在倾听和提问问题方面的敏锐——不仅在家，而且在你工作中领导的各个团队中——让我每一天都从中学习。

萨普瑞亚 · 瑞姆达西（Supriya Ramdasi），卓越领导力的完美体现者，一个证明了不必通过大声说话和压制他人就能传达自己观点的人。你的快乐、积极乐观以及对员工所持有的坚定信念真的具有感染力，也是一种灵感的来源。

若琪 · 达施尼（Ruchi Darshini），真的是快乐和欢声笑语的来源。谢谢你允许我在本书的故事中用你的名字命名了一个主要人物。你帮助我打开心灵的窗户，开阔思想，把我带入了美妙的印度文化。你宽容大度，热情好客，对生活满怀热爱，对此我深表感激。

乌多 · 菲奇特纳（Udo Fichtner），在过去的 10 年，一直是我的参谋和切磋问题的对手。时光如逝！感谢你的深刻见解及对棱镜模型所做出的贡献！

朱迪斯 · 曼杰欧斯多夫（Judith Mangelsdorf），你"先人后己"的生活态度，你的快乐、激情及爱意都富有感染力。在积极心理学领域的培训中，你倾注了极大的精力，对此深表感谢。

佩特拉 · 贝格曼博士（Petra Begemann），一位大学老师，对我写作这本书给予了指导。从一开始就对我、对本书充满了信心。写作过程中你的鼓励和积极反馈给予我勇气来书写一本基于科学研究的商务小说。这本书反映了我的个人价值体系以及我对领导素质的坚定信念。

加巴尔 · 维尔莱格（GABAL Verlag），感谢你信任我，信任这本书。一位用德语写了一本关于积极领导力的商务小说的美国人！非常感谢你对我的信任。跟你共事特别开心：你知道如何开展工作，你具备专业的知识，你能提出行之有效的建议，你怀有积极的态度，且你对所做之事充满激情——这种合作令人愉悦，给我带来了很多乐趣。感谢你！

感谢我的客户和顾客，我们已经携手走过 25 年。时至今日，我很荣幸能跟全球 9 万人共事——有首席执行官，也有生产车间的机床工人，他们的职务职称并不重要，每个人都有价值，每一个客户都极其重要。我从你们每个人身上都学到知识，感谢你们信任我，让我带领你们和你们的公司迈上新台阶。